FWU-Forschungsgesellschaft für Wettbewerb und Unternehmensorganisation m.b.H. (Hrsg.)

Versicherungsmärkte im Wettbewerb

Nomos Verlagsgesellschaft
Baden-Baden

CIP-Titelaufnahme der Deutschen Bibliothek

Versicherungsmärkte im Wettbewerb / Forschungsges. für Wettbewerb u. Unternehmensorganisation (Hrsg.) – 1. Aufl. – Baden-Baden: Nomos Verl.-Ges., 1989
ISBN 3-7890-1731-0
NE: Forschungsgesellschaft für Wettbewerb und Unternehmensorganisation <München>

1. Auflage 1989

Vorwort

Die FWU-Forschungsgesellschaft für Wettbewerb und Unternehmensorganisation mbH, München, ist ein unabhängiges, privatwirtschaftlich organisiertes Unternehmen, das sich auf die Durchführung von wirtschaftswissenschaftlichen Branchenstudien sowie auf wettbewerbsrechtliche Analysen, z. B. in Fällen der Fusionskontrolle sowie der Mißbrauchsaufsicht spezialisiert hat.

Aufgrund unserer Branchenerfahrung aus verschiedenen Beratungsprojekten in der Versicherungswirtschaft wurden wir im Januar 1987 von der Monopolkommission in Vorbereitung ihres eigenen Hauptgutachtens mit der Durchführung eines Gutachtens zur Wettbewerbsanalyse des deutschen Lebensversicherungsmarktes beauftragt. Die Untersuchung des Wettbewerbs in der Versicherungswirtschaft sollte eines der Schwerpunktthemen in dem Hauptgutachten der Monopolkommission 1988/89 sein.

Unsere Aufgabe bestand vor allem darin, die Wettbewerbsbewegung im Markt vor dem Hintergrund der aufsichtsrechtlichen Rahmenbedingungen sowohl qualitativ als auch quantitativ zu erfassen.

Das umfangreiche aufsichtsrechtliche Regelungswerk der Versicherungswirtschaft muß jedem Marktwirtschaftler zunächst ein gehöriges Maß an Skepsis abverlangen. Diese Skepsis gründet sich in der Regel auf den klassischen wettbewerblichen Untersuchungsbereich von Gütermärkten und Dienstleistungen, die einen sogenannten "Erfahrungsgut-Charakter" haben und bei denen derartige Regelungswerke normalerweise dazu führen, den Entscheidungsspielraum der wirtschaftlichen Akteure einzuengen und wettbewerbliche Freiräume zu begrenzen.

Unsere intensive Beschäftigung mit dem Markt der Lebensversicherung als einem Beispielsmarkt für langfristige Versicherungsvereinbarungen hat uns jedoch sehr rasch die ganz spezifischen Eigenschaften dieses Marktes offenbart und unsere Skepsis gegenüber dem aufsichtsrechtlichen Rahmen stark abgebaut.

Zu diesen spezifischen Eigenschaften gehört vor allem die Tatsache, daß die Lebensversicherung kein Erfahrungsgut eines Konsumenten sein kann. Die Bewertung von unterschiedlichen Produkteigenschaften sowie die Beurteilung der Qualität unterschiedlicher Wettbewerber erfordert somit ein sehr hohes Maß an technischem Know-How und zeitlichem Aufwand, wollte der einzelne Konsument sich auf diesem Wege die "Erfahrung" selbständig und unabhängig aneignen.

Der Nachfrager ist daher auf die Erfahrung und die Information anderer angewiesen. In einer solchen Marktumgebung kommt dem Wort Vertrauensschutz eine inhaltlich substantielle Bedeutung in der Wettbewerbsanalyse zu. Es wäre sachlich nicht angebracht, es lediglich als Argument einer Interessengruppe abzuqualifizieren.

Um den Markt erst möglich zu machen, ist es notwendig, Vertrauen in die letztendliche Erfüllung des Vertrages zu haben und zum anderen Informationen über die Bewertung unterschiedlicher Wettbewerbsleistungen zu günstigen Konditionen bekommen zu können.

Auf dieses Vertrauensschutzargument begründen sich heute ganz wesentlich die aufsichtsrechtlichen Rahmenbedingungen. Ihre prinzipielle Notwendigkeit stand daher für uns von Anfang an nicht in Frage. Zu untersuchen war, in welchem Ausmaß sie notwendig sind und wie intensiv die bestehenden Rahmenbedingungen in das aktuelle Wettbewerbsgeschehen eingreifen.

Diese Fragestellung hat eine theoretische und eine empirische Komponente. Um diesem doppelten Aspekt gerecht zu werden, baut unsere Vorgehensweise auf der Erfahrung der modernen Forschung der Industrieökonomik auf. Hinsichtlich der theoretischen Wirkungen

gesetzlicher Rahmenbedingungen haben wir auf die Analysetechnik, wie sie aus der Theorie der Eigentums- bzw. Verfügungsrechte bekannt ist, zurückgegriffen.
Konkret untersucht werden muß die Frage, welche Spielräume das bestehende Aufsichtsrecht zuläßt und wie diese von den wirtschaftlichen Akteuren im Hinblick auf effiziente Wettbewerbsprozesse und die innovatorische Gestaltung der Wettbewerbsdynamik genützt werden. Die abgeleiteten theoretischen Hypothesen über die Wirkung der Rahmenbedingungen werden empirisch im Rahmen ökonometrischer Analysen untersucht.
Ein Haupthandicap der vorliegenden Wettbewerbsanalysen im Versicherungsbereich ist neben der häufig fälschlich übertragenen Argumentationsmuster aus den traditionellen Gütermärkten die ungenügend vorhandene empirische Evidenz in Form von empirisch-ökonometrisch begründeten Wettbewerbsanalysen. Dies bezieht sich sowohl auf die Anzahl der Analysen als auch auf die nicht immer sachadäquate Umsetzung.
Ein klassisches Beispiel für eine solche nicht-adäquate Umsetzung ist die Verwendung von Bestandsgrößen bei der Untersuchung aktueller Wettbewerbsprozesse. Bei durchschnittlichen Vertragslaufzeiten von ca. 25 Jahren in der Lebensversicherung ist es mathematisch sehr leicht nachvollziehbar, daß nur ein kleiner Teil der Prämieneinnahmen eines Jahres tatsächlich als Resultat des Wettbewerbsgeschehen dieser Periode anfallen. Will man damit jedoch den Einfluß von Markt- und Unternehmensparametern auf das Wettbewerbsgeschehen einer Periode erfassen, so muß es zwangsläufig zu einer empirischen Fehleinschätzung führen, wenn über 90% der zu erklärenden Größe gar nicht unmittelbar von diesen aktuellen Wettbewerbsparametern betroffen sein kann, weil sie nämlich die Folge von Wettbewerbswirkungen längst vergangener Perioden sind.
In unseren empirischen Analysen ging es uns vor allem darum, den Besonderheiten des Versicherungsmarktes sowohl im theoretisch-produktspezifischen Bereich Rechnung zu tragen, diese Eigenheiten auf solider wettbewerbstheoretischer Basis in Testhypothesen zu übertragen und diese empirischen Tests auf die Sachproblematik bezogen korrekt durchzuführen. Dabei zeigt sich zusammenfassend, daß das Wettbewerbsgeschehen auf den Versicherungsmärkten, die hier untersucht wurden, weit intensiver ist als dies aufgrund bisheriger empirischer Untersuchungen zu vermuten gewesen wäre und daß der Austausch von Wettbewerbspotential auch weit intensiver ist als in kompetitiven Vergleichsmärkten anderer Industrien.
Um neben der Auftragsarbeit für die Monopolkommission im Lebensversicherungsmarkt eine Vergleichsmöglichkeit aus einem Versicherungsmarkt mit einem "Erfahrungsgut-Charakter" zu haben, wurde auf Eigeninitiative der FWU eine ähnlich strukturierte Studie für den Kfz-Markt durchgeführt. Um unseren hohen empirischen Anforderungen auch hier genügen zu können, waren wir auf die Kooperation des HUK-Verbandes und seiner Mitgliedsunternehmen angewiesen. Wir haben diese Unterstützung in sehr umfassenden Maße erfahren und dürfen uns an dieser Stelle bei den beteiligten Verbandsvertretern und den teilnehmenden Mitgliedsunternehmen ganz herzlich bedanken. Die Kooperationsbereitschaft hat ganz wesentlich dazu beigetragen, die erforderliche empirische Basis zu schaffen, um unsere Fragestellungen adäquat überprüfen zu können.
Auch im Markt der Kfz-Versicherung zeigt sich, daß das weitgehend standardisierte versicherungstechnische Produkt der Haftpflichtversicherung starken Wettbewerbsprozessen ausgesetzt ist. Während im Bereich der Lebensversicherung der Leistungs- und Qualitätswettbewerb dominiert, wird im Bereich der Kfz-Versicherung als treibende Wettbewerbskraft eindeutig die Prämie und die Rückerstattung identifiziert.

Auch hier trägt die Konzentration auf das aktuelle Wettbewerbsgeschehen in Form von Neugeschäftsmarktanteilen ganz entscheidend zur präzisen Erfassung der Wettbewerbsprozesse bei.
Neben diesen empirischen Arbeiten der FWU haben wir ausgewiesene Fachexperten gebeten, die Thematik Regulierung und Versicherungswirtschaft sowohl aus der ökonomischen als auch der juristischen Perspektive zu beleuchten. Die Professoren Gäfgen und Endres untersuchen im Rahmen der ökonomischen Fragestellung, welche Handlungsfreiräume das bestehende aufsichtsrechtliche System überhaupt zuläßt und wie diese vor dem Hintergrund der Motivationsstruktur der Wirtschaftsakteure genützt werden können.
Dabei erfolgt eine thematische Einengung auf den Bereich der Lebensversicherung und der privaten Krankenversicherung, beides Versicherungsbereiche mit langen Vertragslaufzeiten. Von zentraler Bedeutung sind dabei die Unternehmensaktionsparameter Produktdifferenzierung, Innovationsverhalten und Produktpreissetzung.
Sehr ausführlich wird auf die Trade-off-Situation zwischen Markttransparenz einerseits und den Möglichkeiten der Produktdifferenzierung andererseits bei diesen komplexen Versicherungsprodukten eingegangen. Dieser Trade-off ergibt sich eben bei sogenannten "Nicht-Erfahrungsgütern", wenn das gleichzeitige Auftreten von Preiswettbewerb und Produktdifferenzierung zu einer stärkeren Intransparenz am Markt führen kann und damit den wirtschaftlichen Akteuren der Anreiz zur vollen Ausnutzung wettbewerblicher Spielräume möglicherweise genommen wird.
Beide Autoren plädieren als Ergebnis ihrer theoretischen Analysen und sekundärstatistischen Recherchen für eine Stärkung der Informationsfunktion vor allem auf der Nachfragerseite. In dem Beitrag wird gleichzeitig auf die nur eingeschränkt gegebene Übertragbarkeit der Standardkritik aus der Wettbewerbstheorie von Gütermärkten für den Bereich der Versicherungswirtschaft hingewiesen. Die für das Wettbewerbsgeschehen stabilisierende Wirkung des aufsichtsrechtlichen Rahmens wird anerkannt.
Der Beitrag zur rechtlichen Perspektive von Professor Hübner befaßt sich in seinem ersten Teil mit den wettbewerblichen Wirkungen der zentralen Begriffe Finanzkontrolle, Bedingungskontrolle und Bereichsausnahme. In seiner Analyse verteidigt Herr Prof. Hübner den bestehenden Status, um im übrigen darauf hinzuweisen, daß die Situation rechtlich nur noch aus dem europäischen Recht in Frage gestellt werden kann.
Hier zeigt sich, daß das Urteil des Gerichtshofes zur Dienstleistungsfreiheit und die zweite Koordinierungsrichtlinie "Schaden" im Massengeschäft klare Erfolge für die ein hohes Verbraucherschutznivau garantierenden nationalen Vorschriften und darüber hinaus auch für das Bundesaufsichtsamt und für die deutschen Versicherungsunternehmen mit ihren hohen Sicherheitsstandards sind. Das Kartellrechtsurteil wird einerseits als eine klare Absage an eine die gesamte Branche umfassende Bereichsausnahme im EG-Kartellrecht interpretiert. Als klare Konsequenz ergibt sich aber andererseits, daß es nicht vorstellbar ist, daß etwa einheitliche Versicherungsbedingungen, Schadenstatistiken, Mitversicherungen und anderes mehr an Art. 85 im EG-Vertrag scheitern sollten.
Die verschiedenen Arbeiten zusammengefaßt bieten zahlreiche theoretische Ableitungen und empirisch belegte Fakten, die das Bild der Versicherungwirtschaft bei genauerer Betrachtung sehr viel kompetitiver erscheinen lassen als dies, und dies ist vielleicht gerade die Tragik der Diskussion, von eingeschworenen Marktwirtschaftlern - vielleicht infolge falscher Analogie-Schlüsse aus der Wettbewerbsanalyse von klassischen Gütermärkten mit Erfahrungsgut-Charakter - gesehen wird.
Das Buch wendet sich an die empirisch interessierten Wettbewerbstheoretiker genauso wie an

die Entscheidungsträger in Politik und Wirtschaft, die sich mit diesen Fragestellungen professionell zu befassen haben. Die in dieser Form einmalige Zusammenstellung von Fakten zum Wettbewerbsgeschehen in ausgewählten Versicherungmärkten sollte dem Leser genügend Betrachtungsfreiraum bieten, um sich sein eigenes Bild unabhägig von der Bewertung der Autoren schaffen zu können.
Verbunden mit dieser Hoffnung dürfen wir allen Vertretern aus Unternehmen und Verbänden, aus Wissenschaft und Politik, allen Kolleginnen und Kollegen, die uns bei der Erstellung dieser Arbeit in so großzügiger und konstruktiv-kritischer Weise unterstützt haben, unseren herzlichen Dank sagen.

München, im November 1988

Dr. Manfred J. Dirrheimer
(Geschäftsführender Gesellschafter)

FWU-Forschungsgesellschaft
für Wettbewerb und Unternehmensorganisation m.b.H.

Dr. Hendrik Junghanns
(Partner)

FWU-Forschungsgesellschaft
für Wettbewerb und Unternehmensorganisation m.b.H.

Inhaltsverzeichnis

Teil A

Regulierung und Versicherungswirtschaft

Kapitel 1

- Die ökonomische Perspektive -

von
Prof. Dr. Gérard Gäfgen
Universität Konstanz
und
Prof. Dr. Alfred Endres
Technische Universität Berlin

I. Einleitung

1. Staatliche Regulierung und ökonomische Theorie

In allen entwickelten Volkswirtschaften greift der Staat auf vielfältige Weise in das Marktgeschehen ein. Eingriffe, mit denen er den unternehmerischen Handlungsspielraum beschränkt und marktliche Anpassungsprozesse beeinflußt, werden als "staatliche Regulierung" bezeichnet.[1] Ihre gängigsten Erscheinungsformen sind die Regulierung von Preis, Produktqualität, Geschäftsbedingungen und Gewinnen sowie von Marktein- bzw. -austritt.
Zur Rechtfertigung der staatlichen Regulierung werden folgende (von verschiedenen Autoren für unterschiedlich plausibel gehaltene) Argumente vorgebracht:

- In bestimmten Bereichen sei Wettbewerb grundsätzlich unmöglich, oder er weise eine Tendenz zur Selbstzerstörung auf. Hier wird vom "natürlichen Monopol" (etwa bei der Eisenbahn oder der Elektrizitätsversorgung) bzw. von "ruinöser Konkurrenz" (insbesondere im Transportsektor) gesprochen. Im ersten Fall soll die staatliche Regulierung den Wettbewerb bezüglich seiner Wirkungen auf Kosten, Preis, Produktionsmenge und Qualität ersetzen. Im zweiten Fall soll sie den Wettbewerb beschränken, um seine zerstörerische Kraft zu bändigen.[2]
- Eine Versorgung mit öffentlichen Gütern sei im unkorrigierten Marktprozeß nicht zu erreichen. Hier müsse die Regulierung (oder sogar ein Angebot durch die öffentliche Hand) das bei diesem Gütertyp auftretende "Trittbrettfahrerproblem" lösen. Bisweilen (z.B. beim Patentschutz) könne die Regulierung dies tun, indem sie öffentliche Güter (zumindest teilweise) privatisiere und damit die Bedingungen für eine marktliche Versorgung verbessere.[3]
- Unter bestimmten Bedingungen führe der Wettbewerb zu Fehlallokationen, da die privaten Anbieter nur einen Teil der von ihnen verursachten Kosten bei ihren Entscheidungen berücksichtigten. In diesen Fällen müsse der Staat den Unternehmen die Differenz zwischen sozialen und privaten Kosten anlasten.[4]
- Der Wettbewerbsprozeß werde fehlgeleitet, wenn die Haushalte als Nachfrager von Gütern und Diensten oder als Anbieter von Arbeitsleistungen zu geringe Informationen über die Produktqualität bzw. die Arbeitsbedingungen besitzen.[5] Hier (und in anderen

---

1 Der Anwendungsbereich des Begriffs "staatliche Regulierung" ist in der Literatur stark ausgeweitet worden. Zunächst wurde er lediglich zur Bezeichnung der Einflußnahme staatlicher Kommissionen oder Behörden auf bestimmte Branchen (z.B. die Elektrizitätswirtschaft oder die Telekommunikations-Industrie) in den USA verwendet. In jüngerer Zeit wird der Begriff häufig auf die Gesamtheit der staatlichen Maßnahmen, die die indivduelle Entscheidungsfreiheit im Wirtschaftsleben oder die Vertragsfreiheit beschränken, angewendet.

2 Zur Problematik von natürlichem Monopol und ruinöser Konkurrenz vgl. z. B. N. Eickhof, Wettbewerbspolitische Ausnahmebereiche und staatliche Regulierung, Jahrbuch für Sozialwissenschaft,1985, S. 63-79; R. Soltwedel u. a., Deregulierungspotentiale in der Bundesrepublik, Tübingen 1986; E. Kaufer, Theorie der öffentlichen Regulierung, München 1982, und C.C. v. Weizsäcker,Staatliche Regulierung - positive und normative Theorie, Schweizerische Zeitschrift für Volkswirtschaft und Statistik, 1982, S. 325-343; eine kurze Zusammenfassung und Würdigung der wirtschaftswissenschaftlichen Diskussion über die staatliche Regulierung bietet O. Issing, Staatliche Regulierung: Marktversagen versus Staatsversagen, Volkswirtschaftliche Korrespondenz der Adolf-Weber-Stiftung, München 1987, Heft 1.

3 Eine ausführliche Erörterung privater und öffentlicher Allokationsmechanismen für verschiedene Typen von öffentlichen Gütern findet sich bei W. Blümel, R. Pethig, O. V.d. Hagen, The Theory of Public Goods: A Survey of Recent Issues, Zeitschrift für die gesamte Staatswissenschaft (JITE), 1986, S. 241-309.

4 Kritisch dazu: R. Soltwedel u.a. (1986), a.a.O., insbes. S. 13 f.

5 Vgl. dazu z. B. C.C. v. Weizsäcker (1982), a.a.O.

Fällen hoher transaktionaler Komplexität (Kaufer)) könne die effizienz- und qualitätssichernde Funktion des Marktes ausfallen und damit das sonst erzielbare Wohlfahrtsniveau für Konsumenten und Arbeiter verfehlt werden. Unter diesen Bedingungen soll die Regulierung die Transaktionskosten (z.B. auf dem Wege einer Markttransparenzerhöhung) senken und damit die Funktionsfähigkeit des Marktmechanismus verbessern.[6]

Die staatliche Regulierung ist von der Wirtschaftswissenschaft aus zwei verschiedenen Blickwinkeln analysiert worden:

- Die **normative Theorie der Regulierung** entlehnt aus der allgemeinen Wohlfahrtstheorie Kriterien für eine "sozial optimale" Ressourcenallokation. Aus Abweichungen zwischen optimalem Zustand und Marktgleichgewicht ("Marktversagen") leitet sie die Notwendigkeit von Staatseingriffen ab. Sie konzipiert optimale Eingriffe, mit denen gesamtwirtschaftliche Effizienz hergestellt werden soll.

  Eine Gefahr dieses Ansatzes liegt darin, daß der Staat als allwissender und wohlwollender Lenker erscheint, der fähig und willens sei, das "Gemeinwohl"[7] durchzusetzen. Identifiziert man den im Modell angenommenen mit dem tatsächlich existierenden Staat, so ergibt sich eine Überschätzung der Wohlfahrtswirkungen von Staatseingriffen. Man übersieht dabei nämlich, daß in der Praxis selbst ein wohlwollender Staat nicht über ausreichende Informationen verfügt, um ein "soziales Optimum" zu erkennen oder gar herbeizuführen ("Staatsversagen"). Überdies besteht "der Staat" in Wirklichkeit aus einzelnen Entscheidungsträgern, die ihre eigenen Interessen verfolgen. Diese müssen mit dem "Gemeinwohl" keineswegs übereinstimmen. Schließlich muß bei der Frage nach der Erwünschtheit von Staatseingriffen berücksichtigt werden, daß diese selbst (z.T. erhebliche) Kosten verursachen.

- Die **positive Theorie der Regulierung** wendet sich von der oben skizzierten idealistischen Sicht des Staates ab. In ihr erscheint der Politiker als staatlicher Entscheidungsträger in der Rolle des egoistischen Nutzenmaximierers, der seine Maßnahmen auf einem "Markt für Regulierung" anbietet. Dort werden sie von den regulierten Branchen nachgefragt, die sich davon insbesondere den Schutz vor Wettbewerbsbeschränkungen versprechen. Der Anbieter von Regulierungen wird durch Wählerstimmen und andere Unterstützungen von den Nachfragern entlohnt. Obwohl nach diesem Ansatz mit der Regulierung Sonderinteressen auf Kosten der Allgemeinheit druchgesetzt werden, wird der staatliche Entscheidungsträger von der Allgemeinheit nicht durch Entzug der Wählerstimmen bestraft. Dies wird von der positiven Theorie mit der asymmetrischen Informiertheit und politischen Artikulationsfähigkeit von speziellen Interessengruppen und Allgemeinheit erklärt.[8]

  In ähnlicher Weise wie für die Politiker erklärt die positive Theorie das Eigeninteresse der Bürokratie an staatlicher Regulierung.[9]

  Wenn auch diese Theorie wesenliche Elemente der Realität ins Licht rückt, so ist doch ihr Bild vom Staat (und von den demokratischen Kontrollmechanismen) ebenso idealtypisch und einseitig, wie das in der normativen Theorie verwendete. Dies zeigt sich schon darin, daß es eine Vielzahl von Fällen gibt, in denen Regulierungsmaßnahmen den Interessen der regulierten Branchen widersprechen. So sind z.B. weite Teile der

---

6 Eine transparenzerhöhende regulierende Maßnahme bei asymetrischer Informationsverteilung zwischen verschiedenen Unternehmen wird von H. Kunreuther, N. Pauly, in : J. Finsinger (Ed), Economic Analysis of Regulated Markets, London and Basingstoke 1983a, vorgeschlagen.

7 Was das Gemeinwohl sei, ist naturgemäß unter Ökonomen ebenso umstritten wie unter Nicht-Ökonomen.

8 Vgl. N. Eickhof (1985), a.a. O; C.C. v. Weizsäcker (1982) a.a.O. und die dort angegebene Literatur.

9 Vgl. z. B. N. Eickhof (1985), a.a.O., insbes. S. 75.

Umweltschutzgesetzgebung gegen den Widerstand der betroffenen Industrie durchgesetzt worden.[10] Andere Beispiele sind u.a. im Bereich der Wohnungsbaupolitik zu finden.[11] Die positive Theorie sucht dem in jüngerer Zeit Rechnung zu tragen, indem sie mehrseitige politische Tauschprozesse berücksichtigt.

Die positive Theorie der Regulierung kann wegen ihrer Defizite und ihrem anderen Erkenntnisinteresse die normative Theorie nicht ablösen, wie bisweilen gemeint wird. Vielmehr sind beide Theorien zur vergleichenden Bewertung verschiedener Regulierungsintensitäten (bis hin zum Verzicht auf Regulierung) und Regulierungsqualitäten nötig. Die normative Theorie muß dabei Maßstäbe entwickeln, die eine Beurteilung von verschiedenen institutionellen Arrangements bezüglich der von ihnen ausgehenden Anreize zu effizientem und innovativem Verhalten ermöglichen. Die positive Theorie hat den Blick für Probleme der politischen Durchsetzbarkeit von "ökonomischen Patentrezepten" und für im politischen Prozeß unter dem Deckmantel der Gemeinwohlförderung auftretenden Sonderinteressen zu schärfen.

Da beide Ansätze ihre Schwächen haben, sind ihre Implikationen nicht unmittelbar auf die wirtschaftspolitische Praxis anwendbar:

Aus der von der normativen Theorie aufgedeckten Abweichung zwischen Marktergebnis und optimaler Allokation darf nicht geschlossen werden, daß stets eine staatliche Regulierung geboten (oder möglich) sei, die das "Marktversagen" korrigiere. Aus der von der positiven Theorie aufgezeigten Interessenbedingtheit von Regulierungen darf nicht geschlossen werden, daß jeder Rückzug des Staates aus dem Wirtschaftsleben ("Deregulierung") gemeinwohlfördernd sei.

Vielmehr muß sich eine weiterentwickelte und besser integrierte ökonomische Theorie der Regulierung darum bemühen, das angemessene Verhältnis zwischen marktlicher und staatlicher Lenkung in den verschiedenen Wirtschaftsbereichen zu bestimmen. Dabei ist darauf zu achten, daß sich dieses Verhältnis im Zeitablauf - z.B. mit dem technischen Fortschritt [12] - verändern kann. Dort, wo sich staatliche Eingriffe als unumgänglich erweisen, sollten sie als Ordnungsrahmen der Marktwirtschaft mit möglichst geringer freiheitsbeschränkender Wirkung konzipiert werden.

2. Staatliche Regulierung der Versicherungswirtschaft in der Bundesrepublik Deutschland

Das Geschehen auf Versicherungsmärkten unterliegt in der Bundesrepublik Deutschland komplexen institutionellen Rahmenbedingungen, die verschiedene Regulierungsformen beinhalten. Die wichtigsten Elemente der Regulierungspraxis können unter besonderer Berücksichtigung der Lebensversicherung und der Privaten Krankenversicherung wie folgt zusammengefaßt werden:

- Spartentrennung

  Die Lebensversicherung darf nicht neben anderen Sparten betrieben werden. Andere Spartenverbindungen sind grundsätzlich möglich.

---

10 Daran ändert auch die Feststellung nichts, daß die meist schärfere Regulierung von Neuanlagen die Besitzer von Altanlagen begünstigt. Letztere werden überdies in der Bundesrepublik Deutschland von der neuen TA Luft, nach der Altanlagen auf den "Stand der Technik" nachgerüstet werden müssen, besonders stark betroffen.

11 Vgl. C. C. v. Weizsäcker (1982), a.a.O., S. 336.

12 Ausmaß und Richtung des technischen Fortschritts sind ihrerseits von der Verteilung zwischen marktlicher und staatlicher Lenkung abhängig.

- Solvabilität
  Die Aufnahme des Geschäftsbetriebes setzt die Zulassung durch das Bundesaufsichtsamt für das Versicherungswesen (BAV) voraus. Dabei muß das antragstellende Unternehmen insbesondere nachweisen, daß die ihm zur Verfügung stehenden finanziellen Mittel zur Ingangsetzung des Geschäftsbetriebes ausreichen. Im Laufe der Fortsetzung der Geschäfte ist die Eigenkapitalausstattung entsprechend der "Solvabilitätsspanne" zu erhöhen und dem BAV nachzuweisen.
- Produktregulierung
  Mit dem Antrag auf Aufnahme des Geschäftsbetriebes muß das Versicherungsunternehmen einen Geschäftsplan zur Genehmigung einreichen. Damit unterliegen Allgemeine Versicherungsbedingungen, Satzung und Tarife der Genehmigung des BAV. Änderungen des Geschäftsplans dürfen nur mit Zustimmung der Behörde vorgenommen werden.
- Prämienregulierung
  Die Versicherungsprämien werden nach einem einheitlichen, vom BAV vorgeschriebenen Verfahren kalkuliert. Dabei besteht im Bereich der Lebensversicherung nur ein geringer Spielraum zur Berücksichtigung unternehmensindividueller Einflußgrößen. Die Prämien der Versicherungsunternehmen sind daher für gleiche Leistungen im wesentlichen einheitlich. In der Privaten Krankenversicherung werden über die gesamte Vertragsdauer konstante Prämien in Abhängigkeit vom Eintrittsalter und Geschlecht des Versicherungsnehmers kalkuliert. Das dabei anzuwendende Verfahren berücksichtigt im Gegensatz zur Lebensversicherung unternehmensindividuelle Faktoren. Hier kommt es daher zu Prämienunterschieden für die gleiche von verschiedenen Unternehmen angebotene Leistung.
- Kapitalanlagevorschriften
  Die Mittel des Deckungsstockes und übriges gebundenes Vermögen dürfen nur in bestimmten Anlageformen investiert werden.

Mit diesen Maßnahmen möchte das BAV das Ziel einer dauerhaften Erfüllbarkeit der Versicherungsverträge erreichen. Das Vertrauen der Versicherungsnehmer in die zukünftig zu erbringende Leistung der Versicheruntemehmen soll geschützt werden.

In jüngerer Zeit sind die folgenden schweren wettbewerbspolitischen Bedenken gegen die in der Bundesrepublik praktizierte Form der Marktregulierung erhoben worden:

- Die Kommission der Europäischen Gemeinschaft hat vor dem Gerichtshof der EG in Luxemburg Klage u.a. auf Feststellung erhoben, daß die Bundesrepublik Deutschland gegen ihre Verpflichtung zur Aufhebung aller Beschränkungen des freien Dienstleistungsverkehrs aus Artikel 59 und 60 EWG-Vertrag dadurch verstoßen habe, daß sie die Versicherungsunternehmen aus anderen EG-Ländern, die in der Bundesrepublik Deutschland tätig werden wollen, dem Erfordernis der Zulassung und Niederlassung in der Bundesrepublik Deutschland unterwirft. Der Europäische Gerichtshof hat in seinem Unteil vom 4.12.1986 entschieden, daß es beim gegenwärtigen Stand des Gemeinschaftsrechts nicht gegen das Prinzip der Dienstleistungsfreiheit in der EG verstoße, wenn in der Bundesrepublik Deutschland die für hiesige Unternehmen geltenden Bestimmungen über Versicherungsbedingungen und technische Reserven auf ausländische Unternehmen Anwendung finden, die in der Bundesrepublik tätig werden.[13] Dies könne über das Zulassungserfordernis sichergestellt werden. Ein darüber hinausgehendes Niederlassungserfordernis

---

13 Das Gericht beschränkt den Gültigkeitsbereich seines Urteils nach verschiedenen Gesichtspunkten (z. B. nach der betreffenden Versicherungssparte oder der Regelmäßigkeit des Versicherungsgeschäftes). Vgl. dazu im einzelnen: Der Gerichtshof der Europäischen Gemeinschaft, Urteil des Gerichtshofes vom 04.12.1986, "Freier Dienstleistungsverkehr - Versicherung", Rechtssache 205/84.

verstoße jedoch für weite Teile des Versicherungsgewerbes gegen das Prinzip der Dienstleistungsfreiheit.

- In verschiedenen Beiträgen zur wirtschaftswissenschaftlichen Literatur sind in jüngerer Zeit die Widersprüche zwischen marktwirtschaftlichen Prinzipien und dem in der Bundesrepublik Deutschland geltenden System der Versicherungsaufsicht herausgestellt worden.[14] Dem bundesdeutschen Regulierungssystem werden schwere Mängel an Effizienz und Innovationskraft zugeschrieben, die sich zum Nachteil für die Konsumenten auswirkten. Als in der Praxis bewährte marktwirtschaftliche Alternative wird insbesondere das Versicherungssystem in Großbritannien angesehen.[15]

Vor dem Hintergrund dieser Diskussion in Wirtschaftspolitik und Wirtschaftswissenschaft sollen im folgenden Wettbewerb und Regulierung in der deutschen Versicherungswirtschaft untersucht werden.

Die Analyse beschränkt sich auf die Bereiche der Lebensversicherung und der Privaten Krankenversicherung.

Um reale Verhältnisse nicht an unrealisierbaren Normen zu messen, soll der bundesdeutsche Versicherungsmarkt nicht mit einem idealtypischen Wettbewerbsmodell verglichen werden. Vielmehr soll untersucht werden, welche wettbewerblichen Spielräume das deutsche Regulierungssystem den Versicherungsunternehmen läßt und inwieweit diese Spielräume tatsächlich genutzt werden. Außerdem soll geprüft werden, ob die resultierende Wettbewerbsintensität ausreicht, um einen Druck in Richtung auf Effizienz und Innovation auszuüben.

---

14 Vgl. insbes. H. Eggerstedt, Grundstruktur allgemeiner Versicherungsbedingungen zur Wahrung der Transparenz auf dem Versicherungsmarkt. Forschungsinstitut für Wirtschaftspolitik an der Universität Mainz, Mainz 1986; J. Finsinger, Versicherungsmärkte, Frankfurt/New York 1983; R. Soltwedel, u. a. , (1986), a.a.O.

15 In jüngerer Zeit haben Kritiker allerdings die Auffassung vertreten, bei der britischen Versicherungswirtschaft handle es sich eher um einen Fall von "Self-Regulation" als um ein reines Wettbewerbssystem. (Vgl. D. Bremkamp, Versicherungsschutz "Made in Germany" - ein internationaler Qualitätsvergleich, Versicherungswirtschaft, 1988, S. 13-25).

II. Wettbewerbsrelevante Aktionsvariablen bundesdeutscher Lebensversicherungs- und Privater Krankenversicherungsunternehmen

1. Produktdifferenzierung

a) Bedeutung der Produktdifferenzierung

Produktdifferenzierung muß im Spannungsfeld zweier in ihren Wohlfahrtswirkungen gegenläufiger Tendenzen gesehen werden:

Verschiedene Konsumenten haben i.d.R. verschiedene Präferenzen bzgl. der einzelnen Eigenschaften eines Produktes (z.B. bei einer Lebensversicherung: Laufzeit, Versicherungssumme, Kriterien der Schutzgewährung, Flexibilität, Nebenleistungen usw.). Man kann sich vorstellen, daß die Konsumenten für jede - durch einen Punkt im n-dimensionalen Produkteigenschaftsraum gekennzeichnete - Produktvariante eine Zahlungsbereitschaft haben und diese von Variante zu Variante und von Konsument zu Konsument unterschiedlich ist.[16]

Produktdifferenzierung bietet nun die Möglichkeit, den Konsumentenpräferenzen mit einer Vielzahl von Produktvarianten näherzukommen, als dies möglich wäre, wenn das Produkt nur in einer Version angeboten würde (d.h., nur ein Punkt im Charakteristikaraum realisiert würde).

Allerdings wäre eine maximale Produktdifferenzierung, bei der alle denkbaren Varianten tatsächlich angeboten würden (d.h., alle Punkte im Charakteristikaraum "besetzt" wären), kaum sinnvoll. Abgesehen davon, daß man hierdurch auf eine eventuell mögliche Realisierung von Skalenvorteilen in der Produktion verzichten würde, macht eine Vermehrung der Produktvariantenzahl den Markt für die Konsumenten unübersichtlicher. Dem Vorteil einer maßgerechten Entsprechung zwischen Angebotsprofil und Präferenzen der Nachfrager durch Erhöhung der Produktdifferenzierung steht also eine Steigerung der Informationskosten auf der Nachfrageseite gegenüber.

Informationskosten sind beim Gut "Versicherung" besonders bedeutend. Die Eigenschaften des Gutes sind für die Konsumenten nicht anschaulich ersichtlich. Es handelt sich um ein komplexes Produkt, für das kein Mechanismus existiert, der die vielfältigen Produkteigenschaften in Signale bündelt und so den Konsumenten ein intuitives Produktverständnis gestattet. Erschwerend für das Produktverständnis der Konsumenten kommt hinzu, daß sie die Verläßlichkeit des Versprechens einer zukünftigen Leistung einschätzen müssen. Außerdem werden die Eigenschaften des Produkts bei der Lebensversicherung für die Konsumenten nicht - wie bei vielen Konsumgütern - in täglichem Umgang mit dem Produkt offenbar. Bei der Lebensversicherung handelt es sich also unter dem Gesichtspunkt der Informationskosten um den schwierigen Typ eines in seinen Eigenschaften nur unvollkommen erkennbaren Suchgutes.

Im Gegensatz dazu weist die Private Krankenversicherung sowohl Such- als auch Erfahrungsgutelemente auf. Für den Versicherungsnehmer vervollständigen sich nämlich die vor Vertragsabschluß gewonnenen Informationen durch laufende Erfahrungen im Zuge der Abrechnung seiner Krankheitskosten.

Bei einer wohlfahrtstheoretischen Einschätzung der Produktdifferenzierung geht es somit um die Frage, wie ihre beiden gegenläufigen Wohlfahrtswirkungen ausgeglichen werden. Zweifellos läßt sich theoretisch ein optimaler Grad der Produktdifferenzierung charakterisieren. Er ist (unter den üblichen Konvexitätsbedingungen) dadurch definiert, daß der

---

16 Zu dem hier zugrundeliegenden konsumtheoretischen Ansatz vgl. K. Lancaster, A New Approach to Consumer Theory, Journal of Political Economic, 1966, S. 132-157, ders., Socially Optimal Product Differentiation, American Economie Review, 1975, S. 567 - 585.

Grenzertrag der Produktdifferenzierung (quantifizierbar etwa durch die marginale Zahlungsbereitschaft der Konsumenten für eine Ausweitung der Produktpalette)[17] der Summe aus den marginalen Informationskosten einer solchen Ausweitung und den marginalen Kosten des Verzichts auf eine Verbilligung der Produktion durch stärkere Standardisierung entspricht.

Im folgenden geht es jedoch nicht darum, den optimalen Grad der Produktdifferenzierung für die deutsche Lebensversicherungs-und Private Krankenversicherungswirtschaft zu bestimmen. Vielmehr werden die im deutschen Regulierungssystem möglichen Formen der Produktdifferenzierung im Spannungsfeld zwischen Informationskosten und Vielfalt pragmatisch untersucht.

b) Wirkung der bundesdeutschen Regulierung auf Produktdifferenzierung und die dabei entstehenden Informationskosten

ba) Informationskosten

Die Abstraktheit und Komplexität des Gutes Versicherungsschutz macht den Vergleich zwischen Angeboten verschiedener Versicherungsunternehmen für die Versicherungsnehmer besonders schwierig. Im bundesdeutschen Regulierungssystem wurden daher Maßnahmen ergriffen, die die Informationskosten senken und damit die Möglichkeiten der Konsumenten zu einer rationalen Wahl ihres Versicherungsschutzes verbessern sollen. Neben diesen administrativen Methoden der Informationskostensenkung haben sich informationskostensenkende Aktivitäten aus dem Marktprozeß selbst entwickelt.

Um unter anderem. die Markttransparenz für die Versicherungsnehmer zu erhöhen, hat das BAV im Bereich der Lebensversicherung für alle Versicherungsunternehmen verbindliche Kalkulationsvorschriften entwickelt.[18] Mit der Einheitlichkeit der Kalkulationsbedingungen soll erreicht werden, daß sich Leistungsunterschiede für alle Versicherer in gleicher Weise in Prämienunterschieden widerspiegeln. Das Kalkulationsschema liefert also einen Schlüssel, nach dem die zahlreichen Dimensionen der einzelnen Eigenschaften eines Versicherungsvertrages in eine einzige (monetäre Dimension) umgerechnet werden. Diese drastische Reduzierung der Dimensionalität des Entscheidungsproblems soll die Informationskosten der Nachfrager senken. Allerdings ist die Zuordnung von Produkteigenschaften und Prämien nicht eindeutig. Jedem Vektor von Produkteigenschaften entspricht zwar nach den einheitlichen Kalkulationsrichtlinien eine einheitliche Prämie. (Von geringfügigen Abweichungen, insbesondere wegen der unterschiedlichen Vertriebskosten der Versicherungsunternehmen, wird hier abgesehen), aber umgekehrt kann ein und dieselbe Prämie bei verschiedenen (und von den Konsumenten verschieden bewerteten) Versicherungsverträgen zu zahlen sein. Überdies darf nicht übersehen werden, daß die mit den einheitlichen Kalkulationsrichtlinien erreichte Vereinfachung ihren Preis hat: Der "Wechselkurs", mit dem die verschiedenen Leistungskomponenten gleichnamig gemacht werden, wird behördlich festgelegt und entspricht daher i.d.R.nicht dem "Kurs", der sich auf dem Markt aus dem Zusammenspiel zwischen marginaler Zahlungsbereitschaft der Konsumenten für eine bestimmte Teilleistung und den Grenzkosten der Anbieter für diese Teilleistung ergeben würde.

---

17 Genauer muß bei jeder marginalen Variation der Produktdifferenzierung (Erweiterung des Spektrums um eine Variante) noch geprüft werden, an welcher Stelle des Produktcharakteristikaraums die Variante angesiedelt wird. Für jede Variantenzahl wäre die Differenz zwischen Grenzerlös und Grenzkosten der marginalen Variantenzahl für diejenige zusätzliche Variante zu betrachten, die diese Differenz maximiert. Wird diese Überlegung nicht beachtet, so wäre es möglich, daß die o.a. Marginalbedingung "Grenzerlös = Grenzkosten" von (unendlich) vielen Variantenzahlen erfüllt wird, die jedoch allle unterschiedliche Gesamtdifferenzen von Erlös und Kosten aufweisen. (Vgl. auch A. Endres, Optimale Produktvariation, Jahrbücher für Nationalökonomie und Statistik, 1984, S. 557 - 574).

18 Vgl. dazu M. Stöffler, Markttransparenz in der Lebensversicherung, Karlsruhe 1984, S.16-35.

Die festen, nach äußerst vorsichtigen Grundsätzen kalkulierten Prämien im bundesdeutschen Regulierungssystem haben zur Folge, daß sich bei den Versicherungsunternehmen Überschüsse bilden, die zum größten Teil an die Versicherungsnehmer zurückgegeben werden (Überschußbeteiligung). Das Ausmaß der zurückgegebenen Überschüsse ist zwischen den verschiedenen Versicherungsunternehmen unterschiedlich und für den Versicherungsnehmer zum Zeitpunkt des Vertragsabschlusses nur ungefähr abschätzbar. Eine rationale Auswahl aus dem Angebot verschiedener Versicherungsfirmen erfordert also eine Erwartungsbildung über die Höhe der künftigen Überschüsse im Vergleich konkurrierender Unternehmen. In dieser Hinsicht bewirkt das (u.a.) zur Senkung der Informationskosten eingeführte einheitliche Kalkulationssystem eine Erhöhung der Informationskosten. Bei einem System firmenindividuell im Wettbewerb kalkulierter Prämien ohne Überschußbeteiligung fielen die Informationskosten dieser Erwartungsbildung fort.

Allerdings wird in der Diskussion übersehen, daß in einem solchen System an anderer Stelle zusätzlich Informationskosten entstehen würden: Bei einem System von firmenindividuell im Wettbewerb kalkulierten Prämien wäre das Insolvenzrisiko höher als bei dem System mit einheitlich kalkulierten Prämien und Überschußbeteiligungen.[19] Da die Verteilung der Insolvenzwahrscheinlichkeit auf die einzelnen Versicherungsunternehmen im System freier Prämienbildung für den Versicherungsnehmer nicht bekannt ist, entspricht der Erwartungsbildung über die Überschußbeteiligung im System einheitlicher Prämienkalkulation im System freier Prämienkalkulation die Erwartungsbildung über die Insolvenzrisiken der konkurrierenden Unternehmen. Es ist anzunehmen, daß die Kosten der Beschaffung von Informationen über Insolvenzrisiken im System freier Prämienkalkulation höher sind als die Kosten der Beschaffung von Information über Überschußbeteiligungen im System gebundener Kalkulation.

Eine weitere Maßnahme der Aufsichtsbehörde zur Senkung der Informationskosten der Nachfrager von Versicherungsleistungen besteht in dem Verbot eines Wettbewerbs bezüglich der Versicherungsbedingungen. Die Allgemeinen Versicherungsbedingungen müssen vom BAV genehmigt werden und sind sparteneinheitlich.[20] Damit soll verhindert werden, daß ein Bedingungswettbewerb eine erhebliche Unübersichtlichkeit des Marktes zur Folge hat. Diese könnte dazu führen, daß es von den Konsumenten nicht wahrgenommen wird, wenn extreme Prämienunterschiede ohne entsprechende Leistungsunterschiede auftreten, wie dies etwa im Bereich des französischen Versicherungssystems geschehen ist.[21] Das Gebot sparteneinheitlicher Allgemeiner Versicherungsbedingungen stellt einen bedeutenden Eingriff in den Wettbewerbsprozeß dar, der jedoch - wie im folgenden Abschnitt bb) gezeigt wird - keineswegs mit einer staatlich verordneten "Produkthomogenisierung" gleichzusetzen ist. Im Bereich der Privaten Krankenversicherung ist sogar ein besonders vielfältiges Spektrum von Produktvarianten vorhanden.

Neben einheitlichen Kalkulationsvorschriften und Versicherungsbedingungen als von der Aufsicht eingesetzten Mitteln zur Erhöhung der Markttransparenz haben sich informationskostensenkende Aktivitäten aus dem Marktgeschehen selbst entwickelt. Dazu gehören etwa die Beispielrechnungen, mit denen viele Lebensversicherungsunternehmen den Nachfragern

---

19 Dies gilt solange im System firmenindividuell kalkulierter Prämien, bis nicht andere sichere Insolvenzvorkehrungen getroffen werden. Die Probleme solcher Einrichtungen werden unter Abschnitt II, 3. angesprochen.

20 Für das einzelne Versicherungsunternehmen besteht die Möglichkeit, von ihm selbst entwickelte AVB zur Genehmigung einzureichen. Das BAV prüft hierbei allerdings besonders eingehend, ob die abweichenden AVB nach seiner Beurteilung eine "echte Verbesserung" gegenüber den Musterbedingungen erbringen.

21 Vgl. z.B. H. Eggerstedt (1986), a.a.O., S.148.

die in allgemeiner Formulierung recht komplexen Systeme der Überschußbeteiligung erklären. Mit den Beispielrechnungen wird die in der Vergangenheit erbrachte Überschußbeteiligung des Unternehmens für verschiedene Vertragstypen erläutert. Natürlich ist es nur eingeschränkt möglich, aus Daten über die Vergangenheit auf zukünftige Entwicklungen zu schließen.

Eine weitere marktliche Informationsquelle für die Versicherungsnehmer ist in den von einigen Wirtschafts- und Konsumzeitschriften aufgestellten "Rankings" zu sehen. Hierbei werden die Leistungen von Versicherungsunternehmen nach bestimmten Indikatoren quantifiziert. Dabei handelt es sich um generelle Leistungsparameter der Versicherungsunternehmen, z.B. Anlageeffizienz und Kosteneffizienz sowie in der Lebensversicherung insbesondere um die Rückerstattungsquote oder die (um die Rückerstattung bereinigte) Prämie und in der Privaten Krankenversicherung um die Beiträge pro Leistungseinheit (z.B. pro 10 DM Krankenhaustagegeld). Wenn diese Leistungsvergleiche auch einen zentralen Beitrag zur Hebung des Informationsniveaus der Konsumenten leisten, so sind sie doch nicht ganz unproblematisch. Die veröffentlichten Indikatoren greifen bestimmte Aspekte der Versicherungsleistung heraus und bilden möglicherweise die Gesamtleistung der Unternehmen im Vergleich nicht zutreffend ab. Darüber hinaus besteht die Gefahr, daß die nachfragelenkende Funktion der Ratings Versicherungsunternehmen dazu veranlaßt, Leistungen, die durch veröffentlichte Indikatoren erfaßt werden, auf Kosten anderer Leistungen zu erhöhen.[22]

Die Bedeutung der von Zeitschriften durchgeführten Vergleiche reicht über ihren Leserkreis hinaus. Es ist davon auszugehen, daß sich weniger informierte Konsumenten bei durch die Lektüre von Fach- und Wirtschaftszeitschriften orientierten Konsumenten über die Leistungsfähigkeit verschiedener Versicherungsunternehmen erkundigen.

Die oben aufgeführten Aktivitäten bedeuten ein hohes Maß an Informationsbereitstellung auf der Angebotsseite. Der Engpaß für eine im Markt bestehende Transparenz liegt auf der Nachfrageseite. Wegen der oben schon angesprochenen Abstraktheit des Gutes Versicherung ist es für viele Nachfrager schwierig, die angebotenen Informationen zu verarbeiten. Die Bedeutung dieses Umstandes für das Marktergebnis läßt sich nur empirisch einschätzen.[23]

Die im bundesdeutschen System vorhandenen Impulse zur Informationskostensenkung werden in der Literatur häufig kritisiert. Grundsätzliche Kritik gilt insbesondere dem Versuch der Aufsichtsbehörde, im Bereich der Lebensversicherung Markttransparenz um den Preis der Einschränkung oder Ausschaltung des Produkt- und Prämienwettbewerbs staatlicherseits zu verordnen. Der Versuch, Markttransparenz als Voraussetzung des Wettbewerbs staatlich herzustellen, geht nach Auffassung der Kritiker von dem als wettbewerbspolitisches Leitbild untauglichen Modell der vollständigen Konkurrenz aus.[24] Der in unregulierten Märkten herrschende dynamische Wettbewerb setzt dagegen Informations- und Suchprozesse in Gang, die Markttransparenz als Ergebnis des Wettbewerbsprozesses herstellen. Die unregulierten Marktpreise fungierten dabei als Informationsträger, an denen sich auch weniger informierte einzelne Nachfrager orientieren könnten.[25]

Wenn auch hier die wichtige Informationsfunktion des Preissystems nicht bezweifelt wird, so müssen gegen die hier skizzierte Position doch einige Bedenken angemeldet werden:

Die jüngere Theorie öffentlicher Güter und die Informationsökonomie haben gezeigt, daß Marktpreise nicht völlig informationseffizient sein können. Wenn eine Gruppe von

22 Vgl. dazu J. Finsinger (1983), a.a.O., insbes. S. 129ff. und M. Stöffler (1984), a.a.O., insbes. S. 174 ff.

23 Vgl. dazu Kap. IV dieses Artikels.

24 Vgl. R. Soltwedel u.a. (1986), a.a.O., S. 89.

25 Ebendort.

Konsumenten sich unter Aufwendung von Kosten Informationen über die Qualität eines Produktes beschafft, so können sich diese Informationen auf dem Weg über das Nachfrageverhalten im Preis des Produktes niederschlagen. Dann hätten allerdings diese Nachfrager ein öffentliches Gut produziert, das von jedem Konsumenten, der nicht dieser Gruppe angehört, kostenlos in Anspruch genommen werden könnte. Diese Situation ist nicht stabil, weil kein rationaler Konsument der ersten Gruppe beitreten würde. Hat diese Gruppe jedoch keine Mitglieder, werden keine Informationen im Preis abgebildet.[26]
Überdies kann es in einem permanent fortschreitenden Wettbewerbsprozeß keine Transparenz als Marktergebnis geben, weil die durch ständige Änderungen von Marktergebnissen notwendige Informationsverarbeitung Zeit braucht. Der Informationsstand der Nachfrager hinkt also um diesen Informationslag stets hinter der Entwicklung her.
Neben diesen eher theoretischen Bedenken zeigt auch ein Blick in die Praxis, daß die Erwartungen an die informationsschaffende Kraft des Marktes in der Literatur häufig etwas zu idealistisch geraten sind. Als Beispiel für die Rentabilität informationskostensenkender Aktivitäten im ungestörten Marktsystem wird in der Literatur gewöhnlich die Bedeutung von Versicherungsmaklern im weniger regulierten englischen Versicherungsmarkt herangezogen.[27]
Hintergrund der Literaturmeinung ist das Verständnis des Maklers als Vertreter der Interessen seiner Kunden (der Versicherungsnehmer). In dieser Rolle würde der Makler Informationskosten senken, weil die Versicherung für ihn - bedingt durch die Häufigkeit seiner Geschäftskontakte - schon vor Vertragsabschluß neben den Eigenschaften eines Suchgutes wesentliche Erfahrungsgutelemente aufweisen würde.
Dieses idealtypische Bild des Maklers entspricht jedoch nicht der Realität. So sind in Großbritannien - dem Markt mit der höchsten Maklerdichte - die meisten Makler mit höchstens zwei Versicherungsunternehmen fest verbunden. Diese Anbindung hindert den Makler daran, seine idealtypischerweise zu erwartende informationskostensenkende Funktion nur im Interesse des Kunden wahrzunehmen. Dies erklärt auch den Umstand, daß in Großbritannien trotz der hohen Anzahl von "Vermittlungsexperten" erhebliche Prämienunterschiede für gleiche Leistungen zwischen Versicherungsunternehmen bestehen. [28]
Der Funktion des Maklers als besser informierten "Alter ego" des Versicherungsnehmers steht die Anreizstruktur des in der Praxis herrschenden Provisionssystems entgegen. Die Provision bemißt sich an versicherungsunternehmensindividuellen Provisionssätzen und an dem Wert der Geschäftsabschlüsse. Damit kann das Interesse des Maklers an einer hohen Provision durchaus mit dem Interesse des Kunden an guter Beratung in Konflikt geraten.[29]
Eine Lösung dieses im gegenwärtigen System institutionell verankerten Interessenkonflikts würde die Bereitschaft der Versicherungsnehmer voraussetzen, die Beratungsleistung der

---

26 Näheres bei A. Endres, Second.Hand Markets and the Private Supply of Excludable Public Goods, Public Finance, 1980, S. 227 - 238, insbes. S. 230f, und S.J. Grossmann, J.E. Stiglitz, On the Impossibility of Informationally Efficient Markets, American Economic Review, 1980, S. 393 - 408.

27 Vgl. z.B. H. Eggerstedt (1986), a.a.O., S. 161ff.

28 Vgl. den Prämienvergleich bei H.-W. Thieltges, London Police, Capital, 1987, S. 101 - 108, insbes. S. 107, bei dem ohnehin nur die günstigsten Versicherer aufgeführt sind. Bei der im Text getroffenen Aussage gehen wir davon aus, daß die Angebote zumindest einiger der hier aufgeführten Firmen (und möglicherweise anderer Firmen) von Versicherungsmaklern in nennenswertem Umfang verkauft werden. Eine empirisch abgestützte Einschätzung der Informationsfunktion von Maklern könnte sich aus einem Vergleich der Spannbreite von Preisen für gleiche Leistungen zwischen Maklern und anderen Vertriebsformen ergeben.

29 In der Literatur werden Interessenkonflikte dieses Typs als Principal-Agent Problem bezeichnet. Vgl. z.B. R. Rees, The Theory of Principal and Agent, Bulletin of Economic Research, 1985, Part I: S. 3-26; Part II: S. 75-95.

Makler am Markt getrennt zu honorieren. In einem System, in dem die Versicherungsnehmer die Information über mögliche Versicherungsverträge von den Maklern kaufen, würden die Beratungsleistungen der Makler über die Nachfrageseite des Marktes (die Versicherungsnehmer) gesteuert.
Einer vollständigen Umsetzung dieser Idee stehen allerdings Informationsprobleme auf Seiten der Versicherungsnehmer entgegen. Ist das Informationsniveau eines Nachfragers zu gering, um beurteilen zu können, welches Angebot welcher Versicherungsfirma für ihn am günstigsten ist, so kann er auch nicht beurteilen, von welchem Makler er am besten beraten wird oder ob der von ihm gewählte Makler ihn gut berät.
Ein besonders drastisches Gegenbeispiel zu dem in der Literatur verbreitetem Verständnis der Rolle von Maklern auf Informationsmärkten ist die im Jahre 1971 fallierte Vehicle and General Versicherungsgesellschaft. Sie hatte ihren zunächst gegebenen Markterfolg damit erzielt, daß sie eigene Maklerfirmen betrieb und unabhängigen Maklern besonders günstige Provisionen zahlte.[30]

bb) Produkteigenschaften

Das Gebot der Einheitlichkeit der AVB hindert die Lebensversicherungsunternehmen im bundesdeutschen System nicht daran, eine breite Palette von Produktvarianten anzubieten. Man unterscheidet insbesondere:

- Todesfallversicherung
  - -- Versicherung auf Todesfall
  - -- Risikoversicherung
- Erlebensfallversicherung (Leibrentenversicherung)
- Gemischte Lebensversicherung (auch auf verbundene Leben)
- Versicherung mit festem Auszahlungstermin (mit verschiedenen Unterformen)
- Gruppenversicherung

Diese verschiedenen Arten können noch nach einer Reihe von Merkmalen differenziert werden. Dazu gehören Versicherungssumme, Vertragsdauer, Beitragsdauer, Zahlungsweise, Eintrittsalter, Verfahren der Überschußbeteiligung, Flexibilität (z.B. bzgl. einer Prämienreduktion bei Arbeitslosigkeit), Abreden über die Höhe der Versicherungssumme bei Unfalltod usw. Über einige dieser Parameter kann der Versicherungsnehmer die Rentabilität seiner Versicherung steuern.[31] Diese Vielfalt im bundesdeutschen Regulierungssystem möglicher und tatsächlich abgeschlossener Vertragsformen läßt den in der Literatur häufig erhobenen Vorwurf der staatlich verordneten "Produkthomogenisierung" oder "Produktstandardisierung"[32] als nicht angebracht erscheinen. Hier wird wohl die produktbeschreibende Funktion der einheitlichen AVB überschätzt[33] Von einer Einheitlichkeit kann man nur insofern sprechen, als jeder Vertrag, der von einem Versicherungsunternehmen konzipiert wird, von einer anderen Versicherungsfirma ebenfalls angeboten werden kann. Hierin ist jedoch keine Folge des Regulierungssystems zu sehen, sondern eine Besonderheit des Gutes "Versiche-

---

30 Vgl. J. Trapp, in: J. Finsinger, M. Pauly (Eds.), The Economics of Insurance Regulation - A Cross-National Study, London and Basingstoke, 1986, S.37.

31 Vgl. E. Schneider, Bestimmung der Rentabilität gemischter Lebensversicherungen, Zeitschrift für die gesamte Versicherungswissenschaft, 1985, S. 403 - 423.

32 Vgl. z.B. Eggerstedt (1986), a.a.O., S.35ff.; R. Soldtwedel (1986), a.a.O., S.89, 101. Es ist bemerkenswert, daß eine Vertreterin des Verbraucherverbandes sich gegen die "verwirrende Vielfalt" der Produktvarianten wendet. Vgl. G. Erkelenz, Wettbewerb auf den Versicherungsmärkten aus der Sicht privater Nachfrager, Zeitschrift für die gesamte Versicherungswirtschaft, 1985, S. 257-266.

33 In manchen anderen Sparten (insbes. bei Sachversicherungen) ist der produktbeschreibende Charakter der AVB allerdings stärker ausgeprägt als bei der hier behandelten Lebensversicherung.

rung", bei dem eine Firma ein Leistungsversprechen auf der Grundlage eines mathematischen Kalküls abgibt, das von einer anderen Firma grundsätzlich kopiert werden kann.
Im Rahmen des bundesdeutschen Regulierungssystems ist es im Bereich der Lebensversicherung im Prinzip möglich, jede Produktvariante (jeden Tarif) anzubieten, sofern die damit verbundenen Risiken kalkulierbar sind, d.h. die dauerhafte Erfüllbarkeit der betreffenden Verträge gewährleistet ist. Allerdings sind zwei wichtige Einschränkungen zu beachten:

- Variierte Tarife müssen vom BAV genehmigt werden. Dies kostet Zeit und Ressourcen, verteuert damit die Produktvariation und dämpft somit den Anreiz , sie durchzuführen. Außerdem ist das Genehmigungsverfahren problematisch, da in den Ausschüssen des BAV, die an der Genehmigung neuer Tarife beteiligt sind, auch Vertreter von Versicherungsverbänden vertreten sind. So können die Konkurrenten der beantragenden Firma möglicherweise schon im Vorfeld von der beabsichtigten Produktvariation erfahren und entsprechend reagieren. Produktvariation wird also tendenziell entmutigt, weil die beantragende Firma keinen nennenswerten Vorsprung vor ihren Konkurrenten gewinnt.
  Dennoch sind immer wieder Vorstöße einzelner Unternehmen zu beobachten. So wurden beispielsweise in jüngster Zeit zwei Tarife (Universal Life, Tarif mit Nullzillmerung) genehmigt, deren Produkteigenschaften die Branche insgesamt ablehnend gegenüberstand. Die Genehmigungen dieser von mittelgroßen bzw. kleinen Unternehmen beantragten Tarife kamen für die Branche insgesamt überraschend. Hier wurden durch Produktinnovationen nicht antizipierte wettbewerbliche Impulse ausgelöst.
- Die Entscheidung darüber, ob die dauerhafte Erfüllbarkeit der Verträge bei einem bestimmten Tarif gewährleistet ist, behält sich das BAV vor. Insbesondere wird geprüft, ob der Kreis der Versicherten groß genug ist, um einen Wagnisausgleich zu gewährleisten und ob das Risiko so eingegrenzt ist, daß es abschätzbar bleibt. Damit übernimmt das BAV Funktionen, die in einem marktwirtschaftlichen System in die Entscheidungskompetenz des einzelnen Unternehmens fallen.

Aus dieser Beschränkung des Entscheidungsspielraums der bundesdeutschen Versicherungsunternehmen könnten sich wesentliche Wettbewerbsverzerrungen ergeben, wenn bei Gültigkeit einer Dienstleistungsfreiheit im Sinne des Sitzlandprinzips Versicherungsunternehmen, die verschiedenen Regulierungssystemen unterliegen, auf dem bundesdeutschen Versicherungsmarkt miteinander konkurrierten. So wäre es z.B. möglich, daß sich Unternehmen, die ihren Sitz in einem weniger regulierten EG-Land (z.B. Großbritannien) haben, auf andere Möglichkeiten des Wagnisausgleichs und der Eingrenzung von Risiken stützen als dies von Seiten des BAV für die bundesdeutschen Firmen geschieht.[34] Es ist denkbar, daß es den ausländischen Firmen, die über einen größeren Spielraum bei der Risikoklassenbildung verfügen, gelingen könnte, mit speziellen Tarifen für eng definierte Gruppen von Risiken, Kunden aus dem weiteren Pool der von den deutschen Unternehmen zu bildenden Risikoklassen herauszuziehen. Die Struktur des deutschen Kundenstammes könnte so zu Lasten der

34 Vgl. dazu z.B. die Diskussion im Anschluß an H.G. Timmer, Der Wettbewerb in der Krankenversicherung, in: W. Hamm, G. Neubauer (Hrsg.), Beiträge zur Gesundheitsökonomie, Bd. 7: Wettbewerb im Gesundheitswesen, Gerlingen 1985, insbes. S. 249-251.

deutschen Versicherungswirtschaft und ihrer Versicherten verschlechtert werden (Problem des "Rosinenpickens"). [35] Da sich auf Risikomärkten stets die stärker nach Risikoklassen differenzierenden Unternehmen durchsetzen, könnte durch diesen Prozeß der bei jeder Tarifbildung notwendige "Kompromiß zwischen 'Verursacherprinzip' und 'Solidaritätsprinzip'"[36] gefährdet werden. Es ist nicht vorstellbar, daß die bundesdeutschen Unternehmen diesen Effekt durch zielgruppenorientiertes Marketing und Vertrieb kompensieren könnten.[37]. Trotz dieser wichtigen, den Wettbewerb über Produktvariation einengenden Besonderheiten des bundesdeutschen Regulierungssystems, sind die Unterschiede im Variantenreichtum zwischen dem bundesdeutschen Versicherungsmarkt und dem weniger regulierten Markt in Großbritannien im Bereich der Lebensversicherung[38] geringer als gemeinhin [39] angenommen wird. So wird z.B. in der öffentlichen Diskussion meist übersehen, daß die in Großbritannien viel beachtete fondsgebundene Lebensversicherung in der Bundesrepublik ebenfalls angeboten wird. Sie hat sich allerdings am Markt erst in jüngerer Zeit stärker durchsetzen können.

In der Privaten Krankenversicherung ist die Produktgestaltung weniger reguliert als in der Lebensversicherung.

Seit 1976 existieren für die Krankheitskosten- und Krankenhaustagegeldversicherung, seit 1985 auch für die Pflegekrankenversicherung, Musterbedingungen, mit denen ein Mindeststandard des Versicherungsschutzes bei allen Versicherungsunternehmen gewährleistet ist. Darüber hinaus haben die einzelnen Unternehmen jedoch eine Fülle von differenzierten Tarifen mit unterschiedlichen Leistungszusagen, Konditionen und Prämien entwickelt. Hierbei sind vor dem Hintergrund der notwendigen Kostendämpfung im Gesundheitswesen insbesondere die verschiedenen Formen von Selbstbehalt- und Bonustarifen [40] zu erwähnen.[41]

---

35 Vgl. P. Zweifel, H. Hauser, Krankenversicherung unter Wettbewerbsbedingungen: Zur Rolle des Äquivalenzprinzips. in: Zeitschrift für die gesamte Versicherungswissenschaft, 1987, S. 301-317, insbes. S. 307, 309, 314. Zur volkswirtschaftlichen Unerwünschtheit einer marktgleichgewichtigen Risikoentmischung vgl. R. Eisen, Der Organisationstyp "Private Krankenversicherung": Merkmale der Finanzierungs-, Allokations-, Produktions-, und Distributionsebene, in: G. Neubauer (Hrsg.), Beiträge zur Gesundheitsökonomie, Bd. 13; Alternativen der Steuerung des Gesundheitswesens, Gerlingen 1984, Seite 101-160.

36 Vgl. R. Eisen (1984), a.a.O., S.131.

37 Noch schwieriger als bei der Lebensversicherung erscheint die Gefahr des "Rosinenpickens" im Falle der Kfz.-Haftpflichtversicherung. Hier ist die Möglichkeit der Risikoklassenbildung der bundesdeutschen Versicherer aus sozialpolitischen Gründen eingeschränkt.

38 Bedeutender scheint der beschränkende Einfluß der Regulierung auf die Vielfalt der Produktvarianten bei anderen Versicherungssparten, z.B. der Reisegepäckversicherung oder der privaten Haftpflichtversicherung zu sein. Vgl. H. Eggerstedt (1986), a.a.O., S.92 ff.

39 Vgl. z.B. H. Eggerstedt (1986), a.a.O., S. 219 f.; H.-W. Thieltges (1987), a.a.O.

40 Vgl. dazu J.-M. Graf v.d. Schulenburg, Recent Developments of Health Insurance in West Germany, The Geneva Papers on Risk and Insurance, 1987, S. 331-342; P.Zweifel, O. Waser, Bonus-Optionen in der Krankenversicherung: Eine mikroökonomische Untersuchung, in: G. Gäfgen (Hrsg.), Ökonomie des Gesundheitswesens, Schriften des Vereins für Sozialpolitik, N.F. Bd. 159, Berlin, 1987, S.469-481; P. Zweifel, HMOs and some European Alternatives, The Geneva Papers on Risk and Insurance, 1987, S. 314-320.

41 Zu den vom Privaten Krankenversicherungswesen ausgehenden Kostendämpfungseffekten im US-amerikanischen Gesundheitswesen vgl. z.B. R. Eisen (1984), a.a.O.; J. Finsinger, K.Kraft, M. Pauly, Some Observations on Greater Competition in the West German Health Insurance System from a U.S. Perspective, Managerial and Decision Economics, 1986, S. 151-161, H. Hauser, Grundzüge eines wettbewerblichen Versicherungskonzeptes für die Schweiz, in: G. Gäfgen (Hrsg.), (1987), a.a.O. sowie P. Zweifel (1987), a.a.O. Zur Erreichbarkeit gesellschaftspolitischer Ziele mit den US-amerikanischen Health Maintenance Organisation vgl. J.-M. Graf von der Schulenburg (1987), a.a.O.

Bei einem Vergleich der Regulierungen im Lebensversicherungs- und Privaten Krankenversicherungsbereich sowie der von der Regulierung (mit-) geprägten Marktergebnisse wird ein Trade off zwischen Vielfalt und Markttransparenz deutlich:
In der Lebensversicherung führen Produkt- und Prämienregulierung dazu, daß ein bestimmtes Spektrum von Produktvarianten von allen Versicherungsunternehmen zu im wesentlichen gleichen Prämien angeboten wird. Wie oben erwähnt, wird in der Literatur an diesem System eine zu hohe Standardisierung bemängelt und mehr Wettbewerb zur Erzeugung größerer Vielfalt verlangt.
Bei der Privaten Krankenversicherung läßt die Produkt- und Prämienregulierung den Versicherungsunternehmen größere Spielräume als bei der Lebensversicherung. Im Markt hat sich eine Vielfalt unternehmensindividueller Tarife herausgebildet. Die damit gestiegenen Informationskosten beim Vergleich der Angebote verschiedener Unternehmen führen allerdings dazu, daß auf dem Markt für Private Krankenversicherungen erhebliche Prämienunterschiede zwischen den Unternehmen für gleiche oder ähnliche Leistungen über längere Zeit Bestand haben.[42] In der Literatur wird deswegen eine übertriebene Produktdifferenzierung kritisiert. Im Interesse einer Intensivierung des Wettbewerbs wird daher eine stärkere Standardisierung der Tarife verlangt.[43] Neuerdings wird für einkommensschwache Gruppen sogar eine voll standardisierte Mindestabsicherung des Krankheitskostenrisikos propagiert. Dies bezieht sich allerdings auf ein Marktsegment, das zwischen der Gesetzlichen Krankenversicherung und der Privaten Krankenversicherung teils aufgeteilt, teils wettbewerblich umstritten ist - und auf das hier nicht näher eingegangen wird.
Neben der Vielfalt der Kombinationen von Produkteigenschaften, die im bundesdeutschen Regulierungssystem trotz der genannten Einschränkungen möglich sind, soll hier noch eine wettbewerbspolitisch besonders bedeutsame Produkteigenschaft erörtert werden.
Unter dem **"Rückkaufswert"** in der Lebensversicherung versteht man den dem Versicherungsnehmer bei vorzeitiger Kündigung ausgezahlten Betrag. Niedrige Rückkaufswerte schränken die Mobilität bereits kontrahierter Versicherungskunden ein und beschränken den Wettbewerb zwischen den Versicherungsunternehmen tendenziell auf die noch nicht gebundenen potentiellen Interessenten. Das BAV war der Meinung, daß der Wettbewerb zwischen den Versicherungsunternehmen nicht ausreicht, um kundenfreundliche Rückkaufswerte herbeizuführen.[44] Es hat daher die Höhe der (den Rückkaufswert senkenden) Abschlußprovision nach oben begrenzt.[45] Ausserdem wurde vom BAV veranlaßt, daß nach einer gewissen Vertragslaufzeit auch die Schlußdividende anteilig bei der Berechnung des Rückkaufswertes berücksichtigt wird.
Allerdings muß bei der Diskussion um kundenfreundliche Rückkaufswerte beachtet werden, daß der maximale Rückkaufswert aus wohlfahrtstheoretischer Sicht nicht optimal ist, da eine Steigerung der Mobilität von Kunden nicht die einzige Folge einer Rückkaufswertsteigerung

---

42 Ein ähnlicher Effekt läßt sich auch in anderen Ländern beobachten. So erhebt H. Hauser (1987), a.a.O., daß in der Schweiz nur wenige Wechsel von Versicherungsnehmern zwischen Unternehmen der Privaten Krankenversicherungswirtschaft stattfinden, obwohl sich viele Versicherte trotz des bei Neuabschluß höheren Eintrittsalters finanziell besserstellen könnten. Hauser nennt neben den hohen Informationskosten allerdings noch andere mögliche Gründe für die "Trägheit" der Versicherungsnehmer.

43 Vgl. R. Schmidt, Empirische Untersuchungen zu Tarif- und Prämienpolitik in der Privaten Krankenversicherung, in: D.Adam, P. Zweifel (Hrsg.), Beiträge zur Gesundheitsökonomie, Bd.9: Preisbildung im Gesundheitswesen, 1985, S. 265.

44 Interessanterweise ging die Initiative zu einer Erhöhung der Rückkaufswerte von einem kleinen Lebensversicherer aus. Diese beantragte Tarife, bei denen der Rückkaufswert nach zwei Jahren bei 90% und somit deutlicher über den vom BAV vorgeschriebenen Mindestwerten liegt.

45 Zur Kritik dieser Maßnahme vgl. G. Eggerstedt (1986), a.a.O., S. 119.

darstellt. Vielmehr senken höhere Rückkaufswerte die Kosten des " gedankenlosen " Kontrahierens und Stornierens für den einzelnen Abschließenden. Diese Kosten müßten auf alle Versicherungsnehmer umgelegt werden und verursachten so eine Fehlallokation durch externe Effekte. Optimal wäre es, wenn den Stornokunden die Vertragsabschluß- und Stornokosten angelastet würden. Effizienz ist allerdings nur gegeben, wenn die Abschluß- und Stornokosten minimiert sind. Dazu ist es insbesondere erforderlich, daß die Abschlußaktivitäten der Versicherungsunternehmen auf einem optimalen Niveau ausgeübt würden. Da sich die Vertreterprovisionen weitgehend nach der Höhe der Versicherungssumme richten, die Bestandsfähigkeit des Vertragsabschlusses dagegen deutlich geringer berücksichtigt wird, darf vermutet werden, daß diese Optimalitätsbedingung in der Realität verletzt wird. Infolge der generell sehr engen Kalkulation der Abschlußkosten über die Versicherungsbeiträge, liegt es allerdings im wirtschaftlichen Interesse jedes Versicherungsunternehmens, die einzelwirtschaftliche Ineffizienz in möglichst engen Grenzen zu halten. Eine "leichte" Ineffizienz ergibt sich - wie auch in anderen Branchen - überdies schon daraus, daß die Kosten der erfolglos geführten Vertragsverhandlungen (potentieller Kunde schließt nicht ab) der Gesamtheit der Versicherungsnehmer angelastet werden.

Ein wesentlicher Unterschied zwischen Lebensversicherung und Privater Krankenversicherung besteht darin, daß es bei letzterer keinen Rückkaufswert gibt. Von den Prämien jüngerer Versicherungsnehmer werden für die gesamte Versichertengemeinschaft eines Unternehmens kalkulierte Altersrückstellungen gebildet. Tritt ein Versicherungsnehmer aus einer Privaten Krankenversicherung aus, z. B. weil er einen Vertrag mit einem anderen Unternehmen abschließen will, so erhält er die von ihm geleisteten Rückstellungen nicht ausbezahlt. Vielmehr ist bei der Kalkulation der Prämien die durch Vertragsauflösung freiwerdende erwartete Rückstellung schon prämiensenkend berücksichtigt.

Da der einzelne Versicherungsnehmer "seine" Altersrückstellung bei Unternehmenswechsel verliert, ist die Beweglichkeit der Nachfrage zwischen verschiedenen Privaten Krankenversicherungsunternehmen erheblich eingeschränkt.[46]

Bei der wettbewerbstheoretischen Beurteilung dieses Umstandes ist die Unterscheidung zweier Phasen zentral:

Die erste Phase reicht vom Zeitpunkt des Vertragsabschlusses des Versicherungsnehmers bei einem bestimmten Unternehmen bis zu dem Zeitpunkt, in dem noch eine günstigere Prämie eines anderen Unternehmens unter Berücksichtigung der inzwischen erfolgten Altersanpassungen exstiert. (Bei den im bundesdeutschen Markt herrschenden Prämienunterschieden kann diese Phase bis zu acht Jahren umfassen). Die zweite Phase gilt von diesem Zeitpunkt an. In der ersten Phase ist die Nachfrage zwischen den Unternehmen der Privaten Krankenversicherung beweglich, in der zweiten ist sie starr. Attraktive Übergangsmöglichkeiten ergeben sich in dieser Phase allenfalls durch den Substitutionswettbewerb zur GKV. Der Wettbewerb zwischen Unternehmen der Privaten Krankenversicherung ist damit auf den Wettbewerb um Neugeschäftsanteile und den Wettbewerb um Bestände in der ersten Phasc eingegrenzt.

Natürlich sind diese Verhältnisse aus wettbewerbstheoretischer Sicht einer Situation unterlegen, in der auch um die Bestände vollständiger Wettbewerb herrscht. Es muß allerdings gefragt werden, ob diese Idealsituation realisierbar ist:

Auf den ersten Blick scheint eine einfache Lösung darin zu liegen, wechselwilligen Versicherungsnehmern einen Anspruch auf Auszahlung der bis zum Zeitpunkt des Ausscheidens

46 Vgl. z.B. J. Finsinger, K. Kraft. Marktordnung und Kostenstruktur in der Privaten Krankenversicherung, Zeitschrift für Wirtschafts- und Sozialwissenschaften, 1984a, S. 389-415, J. Finsinger, K. Kraft, M. Pauly (1986), a.a.O.

akkumulierten Altersrückstellungen einzuräumen. Allerdings ist die Gefahr gegeben, daß daraus eine Instabilität des Privaten Krankenversicherungsmarktes durch Risikoentmischung entsteht:
Es kann erwartet werden, daß nur gute Risiken zwischen Versicherungsunternehmen wechseln werden. Versicherungsnehmer, die sich im Laufe ihrer Vertragszeit bei ihrem ursprünglichen Versicherungsunternehmen als schlechte individuelle Risiken herausgestellt haben, würden dagegen von einem anderen Unternehmen nicht oder nur zu schlechteren Bedingungen versichert. Ein Wechsel wäre daher für einen solchen Versicherungsnehmer tendentiell unattraktiv oder unmöglich, auch wenn das zweite Unternehmen wegen seiner Effizienzvorteile jede Leistung zu einer günstigeren Prämie anbietet als das erste. Ein Prozeß negativer Selektion könnte also bei Unternehmen mit ungünstigen Prämien zu einer nicht umkehrbaren Verschlechterung der Bestandszusammensetzung führen. Würden nämlich die wegen der schlechten Risikozusammensetzung gestiegenen Heilbehandlungskosten von betroffenen Unternehmen durch Prämienerhöhung aufgefangen, würden erneut die "weniger schlechten" Risiken aus dem Bestand abwandern. Auf die Dauer könnte das Unternehmen über diese "Spirale nach unten" in seiner Existenz gefährdet werden, auch wenn seine in der Ausgangslage relativ ungünstigen Prämien gar nicht durch Ineffizienz, sondern durch eine zufällig schlechtere Risikomischung zustande gekommen wäre.
Die negative Selektion birgt die Gefahr, daß Unterschiede zwischen Unternehmen, die normalerweise kurz- und mittelfristig korrigierbar gewesen wären, sich verstärken und schließlich zu Insolvenzen führen.
Eine andere Möglichkeit, die Beweglichkeit der Nachfrage zwischen den Firmen auch bei den Beständen zu erhöhen, bestünde in dem Verzicht auf die lebenslange Konstanz der Prämie, die die Notwendigkeit der Altersrückstellung begründet. So wäre es z. B. möglich, einen Tarif zu konstruieren, in dem die Prämie nach Maßgabe der erwarteten Heilbehandlungskosten mit dem Lebensalter des Versicherten ansteigt. Ein solcher Tarif könnte als Alternative neben dem Tarif mit einer vom Eintrittsalter unabhängig bestimmten Prämie angeboten werden. Auch hier bestünden jedoch die o.a. Gefahren negativer Selektion. Außerdem wird in der Literatur befürchtet, daß die Versicherten bei einer mit dem Lebensalter variierten Prämie versucht sein könnten, in der ersten Zeit des Vertrages die zunächst niedrige Prämie zu zahlen und dann im höheren Alter, wegen der hohen Belastungen, staatliche Hilfen in Anspruch nehmen[47]
Insgesamt ergibt sich also, daß die Systeme zur Lösung des wettbewerbstheoretisch eindeutig negativ zu beurteilenden "Einschließungseffektes" selbst wettbewerbstheoretisch bedenklich sind. Außerdem greift der Einschließungseffekt erst nach der oben definierten "Korrekturphase", in der es für die Versicherungsnehmer attraktiv ist, auf bessere Wettbewerbsalternativen umzusteigen. Für besonders krasse Fälle besteht häufig die Möglichkeit des Ausweichens auf die GKV als substituierendes System. Schließlich wirkt der Wettbewerb um Neugeschäftsanteile durch die Fortschreibung der abgeschlossenen Prämienhöhen in den Beständen nach. Insgesamt ist diese Situation nach Ansicht der Autoren noch nicht befriedigend und begründet daher weiteren Forschungsbedarf.
Eine Analyse der Produktdifferenzierung darf sich nicht völlig auf Aussagen über die Formen abschließbarer Versicherungsverträge beschränken. Außerdem muß erwähnt werden, daß im

47 Vgl. P. Zweifel, H. Hauser (1987), a.a.O., S. 315. Weil - wie oben angesprochen - die Verteilung der Altersrückstellungen für aus ihren Verträgen ausscheidende Versicherungsnehmer auf die Versichertengemeinschaft prämiensenkend in der Kalkulation berücksichtigt ist, würde eine Auszahlung der Altersrückstellungen eine Anhebung der Prämien induzieren. Diese kann jedoch kaum als Argument für das gegenwärtige System gelten, da sie lediglich die Aufhebung einer Subventionierung der unternehmenstreuen durch die unternehmenswechselnden Versicherungsnehmer reflektiert.

Lebens-und Krankenversicherungsbereich die Vertriebsform (und die mit dem Vertrieb über das Produkt gegebene Information) auch eine wichtige "Produkteigenschaft" darstellt. Unter dem bundesdeutschen Regulierungssytem haben sich verschiedene miteinander im Wettbewerb stehende Vertriebsformen herausgebildet. Neben dem "klassischen" Vertrieb über Vertreter, Makler oder dem Direktvertrieb, hat in jüngerer Zeit insbesondere im Lebensversicherungsbereich der Vertrieb über Banken, Sparkassen oder Versandhäuser an Bedeutung gewonnen. Hiermit wird insbesondere die Erschließung neuer Kundenkreise und eine Senkung der Vertriebskosten angestrebt. Die weit verbreitete Meinung, daß es sich hierbei lediglich um Formen unerwünschten "Beziehungswettbewerbs" handeln soll, wird daher hier nicht geteilt.

2. Innovation

a) Produktinnovation

Geht die Weiterentwicklung von Versicherungsvertragstypen über die bloße Änderung der Kombination bereits vorhandener Produktcharakteristika (Produktvariation) hinaus, sprechen wir von Produktinnovation. Hier wird das Produkt mit neuen Charakteristika ausgestattet. Dabei ist insbesondere an die Versicherung zusätzlicher Risiken oder an neue Formen der Abdeckung traditioneller Risiken zu denken. Beispiele hierfür geben die Pflegefallversicherung oder die Einführung von speziellen Frauentarifen ab.

Analog zu den obigen Ausführungen über die Produktvariation ist darauf hinzuweisen, daß das behördliche Genehmigungsverfahren innovative Aktivitäten tendenziell bremst.

Die erwarteten Kosten des Genehmigungsverfahrens dürften für die Unternehmen bei Innovation häufig sogar höher sein als bei einer bloßen Veränderung der Mischung von bereits genehmigten Tarifelementen. Hier ist das Risiko einer Zurückweisung des Genehmigungsantrages höher und das Genehmigungsverfahren zeitraubender.[48] Eine allgemeine Aussage über die Dauer der Genehmigungsverfahren ist nicht möglich, weil die Schwankungen von Fall zu Fall sehr hoch sind. Außerdem ist der Beginn des materiellen Genehmigungsverfahrens schwer festzulegen, weil der Aufnahme des formellen Verfahrens häufig intensive informelle Kontakte vorangehen.

Neben den Kosten des Genehmigungsverfahrens muß die potentiell innovative Firma bedenken, daß ihr die Früchte der Innovation nicht exklusiv zur Verfügung stehen. Der oben schon angesprochenen Tatsache, daß andere Firmen bereits vor Abschluß des Verfahrens aus den Ausschüssen des BAV von der geplanten Neuerung des Antragstellers erfahren, kommt bei der Innovation größere Bedeutung zu als bei der bloßen Produktvariation. Dieser Effekt wird dadurch verstärkt, daß Innovationen im Versicherungsbereich keinem urheberrechtlichen Schutz unterstehen. Ob dies im Prinzip möglich wäre, ist in der Diskussion umstritten. Während die von den Autoren befragten Praktiker aus der Versicherungswirtschaft einen Urheberrechtsschutz wegen der besonderen Eigenschaften des Gutes Versicherung für unmöglich halten, plädiert Eggerstedt[49]für einen Produktschutz mit Lizenzeinnahmen für den Innovator. Solange der potentielle Innovator nicht darauf bauen kann, die Erträge aus seiner Innovation für eine bestimmte Zeit ungeschmälert durch Imitationen der Konkurrenz zu genießen, ist der Einsatz knapper Ressourcen in innovationsträchtigen Bereichen eher unattraktiv. In Anbetracht der vergleichsweise geringen Entwicklungsaufwendungen und des

48 Das Genehmigungsverfahren für den direkten Abzug eines Teils der erwarteten Überschußbeteiligung von der Prämie dauerte über fünf Jahre. Vgl. J. Finsinger, in: J. Finsinger, M. V. Pauly (Eds.), (1987), a.a.O., S.153. Dagegen dauerte das Genehmigungsverfahren für den in Fn.44 angesprochenen Tarif mit extrem hohen Rückkaufswert nur ca. sechs Monate.

49 Vgl. H. Eggerstedt (1986), a.a.O., S. 112.

geringen Entwicklungsrisikos dürfte dieser Zeitraum in der Versicherungswirtschaft allerdings niedriger anzusetzen sein als in vielen anderen Branchen. Andererseits können gegenwärtig neue Vertragstypen rasch von der Konkurrenz kopiert werden. Der "natürliche" Imitationslag, der im produzierenden Gewerbe den Innovator wenigstens für die Zeit schützt, die die Konkurrenz benötigt, um ein neues Produkt marktreif produzieren zu können, ist hier extrem kurz.[50]

Trotz dieser Innovationshemmnisse, die zum Teil durch das bundesdeutsche Aufsichtssystem verursacht werden, zum Teil aber in Besonderheiten des Gutes Versicherung liegen, erscheint die Beurteilung von Soltwedel[51] überzogen, bei einheitlichen Versicherungsbedingungen sei es weder für den Versicherungsnehmer noch für den Versicherer interessant, sich um eine Verbesserung des Versicherungsschutzes zu bemühen. Im bundesdeutschen Lebensversicherungssystem sind AVB-Änderungen und Verbesserungen der Tarife möglich und sie werden als Reaktion auf Signale der Nachfrager oder Aktivitäten des BAV auch durchgeführt. Beispiele sind die Pflegefallversicherung, die nach dem Kenntnisstand der Autoren im Ausland bisher nicht angeboten wird, oder Änderungen von Überschußbeteiligungsverfahren. Weitere Beispiele ergeben die Einführung von Selbstbehalttarifen in der Privaten Krankenversicherung, die Anpassung von Beamtentarifen an Änderungen des Beihilferechts oder Arrangements zur Vermeidung von Vorauszahlungen für stationäre Behandlung. Überdies werden die oben aufgeführten Gründe für eine Unterversorgung der Versicherungswirtschaft mit Innovationen in der Praxis dadurch abgemildert, daß hier Innovationen von Versicherungsunternehmen bisweilen ohne Genehmigungsverfahren eingeführt werden. Erst wenn die gelegentliche Praxis zur Routine wird, wird beim BAV ein Antrag gestellt. Dies war z. B. bei der variablen Beitragsberechnung der Fall, nach der ein Betrieb die Beiträge für die für seine Belegschaftsmitglieder abgeschlossenen Lebensversicherungen vom Geschäftsergebnis abhängig machte.

Das BAV möchte Innovationen im Versicherungsbereich fördern, erklärt jedoch, sie nur dann zulassen zu wollen, wenn sie eine echte Neuerung darstellen, die "den Versicherungsbedarf zu befriedigen geeignet" [52] ist. Natürlich ist es ordnungspolitisch bedenklich, wenn über die Sinnhaftigkeit einer Innovation von der Aufsichtsbehörde entschieden wird, statt vom Markt. Mit dem marktwirtschaftlichen System kompatibel wäre eine Aufsicht, die sich darauf beschränkt, bei Neuerungen Mißbräuche und Irreführungen der Nachfrager zu verhindern.

b) Strategie-und Prozeßinnovation

In der aktuellen Diskussion wird die hervorragende Bedeutung der Strategie-und Prozeßinnovation für den Versicherungsbereich weitgehend übersehen.

Die im Versicherungsmarkt feststellbare Umorientierung von einer klassischen vertriebsbezogenen zu einer mehr marketingbezogenen Ausrichtung beinhaltet eine stärkere Marktsegmentierung, insbesondere ein zielgruppenspezifisches Vorgehen, darauf abgestellte neue Vertriebsformen und vielschichtigere Anreizstrukturen. Darüber hinaus werden verstärkt "Problemlösungen" angeboten, bei denen die Versicherungsleistung nur noch einen Teilaspekt der Gesamtleistung darstellt (Finanzdienstleistung).

Diese Formen von Strategieinnovation dürften mit ursächlich für den deutlich gestiegenen Anteil der Versicherungswirtschaft an der privaten Geldvermögensbildung sein.

---

50 Allerdings erfährt ein potentieller Imitator einer Innovation nicht stets auch die Risikoeinschätzungen, die der Kalkulation des Innovators zugrundeliegen.

51 Vgl. R. Soltwedel (1986), a.a.O., S. 90.

52 A. Angerer, Wettbewerb auf den Versicherungsmärkten aus der Sicht der Versicherungsaufsichtsbehörde, Zeitschrift für die gesamte Versicherungswissenschaft, 1985, S. 221 - 237, insbes. S. 225.

Neben der Strategieinnovation spielt die Prozeßinnovation in der Versicherungswirtschaft eine bedeutende Rolle. Hierbei ist insbesondere an verstärkten EDV-Einsatz zu denken. Damit werden verschiedene Vertragsformen für potentielle Nachfrager kostengünstiger und schneller kalkuliert und die Bearbeitungszeiten für die Versicherungsnehmer verkürzt. Außerdem wird eine größere Flexibilität für die Versicherungsnehmer erreicht. Dies gilt z. B. für die Umstellung von Versicherungen auf verbundene Leben, die Umwandlung von Kapitalversicherungen in Rentenversicherungen oder andere Änderungen, die früher wegen des zu hohen Verwaltungsaufwandes abgelehnt wurden. Schließlich hat der EDV-Einsatz eine größere Vielfalt der zur Auswahl stehenden Gewinnbeteiligungsmodelle ermöglicht. Die genannten Bereiche machen deutlich, daß Strategie- und Prozeßinnovation häufig die Produktqualität unmittelbar erhöhen.

3. Produktpreissetzung

Neben der oben bereits besprochenen Tatsache, daß es im bundesdeutschen Versicherungssystem feste Kalkulationsregeln gibt, die nur geringfügige unternehmensindividuelle Spielräume lassen, ist noch zu beachten, daß diese außerordentlich konservativ gehalten sind. Auch Unternehmen mit zeitweilig ungünstiger Risikoentwicklung und/oder ungünstiger Kostenstruktur werden dadurch sicher in die Lage versetzt, ihre Verpflichtungen gegenüber den Versicherungsnehmern zu erfüllen. Damit soll das Vertrauen, das der Versicherungsnehmer bei Vertragsabschluß in die Versicherungsfirma - und letztlich auch in die gesamte Versicherungsbranche - investiert, geschützt werden. Die Versicherungswirtschaft wird in der Literatur überwiegend als wesentlich stärker vertrauensabhängig angesehen als Branchen, bei denen der Austausch von Leistung und Gegenleistung zwischen Anbieter und Nachfrager auf dem Markt Zug um Zug erfolgt.[53]
Im Bereich der Lebensversicherung führt die staatliche Prämienregulierung dazu, daß verschiedene Unternehmen für gleiche Produkte im wesentlichen gleiche Prämien verlangen. Dadurch scheint auf den ersten Blick der Preiswettbewerb zwischen den deutschen Lebensversicherungsunternehmen ausgeschaltet zu sein. Dies wäre ein schwerwiegender Defekt des regulierten Marktes, da der Preismechanismus in einem funktionierenden Marktsystem die zentrale Aufgabe hat, Firmen zu einem effizienten Verhalten anzureizen. Eine solche Kritik ließe jedoch den Wettbewerb um Überschußbeteiligungen außer Acht:
Die konservative Fassung der Kalkulationsregeln führt dazu, daß die bundesdeutschen Versicherungsunternehmen über die gesamte Vertragslaufzeit regelmäßig hohe Überschüsse erzielen. Diese müssen sie zu mindestens 90% an die Versicherten zurückgeben. Den "Nettopreis" für den Konsumenten erhält man, wenn man die abdiskontierte Überschußbeteiligung jeweils anteilig von den im Laufe der Zeit gezahlten Prämien abzieht. Ein Preiswettbewerb kann sich auf dem deutschen Lebensversicherungsmarkt demnach kaum als Prämienwettbewerb, wohl aber als Wettbewerb um Überschußbeteiligungen entwickeln. Insofern ist der häufig in der Literatur vertretenen Meinung [54] nicht zuzustimmen, daß in der Konkurrenz um Überschußbeteiligungen eine Verlagerung des Wettbewerbs auf ein "Nebengleis" zu sehen sei. Allerdings muß betont werden, daß die Höhe der Überschußbeteiligung dem

53 Gegen Übertreibungen der Vertrauensanfälligkeit in der Versicherungswirtschaft wendet sich R. Soltwedel (1986), a.a.O., S.92. Sicher muß hier zwischen verschiedenen Sparten des Versicherungswesens differenziert werden (vgl. R.Gärtner, Versicherungen in: P. Oberender (Hrsg.), Markstruktur und Wettbewerb in der Bundesrepublik Deutschland, 1984, S. 490-535, insbes. S.527).

54 Vgl.z.B. H. Möller, Wettbewerb auf den Versicherungsmärkten aus wirtschaftswissenschaftlicher Sicht, Zeitschrift für die gesamte Versicherungswissenschaft, 1985, S. 169-199, insbes. S. 194.

Versicherungsnehmer zum Zeitpunkt des Vertragsabschlusses unbekannt ist. Das bundesdeutsche Regulierungssystem spaltet damit den Preis der Versicherungsleistung in einen sicheren und einen risikobehafteten Teil. Die Risiken und Chancen der Gesamtheit der Versicherungsgeschäftstätigkeit werden somit in erheblichem Ausmaß vom Versicherungsnehmer getragen. Daraus entsteht ein Anreiz für den Versicherungsnehmer, Erwartungen über die zukünftige Entwicklung der Überschußbeteiligung zu bilden und die in der Zukunft erwarteten Zahlungen auf den Entscheidungszeitpunkt abzudiskontieren.
Die Erwartungsbildung wird durch die von den Versicherungsunternehmen nach einheitlichen Grundsätzen des BAV aufgestellten Beispielrechnungen [55] erleichtert. Auch Wirtschafts- und Konsumentenzeitschriften versuchen vielfach, die Transparenz bezüglich der von den verschiedenen Unternehmen gewährten Überschußbeteiligungen zu verbessern. Überdies können sich potentielle Versicherungsnehmer bei Konsumenten, die bereits früher einen Lebensversicherungsvertrag abgeschlossen haben, über deren Stand der Überschußbeteiligung informieren. Die Versicherungsnehmer erhalten mindestens alle drei Jahre einen Zwischenbericht über ihre Überschußbeteiligung.
Dennoch scheint auf dem deutschen Versicherungsmarkt ein erheblicher Nachholbedarf bezüglich der Informiertheit der Nachfrager über Überschußbeteiligungen zu bestehen. So erhebt Finsinger[56], daß 22,4 % der Versicherungsnehmer meinen, die Überschußbeteiligungen seien zwischen den Versicherungsunternehmen gleich. Zusätzliche 31,3 % der Versicherungsnehmer sind unsicher, ob es Unterschiede gibt. Allerdings läßt Finsingers Ergebnis, daß nur 11,8 % der Versicherungsnehmer wissen, daß die Prämien zwischen den Versicherungsunternehmen nahezu gleich sind, vermuten, daß die Transparenz auch in einem System ohne Überschußbeteiligung niedrig wäre.
Welche Bedeutung der Wettbewerb mit Überschußbeteiligungen in der Praxis hat, ist in der Literatur umstritten.
Diese Frage ist allerdings von erheblicher Bedeutung für die Beurteilung der Wettbewerbssituation auf dem bundesdeutschen Lebensversicherungsmarkt. Überschüsse der Unternehmen werden nämlich wesentlich von der Qualität der Geschäftsführung bestimmt. Insbesondere hängen die Überschüsse von der Effizienz der Unternehmen in Verwaltung und Vertrieb ab. Außerdem spielt die Rentabilität der von den Unternehmen gewählten Kapitalanlagen eine große Rolle. Die Kapitalanlagepolitik der Unternehmen unterliegt zwar nach dem Versicherungsaufsichtsgesetz gewissen Restriktionen, diese lassen den Unternehmen aber Spielräume, in denen sich Effizienzunterschiede zwischen den einzelnen Firmen auswirken können.[57] Werden hohe Überschüsse auf dem Markt von Konsumenten honoriert, so bedeutet dies, daß effizientes Verhalten sich trotz der einheitlichen Prämienregulierung für die Unternehmen lohnt. Der Preis würde dann auf dem Versicherungsmarkt seine wohlfahrtsfördernde Steuerungsfunktion in der Gestalt der Überschußbeteiligung noch wahrnehmen können.
In der in diesem Band abgedruckten FWU-Studie zum Lebensversicherungsmarkt [58] wird erhoben, daß die Marktanteilsgewinne von Firmen im Neugeschäft umso größer sind, je höher ihre Vermögensrendite und je niedriger ihre Kostenquote ausfallen. Da diese Größen die Höhe der Überschußbeteiligung wesentlich determinieren, stützen die Ergebnisse der

---

55 Vgl. A.Angerer (1985), a.a.O., S.224.

56 Vgl. J. Finsinger, in: J. Finsinger, M.V. Pauly (Eds), (1986), a.a.O., S.157, Fn. 33 . Da die Regelung eines mindestens alle drei Jahre zu gebenden Zwischenberichts für die Überschußbeteiligung erst seit 1982 gilt, ist ein hiervon womöglich ausgehender informationserhöhender Effekt in den o.a. Zahlen noch nicht enthalten.

57 Vgl. A. Angerer (1985), a.a.O., S.227.

58 Vgl. Kap. 3 in diesem Band.

FWU-Studie die These vom Wettbewerb mit Überschußbeteiligungen. Abweichende Ergebnisse von Finsinger mögen damit erklärt werden, daß sie auf der Messung von Marktanteilen nach Bestandsgrößen statt nach Anteilen am Neugeschäft beruhen. Bei durchschnittlichen Laufzeiten von über 20 Jahren kann sich aber in den Bestandsgrößen das aktuelle Wettbewerbsverhalten nur ansatzweise niederschlagen.
Finsinger [59] führt die Tatsache, daß die meisten Firmen die vom BAV festgelegte Mindestgrenze einer 90 %igen Rückerstattung der Überschüsse überschreiten, auf Wettbewerb um die Positionen in Rankings von Zeitschriften zurück, bei denen die Überschußbeteiligung eine erhebliche Rolle spielt.[60](Allerdings hat auch der Verband der Lebensversicherungsunternehmen seinen Mitgliedern empfohlen, die Überschußbeteiligungen heraufzusetzen.[61]) Für die Existenz eines wesentlichen Wettbewerbs über Überschußbeteiligungen spricht schließlich die Praktikererfahrung, nach der die Höhe der Überschußbeteiligung bei den Gesprächen über Vertragsabschlüsse eine wesentliche Rolle spielt.
Wenn auch das bundesdeutsche System staatlich vorgegebener Prämienkalkulation den Preiswettbewerb entgegen der Vermutung des ersten Augenscheins nicht ausschließt, so ist doch in der Literatur gefragt worden, ob nicht das Vertrauensschutzziel durch diese Regulierungsmaßnahme mit einem zu hohen Nachteil erreicht werde. Dieser Nachteil wird darin gesehen, daß die konservativen Kalkulationsregeln im Verbund mit dem eher geringen Informationsniveau der Konsumenten es auch leistungsschwachen Unternehmen auf Dauer erlauben, im Markt zu verbleiben.[62] Aus diesen Gründen werden vielfach marktwirtschaftliche Methoden des Vertrauensschutzes diskutiert. Als besonders vorbildlich wird dabei das britische System des "Feuerwehrfonds" angesehen. Hier zahlen alle Versicherungsunternehmen in einen Fonds aus dem die Ansprüche der Versicherungsnehmer von fallierenden Unternehmen gedeckt werden. Den Versicherungsnehmern dieser Unternehmen werden 90 % ihrer Ansprüche aus den Mitteln des Fonds zurückgezahlt. Natürlich hat auch dieses System seine Probleme:
Kosten der Insolvenzen werden hier von den insolventen Unternehmen auf den Rest der Branche externalisiert. Hierdurch entstehen Fehlallokationen und Probleme des moralischen Risikos. Als Gegenbewegung könnten Kontroll- und Sanktionsmechanismen entstehen, die letzlich zu einer Einflußnahme auf die Geschäftsführung einzelner Unternehmen und einer weitgehenden Disziplinierung bezüglich der Preispolitik führen würden.[63] Außerdem verlieren die betreffenden Versicherungsnehmer zunächst ihren Versicherungsschutz und müssen bei anderen Unternehmen neu abschließen. Da sie im Vergleich zu ihrem Eintritt älter (und womöglich kränker) sind, kann dies nur zu schlechteren Bedingungen geschehen. Schließlich ist unsicher, inwieweit der Fond die Ansprüche der Versicherten befriedigen

---

59 In: J. Finsinger, M. V. Pauly (Eds.), (1986), a.a.O., S.140.

60 Bei J. Finsinger (1983), a.a.O., erscheint die Bedeutung des Wettbewerbs über Überschußbeteiligungen ambivalent: Einerseits wird dort dieser Wettbewerb als lediglich "ansatzweise noch verhanden" (S. 133) bezeichnet. Andererseits erscheint die Überschußbeteiligung doch bedeutend genug, um als wesentliche Markteintrittsschranke für potentiell neu in den Markt eintretende Unternehmen zu gelten, weil diese nicht mit Erfahrungen bezüglich der Überschußbeteiligungen vergangener Jahre werben können. (S. 40)

61 Vgl. den Hinweis bei G. Erkelenz (1985), a.a.O., S.264.

62 Bei dieser Kritik wird in der Literatur allerdings übersehen, daß in der Vergangenheit besonders schwache Unternehmen unter Aufrechterhaltung des Versicherungsschutzes für ihre Kunden von leistungsstärkeren Firmen übernommen wurden. Das BAV hat diese Übertragungen unterstützt. Damit wird die Bedeutung der Aussage von H. Möller (1985), a.a.O., S. 198, daß das marktwirtschaftliche System seine Steuerungskraft verliere, wenn die Aufsicht Konkurse ausschließe, für den Bereich des bundesdeutschen Lebensversicherungsmarktes etwas relativiert.

63 Vgl. R. Gärtner (1984), a.a.O., S. 525f.

könnte, wenn in einem kürzeren Zeitraum mehrere Versicherungsunternehmen in Konkurs gingen.
Die Prämienkalkulation in der Privaten Krankenversicherung unterscheidet sich erheblich von der in der Lebensversicherung. Während bei letzterer mit in wesentlichen von der Aufsicht brancheneinheitlich festgesetzten Verwaltungs-und Abschlußkostensätzen kalkuliert wird, liegen bei ersterer unternehmensindividuelle Kosten zugrunde. Die Prämie enthält neben den unternehmensspezifischen Verwaltungs-und Abschlußkosten die erwarteten Heilbehandlungskosten sowie einen Sicherheitszuschlag von 5-10 % auf die Kosten.
Die Prämie für den einzelnen Versicherungsnehmer wird in Abhängigkeit von Eintrittsalter und Geschlecht berechnet. Trotz der mit zunehmendem Lebensalter steigenden Krankheitskosten, wird die Prämie nicht mit dem Lebensalter erhöht. Bei jüngeren Versicherten werden vielmehr aus der Prämie Rückstellungen für die später zu erwartenden höheren Kosten gebildet, die dann später aufgebraucht werden.
Allgemeine Steigerungen der Heilbehandlungskosten werden über den bei der Kalkulation vorgenommenen Sicherheitszuschlag aufgefangen. Reicht dieser nicht aus, werden im Vertrag vorgesehene Prämienanpassungsklauseln wirksam.[64]
Fallen bei der hier skizzierten Kalkulation Überschüsse an, so werden diese (zusammen mit überschüssigen Kapitalerträgen) als Beitragsrückerstattungen zu mindestens 80 % an die Versicherten zurückgegeben. Verschiedene Unternehmen führen die Beitragsrückerstattung in verschiedenen Formen durch. Gemeinsam ist ihnen jedoch, daß Versicherungsnehmer, die über einen bestimmten Zeitraum keine Versicherungsleistung in Anspruch genommen haben, am Gewinn des Versicherungsunternehmens beteiligt werden.[65]
Die hier skizzierte Kalkulationsform räumt den Unternehmen größere Spielräume ein als in der Lebensversicherung. Sie können Kostenvor- bzw. Kostennachteile in den Prämien und nicht nur in den Beitragsrückerstattungen sichtbar werden lassen.[66]
In der Diskussion wird dieses Kalkulationssystem häufig als per se ineffizienzfördernd dargestellt. [67] Für die Effizienz oder Ineffizienz des unternehmerischen Handelns ist jedoch nicht eine Kalkulationsmethode auf der Ebene des einzelnen Unternehmens, sondern die Funktionsfähigkeit des Wettbewerbs auf dem Markt entscheidend. Dies gilt für den Markt der

---

64 Vgl. z. B. J. Finsinger, K. Kraft (1984a), a.a.O., S. 395; J. Krause, Die Deregulierungsdiskussion - theoretische Grundlagen und Bedeutung für die Versicherungswirtschaft, Versicherungswirtschaft, 1988, Teil I: S.348-355, Teil II: S. 405-409, insbes. 408.

65 In geringerem Umfang existiert auch eine gewinnunabhängige Beitragsrückerstattung für Versicherungsnehmer, die keine Leistungen in Anspruch nehmen. Da hier der Erstattungsbetrag für den Versicherungsnehmer besser absehbar ist als bei der gewinnabhängigen Rückerstattung, ist der Beitrag zur Senkung der Gefahr des moralischen Risikos beim erstgenannten Verfahren höher. (vgl. J. Finsinger, K. Kraft (1984a), a.a.O., S. 394).

66 Die Analyse von R. Schmidt (1985), a.a.O., ergibt, daß Prämienunterschiede zu einem großen Teil durch unternehmensspezifische Faktoren erklärt werden können.

67 Vgl. z.B. R. Gärtner (1984), a.a.O., S. 521 sowie J. Finsinger, K. Kraft (1984a), a.a.O., insbes. S.395 ff., sowie aus theoretischer Sicht J. Finsinger, K. Kraft, Markup Pricing and Firm Decision, Zeitschrift für die gesamte Staatswissenschaft, 1984, S. 504-509.

Privaten Krankenversicherung in derselben Weise wie für jeden anderen (regulierten oder nicht regulierten) Markt: Funktioniert der Wettbewerb, wird ineffizientes Verhalten eines Unternehmens durch Marktanteilsverluste bestraft. [68] Gibt es dagegen monopolistische Spielräume, so werden die Unternehmen stets versucht sein, diese - möglicherweise auch durch ineffizientes Verhalten - auszunutzen.

---

68 Hier ist nicht nur der Wettbewerb zwischen verschiedenen Privaten Krankenversicherungsunternehmen zu beachten. Vielmehr wird durch das Angebot der Gesetzlichen Krankenversicherung eine Obergrenze der möglichen Ineffizienz im Bereich der Privaten Krankenversicherung definiert, bei deren Überschreiten die Nachfrager aus der Privaten Krankenversicherung insgesamt abwandern würden. Näheres zu dem in dieser Arbeit nicht weiter behandelten Wettbewerb zwischen PKV und GKV bei H. Frommknecht, Erwartungen der Privaten Krankenversicherung an eine Strukturreform der Krankenversicherung, The Geneva Papers on Risk and Insurance, 1987, S.326-330 und H.G. Timmer (1985), a.a.O.; ders., Die Stellung der Privaten Krankenversicherung im System der sozialen Sicherung in der Bundesrepublik Deutschland, The Geneva Papers on Risk and Insurance, 1987, S. 321-325.

III. Potentieller Wettbewerb

Nach der obigen ausführlichen Erörterung der aktuellen Konkurrenz mit verschiedenen Aktionsvariablen soll auch die potentielle Konkurrenz kurz angesprochen werden.
Nach § 5 VAG ist für die Aufnahme der Geschäftstätigkeit im Versicherungsgewerbe die Erlaubnis zu versagen, wenn nach dem Urteil der Aufsichtsbehörde die persönliche Qualifikation des Geschäftsleiters unzureichend, die ausreichende Wahrung der Belange der Versicherten nicht gesichert und die dauerhafte Erfüllbarkeit der Verpflichtungen aus den Versicherungen mangelhaft ist. Zur Prüfung dieser Kriterien ist dem Antrag auf Erlaubnis der Geschäftsplan beizufügen, aus dem sich der Umfang der Tätigkeit in sachlicher und örtlicher Hinsicht ergibt. Die Unterlagen des Antragstellers werden insbesondere darauf geprüft, ob die Eigenmittel und die beabsichtigte Rückversicherung ausreichen. Außerdem wird die Aufnahme der Geschäftstätigkeit nur genehmigt, wenn die Lebensversicherung nicht mit anderen Sparten gemeinsam betrieben wird.
Sind diese Vertragsgründe nicht gegeben, so besitzt der Antragsteller einen Rechtsanspruch auf Zulassung. Eine Bedarfsprüfung findet nicht statt.
Die ökonomisch schwerwiegenste Markteintrittsschranke für neue Unternehmen steht mit dem bundesdeutschen Regulierungssystem nicht in Zusammenhang. Sie ist in den erheblichen Aufwendungen für den Aufbau eines eigenen Vertreternetzes zu sehen. Erschwerend kommt hinzu, daß das BAV im Interesse der Versicherten von Anfang an eine bestimmte Mindestverzinsung verlangt, die in Abhängigkeit von den Anlaufkosten erwirtschaftet werden muß. Natürlich können neue Unternehmen zunächst mit speziellen eng begrenzten Vertriebskonzepten in den Lebensversicherungsmarkt eintreten. Bei einem eventuell später zur Steigerung des Marktanteils ins Auge zu fassenden Übergang zum Vertretersystem müßte dann aber eine erhebliche Wachstumsschwelle überwunden werden. Wie oben ausgeführt, ergibt sich der effektive Preis für den Versicherungsnehmer aus der Differenz zwischen Prämie und anteiliger Überschußbeteiligung. Die Höhe der Überschußbeteiligung ist bei Vertragsabschluß ungewiß. Erwartungen darüber können nur auf Grundlage der in der Vergangenheit von den einzelnen Unternehmen geleisteten Zahlungen gebildet werden. Neue Firmen stehen daher vor dem Problem, daß sie von ihnen projektierte Überschußbeteiligungen nicht mit dem Hinweis auf Leistungen aus der Vergangenheit plausibel machen können.[69]
Für ausländische Unternehmen ist eine besondere Markteintrittsbarriere (neben dem Niederlassungsgebot) darin zu sehen, daß sie mit dem recht komplexen deutschen Aufsichtssystem nicht vertraut sind. Dabei geht es nicht nur um die rechtlichen Bestimmungen, sondern auch um die Aufsichtspraxis des BAV.[70] Allerdings müssen sie hier nicht notwendig einen aufwendigen Prozeß durchlaufen, sondern können das auf Informationsmärkten angebotene Know-How von Beratungsfirmen nützen.
In der Praxis scheinen die Markteintrittsschranken nicht besonders hoch zu sein.[71] Dafür spricht insbesondere, daß auf den deutschen Versicherungsmärkten zwischen 1970 und 1985 insgesamt 183 Markteintritte zu verzeichnen waren.[72] Auf den deutschen Versicherungsmärkten bieten überdies eine Vielzahl ausländischer Unternehmen an. Eine Besonderheit liegt allerdings auf dem Privaten Krankenversicherungsmarkt vor, wo die ausländischen Versicherer lediglich über Beteiligungen an deutschen Unternehmen vertreten sind. Neben den

---

69 Vgl. J. Finsinger (1983), a.a.O., S. 40.
70 Vgl. J. Finsinger, in: J. Finsinger, M.V. Pauly (Eds.), (1986), S.4.
71 So auch R. Gärtner (1984), a.a.O., S. 500.
72 Vgl. G. Büchner , Die Versicherungswirtschaft in der Wettbewerbsordnung, Versicherungswirtschaft, 1988, S. 394-404., insbes. S. 394.

oben aufgeführten Gründen mag für diese Zurückhaltung die Komplexität des bundesdeutschen Gesundheitswesens (u. a. mit der besondern Bedeutung der Gesetzlichen Versicherung) verantwortlich sein. Ob der Fortfall des Niederlassungserfordernisses nach dem kürzlich ergangenen Urteil des Europäischen Gerichtshofes einen Einfluß auf die Aktivitäten ausländischer Direktversicherungen haben wird, ist bislang noch nicht abzusehen.

IV. Empirische Analysen des Wettbewerbs in der bundesdeutschen Versicherungswirtschaft

Empirische Untersuchungen über den Wettbewerb auf dem bundesdeutschen Lebensversicherungsmarkt sind insbesondere von Finsinger [73] durchgeführt worden. Finsinger erhebt rechtsformspezifische Unterschiede zwischen Lebensversicherungsunternehmen bezüglich bestimmter Leistungsindikatoren, z. B. der Verwaltungs-und Vertriebskosten oder der Stornoquote. Für den Bereich der Privaten Krankenversicherung finden Finsinger und Kraft[74] , daß Aktiengesellschaften zu höheren Kosten produzieren als Versicherungsvereine auf Gegenseitigkeit. Die von ihnen festgestellten Unterschiede führen die Autoren auf staatlich verursachtes Marktversagen zurück. Insbesondere veranlasse das bundesdeutsche Regulierungssystem die nach Gewinnmaximierung strebenden Aktiengesellschaften zu überhöhten Vertriebsaufwendungen. Diese vom Aufsichtssystem verursachte Fehlentwicklung trete bei anderen Rechtsformen nicht in entsprechendem Maß auf, da sie " ausschließlich um die beste Versorgung ihrer Kunden besorgt"[75] seien.

Die Hypothese von der eindeutigen Zuordnung von Unternehmensleistung und Rechtsform ist empirisch umstritten. Dabei geht es um Fragen der statistischen Methodik[76] und um die Eignung der verwendeten Indikatoren als Leistungsmaße.[77]

Bei der Analyse des für diese Diskussion wichtigen Zusammenhangs zwischen Unternehmensziel und Rechtsform müßte u. E. künftig stärker auf eine Verselbständigung des Managements[78] bei allen Rechtsformen geachtet werden.

Den Ergebnissen von Finsinger widerspricht für den Bereich der Lebensversicherung die Untersuchung der FWU in diesem Band. Hier wird die Veränderung der Marktanteile in der deutschen Lebensversicherungswirtschaft im Neugeschäft untersucht. Dieser Indikator spiegelt das aktuelle Wettbewerbsgeschehen besser wider als Veränderungen im Bestand langfristig gebundener Versicherungsverträge. Die FWU erhebt, daß das Neugeschäft im deutschen Lebensversicherungsmarkt stark umkämpft sei. Die von ihr festgestellte Änderung der Anteile am Neugeschäft liegen in der Spitzengruppe der Anbieter bei durchschnittlich +/- 7% pro Jahr. Aus dem Wettbewerb um Marktanteile im Neugeschäft ergibt sich somit für die Versicherungsunternehmen ein Bedrohungspotential, das z. B. dem auf dem Pkw-Markt entspricht. Eine ökonometrische Analyse ergibt, daß die Veränderungen in den Marktpositionen der Unternehmen überwiegend mit Unterschieden bezüglich der Effizienzparameter (Vermögensrendite auf getätigte Anlagen und Kosten für Verwaltung und Vertrieb im Verhältnis zu den Beitragseinnahmen) erklärt werden können. Die Rechtsform der Unternehmen hat nach dieser Analyse keinen Einfluß auf die Veränderung der Marktposition. Auch Unterschiede in der Stornoquote werden von der FWU-Studie mit Effizienzunterschieden wettbewerbskonform erklärt. Es wäre interessant zu untersuchen, inwieweit diese Ergebnisse auch bei einem längeren Beobachtungszeitraum Bestand haben.

---

73 Vgl. z. B. J. Finsinger (1983), a.a.O., oder ders. in: J. Finsinger, M.V. Pauly (Eds.), (1986), a.a.O.

74 Vgl. J. Finsinger, K. Kraft (1984), a.a.O., S. 504 - 509.

75 Vgl. J. Finsinger (1983), a.a.O., S. 136.

76 Vgl. B. Rauhut, Theorie und Empirie, Zeitschrift für Betriebswirtschaft, 1984, S. 894-913, die Entgegnung von J. Finsinger (1985), Zur Methode der Widerlegung einer empirischen Arbeit, Zeitschrift für Betriebswirtschaft, 1985, S. 187-191, insbes. S. 189 und die Antwort von B. Rauhut (1984), Die Erwiderung einer Entgegnung auf die Anmerkungen und Ergänzungen zu einem Buch, Zeitschrift für Betriebswirtschaft, 1985, S. 192-193.

77 Vgl. M. Stöffler (1984), a.a.O., insbes. S. 177 ff.

78 Vgl. dazu z. B. O. E. Williamson, Managerial Discretion and Business Behavior, American Review, 1963, S. 1032-1057, ders., The Economics of Discretionary Behavior, Managerial Objectives in the Theory of the Firm, Englewood Cliffs, 1964.

Bei einer entsprechenden Studie für den Bereich der Privaten Krankenversicherung wäre vor allem interessant zu untersuchen, welche Rolle der Preiswettbewerb bei der ausgesprochen vielfältigen Tarifgestaltung im Bereich der Krankheitskostenvollversicherung spielt.
Die über die Zeitachse relativ konstante große Bandbreite der Prämien für vergleichbare Leistungen bei der Krankheitskostenvollversicherung darf vor dem Hintergrund des oben erklärten Trade-off zwischen Produktvielfalt und Markttransparenz dahingehend interpretiert werden, daß dem Faktor Preis/Prämie hier eine eher untergeordnete Bedeutung und dem Faktor Produktdifferenzierung die dominierende Rolle im Wettbewerbsvergleich zukommt.
Als Erklärung kann angeführt werden, daß es bei einer heterogenen Produktpalette für den Konsumenten nicht so leicht ist einen Vergleich des Preis-Leistungs-Verhältnisses verschiedener Unternehmen zu bewältigen.
Bei eher homogenen Produkten ist dagegen die Dimensionalität des Abwägungsproblems so reduziert, daß Preisvergleiche von den Konsumenten durchgeführt werden können. Im Bereich der zwischen den Unternehmen homogenen Produkte reagieren die Unternehmen auf die Preissensibilität der Konsumenten mit Preiswettbewerb. In den Bereichen mit hohen Informationskosten und dadurch bewirkter geringer Preisbeweglichkeit der Nachfrage wird ein Preiswettbewerb dagegen vom Markt nicht im wesentlichen Umfang angereizt. In dieses Erklärungsmuster fügt sich auch das Ergebnis der in diesem Band abgedruckten FWU-Studie zum Kfz-Versicherungsmarkt, wonach in diesem stark standardisierten Markt der Preis den wesentlichen Wettbewerbsparameter darstellt.[79]
Faßt man die hier vorgelegten empirischen Ergebnisse zusammen, so ergibt sich der Eindruck, daß der Wettbewerb stark genug ist, um effizientes Unternehmensverhalten durch Erfolge bei der Auseinandersetzung um Marktanteile anzureizen. Auf der anderen Seite ist die hier vorgestellte Problematik von so hoher Komplexität und von derartigem volkswirtschaftlichen Gewicht, daß eine Abrundung des empirischen Befundes durch weitere Forschungen unter Erfassung des periodisch aktuellen Marktgeschehens in Form von Neugeschäftsmarktanteilen angezeigt ist.

79 Vgl. den Beitrag zur Kraftfahrtversicherung in diesem Band.

V. Wettbewerbspolitische Perspektive

Die bundesdeutschen Märkte für Lebensversicherungen und Private Krankenversicherungen sind durch erhebliche Leistungsunterschiede zwischen den einzelnen Unternehmen gekennzeichnet.[80]. Wenn es auch wünschenswert ist, den marktlichen Druck auf die schwächeren Unternehmen, ihre Leistungen zu verbessern, zu verstärken, so darf doch aus der Tatsache unterschiedlicher Leistungen nicht a priori auf staatlich verursachtes Marktversagen geschlossen werden. Eine Einebnung der Leistungsunterschiede, wie sie im theoretischen Modell des vollkommenen Marktes erreicht wird, kann es in der Praxis nicht geben. Sie ist auch in anderen Branchen nicht festzustellen.

Solange die Informationskosten für die Konsumenten positiv sind, wird es immer Konsumenten geben, die ihren Suchprozeß beenden, ehe sie beim günstigsten Unternehmen angelangt sind. Daher werden auch weniger günstige Unternehmen Nachfrage auf sich ziehen können.

Außerdem werden sich Unternehmen im Zeitverlauf immer wieder von ihren Konkurrenten abheben, so daß ein dauernder Drang zur Uneinheitlichkeit besteht. Die Rolle des Initiators von Veränderungen wird dabei im Zeitverlauf von verschiedenen Unternehmen übernommen. Dies ist eines der Wesensmerkmale jedes Wettbewerbsprozesses.

Trotz der prägenden Wirkungen des bundesdeutschen Regulierungssystems für den Lebens- und Privaten Krankenversicherungsmarkt erscheint es doch als nicht gerechtfertigt, hier von einer "umfassend steuernde(n) Wirtschaftslenkung" [81] zu sprechen. Die Frage, ob Versicherungsunternehmen "überhaupt noch die Merkmale marktorientierter Unternehmen tragen" [82] , ist trotz der hohen Eingriffsintensität zu bejahen. Das Aufsichtssystem läßt den Unternehmen nennenswerte Spielräume für Wettbewerb bei der Produktvariation, den Nettopreisen und (in besonders eingeschränkter Weise) der Innovation. Diese Spielräume werden von vielen Unternehmen genutzt.

Dies wird durch die in Teil II dieses Bandes abgedruckten Studien der FWU präzisiert:

Im Vergleich der Versicherungsbranche mit anderen Industrien zeigen sich z.B. überdurchschnittliche Marktanteilsveränderungen der Versicherungsunternehmen in den laufenden Geschäftsjahren. Diese werden durch Leistungsparameter gesteuert. In der Literatur hat sich die Diskussion um eine weitere Intensivierung des Wettbewerbs im Versicherungsbereich und um eine Erhöhung des Anpassungsdrucks auf schwächere Unternehmen bisher weitgehend auf die Regulierung der Angebotsseite konzentriert. Aus der durch die hier wiedergegebenen Studien der FWU gewonnenen empirischen Evidenz folgt, daß die Versicherungsunternehmen im gegenwärtigen Regulierungssystem auf effizienzorientierte Selektion bei den Nachfragern reagieren. Daraus ergibt sich, daß sich die Diskussion um eine Intensivierung des Wettbewerbs auch den Möglichkeiten, die Effizienzorientierung der Entscheidungen von Versicherungsnehmern zu fördern, zuwenden sollte.

Um stärker effizienzorientiertes Verhalten auf seiten der Versicherungsnehmer anzuregen, wäre insbesondere ein Nachholbedarf bei Maßnahmen zur Erhöhung des Informationsniveaus der Nachfrager zu befriedigen. Hier hat Stöffler[83] für den Bereich der Lebensversicherung eine Reihe von Vorschlägen unterbreitet, durch die die Bedingungen für eine Intensivierung

---

80 Insbesondere verhindert das Aufsichtssystem, daß leistungsschwache Unternehmen in dem Maße aus dem Markt ausscheiden, wie dies in einem nicht regulierten System zu erwarten wäre.

81 R. Scholz, Verfassungsrechtliche Strukturfragen der Versicherungsaufsicht, Zeitschrift für die gesamte Versicherungswissenschaft, 1984, S. 1-33, insbes. S. 1.

82 D. Farny, Die Versicherungswirtschaft im Wettbewerbskonzept der Marktwirtschaft, Zeitschrift für die gesamte Versicherungswirtschaft, 1979, S. 31-74, insbes. S. 38.

83 Vgl. Stöffler (1984).

des Wettbewerbs verbessert werden könnten. Es sei hier nur auf seine detaillierten Anregungen zur Verbesserung der Beispielrechnungen oder den Entwurf für ein Informationsheft für Versicherungskunden [84] hingewiesen. Hierdurch soll versucht werden, insbesondere das System der Überschußbeteiligung für die Konsumenten durchschaubarer zu machen.

Möglicherweise besteht auch Bedarf an konsumpsychologischen und -soziologischen Studien, mit denen die Natur der Wahrnehmungs-und Informationsverarbeitungsprobleme der Konsumenten besser ergründet wird. Auf den hier gewonnenen Erkenntnissen könnten dann Maßnahmen zur Hebung des Informationsniveaus auf der Nachfrageseite aufbauen.

Ferner könnte eine Änderung der Provisionspraxis bei Versicherungen mit Vertretersystem diskutiert werden. Hierbei käme es darauf an, mehr als bisher üblich, statt der Quantität der Abschlüsse ihre Bestandsfestigkeit zu honorieren,[85] um hier eine langfristige Interessenharmonie zwischen Versicherungsnehmer und Vertreter zu begründen.

Aus marktwirtschaftlicher Sicht erscheint es auf den ersten Blick, als könnten die Bedingungen für eine stärkere Konkurrenz auf dem Versicherungsmarkt durch eine Ausweitung der Dienstleistungsfreiheit in der EG im Sinne des Sitzlandprinzips verbessert werden. Nach diesem Prinzip darf jedes Versicherungsunternehmen aus der EG überall unter den Bedingungen anbieten, die von der in seinem Sitzland geltenden Aufsichtsregelung definiert sind. Man könnte hiervon einen Wettbewerb der Aufsichtssysteme erwarten. Für die Konsumenten ergäbe sich eine größere Wahlfreiheit z. B. zwischen Angeboten aus einem Aufsichtssystem mit günstigeren Tarifen, jedoch höherem Insolvenzrisiko und Angeboten aus einem Aussichtssystem mit Sicherheit bzgl. der Erfüllung der vertraglichen Zusagen und höheren Prämien. Auf einem funktionierenden Markt könnte sich die Zahlungsbereitschaft der Konsumenten für die höhere Sicherheit letztlich in der Prämiendifferenz niederschlagen.

Bei dieser Konstruktion dürfen jedoch insbesondere im Massengeschäft, dem die Lebensversicherung und die Private Krankenversicherung zuzurechnen sind, Gefahren von Wettbewerbsverzerrungen nicht übersehen werden:

Die Bedeutung unterschiedlicher Rechnungsgrundlagen z. B. bzgl. der technischen Reserven oder des Rechnungszinses könnten von den Versicherungsnehmern kaum richtig eingeschätzt werden. Unerwünschte Wettbewerbspraktiken wie interne Subventionierung oder "Rosinenpicken" von Seiten der Unternehmen mit weniger stark regulierendem Sitzland könnten den Unternehmen mit stärker regulierendem Sitzland und letztlich den Versicherungsnehmern schwerwiegende Nachteile einbringen. Außerdem können Unterschiede in der Besteuerung in verschiedenen Ländern zu Wettbewerbsverzerrungen führen.

Eine über den im Urteil des EG-Gerichtshofes vom 4. 12. 1987 beschriebenen Typ hinausgehende Form der Dienstleistungsfreiheit setzt daher eine stärkere Angleichung der Rechtssysteme in den einzelnen EG-Staaten voraus, mit der insbesondere ein einheitliches Mindestschutzniveau definiert wird und die o. a. Wettbewerbsverzerrungen vermieden werden.

Auf dieser Grundlage könnte das Regulierungssystem neu gestaltet werden. Ein Ansatzpunkt für diesbezügliche Überlegungen könnte die Maxime darstellen, den Wettbewerb zwischen Versicherungsunternehmen in allen Bereichen zuzulassen, in denen unternehmensindividuelle Verantwortung gegeben ist. Dies ist insbesondere bei Verwaltung, Vertrieb und Kapitalanlage

---

84 Von einzelnen Versicherern und vom Verband der Lebensversicherungsunternehmen liegt Informationsmaterial vor. Vielleicht sollte sich auch das BAV entschließen, einen Leitfaden für Versicherungsnehmer herauszugeben.

85 Vgl. auch R. Gärtner (1984), a.a.O., S. 530 f.

der Fall. Eine unternehmensübergreifende markteinheitliche Regulierung scheint dagegen dort angebracht, wo es um die Kalkulation der zu versichernden Risiken geht.
In den Bereichen Verwaltung, Vertrieb und Kapitalbildung können sich die potentiellen Versicherungsnehmer über die Leistungsunterschiede zwischen verschiedenen Unternehmen zu vergleichsweise geringen Kosten informieren und entsprechend bei ihrer Nachfrageentscheidung reagieren. Die diesbezüglichen Informationssysteme können weiter verbessert werden. Unter diesen Voraussetzungen könnte der hier angesprochene Bereich weitgehend von der Regulierung befreit werden. Um die auf diese Weise neu geschaffene Wettbewerbsfreiheit voll wirksam werden zu lassen, müßte die Verwendung der erwirtschafteten Gewinne ebenfalls von der Regulierung befreit und in das Ermessen des einzelnen Unternehmens gelegt werden.
So ließen sich Effizienzanreize schaffen, die die volle Reichweite innovativer Möglichkeiten bei Produkt, Prozeß, Organisation und Strategie am Markt eröffnen und eine ruinöse Instabilität des Marktes als mögliche Folge einer Deregulierung ausschließen würden.

Kapitel 2

- Die rechtliche Perspektive -

von
Prof. Dr. Ulrich Hübner
Universität Köln

I. Wettbewerb und Regulierung de lege lata et feranda

Die Debatte über die Deregulierung hat auch die Diskussion über den Wettbewerb bzw. den fehlenden Wettbewerb in der Versicherungswirtschaft neu belebt. Dabei konzentriert sich die Kritik vor allem auf die staatliche Tarifaufsicht in der Lebensversicherung, der Privaten Krankenversicherung, der Kraftfahrzeugversicherung, darüber hinausgehend aber auch auf die Dichte der Finanzaufsicht, ferner auf den Mangel an Bedingungswettbewerb sowie die Bereichsausnahme des § 102 Abs. 1 GWB. Bevor die genannten Punkte der Kritik unterzogen werden, erscheint es sinnvoll, in einer kurzen Bestandsaufnahme auf den Wettbewerb in der Versicherungswirtschaft sowie auf die Anliegen der Versicherungsaufsicht einzugehen. Zunächst einmal gibt es in der Versicherungswirtschaft Wettbewerb, zum Teil erheblichen Wettbewerb. Es gibt intensiven Wettbewerb im Industriegeschäft, nicht nur bezüglich der Prämien, sondern auch bezüglich der Bedingungen. Es gibt auch im Massengeschäft erhebliche Unterschiede in den Prämien; es gibt Servicewettbewerb, der eine erhebliche Rolle spielt.

Es gibt darüber hinaus Wettbewerb zwischen Direktvertrieb und Versicherungsvermittlern. Es gibt Wettbewerb zwischen Rückversicherern.

1. Finanzkontrolle

Es gibt aber auch Beschränkungen des Wettbewerbs durch Finanzkontrolle, durch Bedingungskontrolle und infolge der Bereichsausnahme. Will man hierüber diskutieren, so scheint es notwendig, sich zunächst noch einmal vor Augen zu führen, was den Gesetzgeber in der Epoche des blühenden Liberalismus um die Jahrhundertwende dazu geführt haben mag, eine der strengsten Gewerbeaufsichten zu etablieren, die das deutsche Wirtschaftsverwaltungsrecht bis auf den heutigen Tag kennt.

Das entscheidende Charakteristikum der Versicherung ist die Tatsache, daß der Versicherer zunächst einmal nur ein Leistungsversprechen für den Versicherungsfall abgibt und dafür sogleich oder fortlaufend Prämien erhält. Die Überraschung und Enttäuschung ist groß, wenn er sein Versprechen im Versicherungsfall nicht einhalten kann. In vielen Fällen kann dies zum Ruin der Existenz vieler Menschen führen. Das Risiko unsoliden Gebarens und irrealer Prämienkalkulation ist umso größer, als - und dies ist ein zweites wichtiges Charakteristikum - der Versicherer Versicherungsschutz ohne reale Güterproduktion verkaufen kann[1], wobei ihm heute durch die Solvabilitätsanforderungen zwar gewisse, aber doch keine entscheidenden Grenzen gesetzt sind, die auch durch das Volumen der Marktgegenseite und Rückversicherungsreserven - bei aggressiver bzw. unsolider Geschäftspolitik - nicht entscheidend eingeengt sind[2] Diese Vorstellung lag auch dem Gesetzgeber von 1901 zugrunde, wobei an die berühmte Passage der Motive zum VAG zu erinnern ist, "daß das öffentliche Interesse an einer gedeihlichen und soliden Entwicklung des Versicherungswesens in besonders hohem Maße beteiligt ist und dem Staate die Pflicht besonderer Fürsorge auf diesem Gebiet auferlegt. Maßgebend hierfür ist insbesondere einerseits die Rücksicht auf die große volkswirtschaftliche Bedeutung des Versicherungswesens, andererseits auf die Gefahr schwerster Schädi-

1 Hierzu Farny, Wirtschaftswissenschaftliches Gutachten über Prämienkartelle von Versicherungsunternehmen, in: Börner/Meyer, Ausnahmebereiche des GWB, Köln 1972, S. 62.

2 Anders: Hollenders, Die Bereichsausnahme für Versicherungen nach §102 GWB, Baden-Baden 1985, S.94 ff.; Möschel, in: Immenga/Mestmäcker, Kommentar zum Kartellgesetz, München 1981, § 102 Rdn. 14.

gung des Volkswohls, die von einem Mißbrauch des Versicherungswesens droht"[3] Mit der Entscheidung für eine materielle Versicherungsaufsicht sollten unsolide Unternehmen von vornherein dem Markt ferngehalten werden.

Es ist nun nicht zu leugnen, daß hier ein schwer lösbarer Zielkonflikt besteht: Insolvenzschutz auf der einen Seite und Wettbewerb auf der anderen Seite. Mehr Wettbewerb kann gewiß zu niedrigeren Prämien führen, er birgt aber unbestreitbar die Gefahr von Insolvenzen, die es umgekehrt aus aufsichtsrechtlichen Gesichtspunkten um jeden Preis zu verhindern gilt. Es ist dies die Quadratur des Kreises, die es zu lösen gilt. Ein schlagendes Beispiel hierfür ist die Deregulierung und Anheizung des Wettbewerbs auf dem benachbarten Bankensektor in den USA seit Anfang der 80er Jahre, der zu einer erheblichen Zunahme der Konkurse geführt und die Garantiefonds in erhebliche Finanzierungsschwierigkeiten gebracht hat[4]

Der Schluß wäre jedoch verfehlt, daß es in den staatlich kontrollierten Bereichen von vornherein keinen Wettbewerb gibt, denn die Sicherheitszuschläge werden über die Rückerstattung[5] zu erheblichen Teilen wieder an die Versicherungsnehmer zurückgegeben, so daß insoweit Wettbewerb herrscht. Möglicherweise wäre ein Wettbewerb ohne Tarifkontrolle intensiver, die Frage ist nur, ob man in diesen sozial sensiblen Bereichen dem Wettbewerb oder dem Insolvenzschutz den Vorrang einräumen will.

Das gleiche ist über die Vermögensanlagenvorschriften und Finanzkontrolle zu sagen[6] In diesem Bereich erscheint aber am ehesten eine Lockerung, eine Vergrößerung der unternehmerischen Freiheit und damit auch mehr Wettbewerb möglich, ohne daß durch Einzelmaßnahmen das grundsätzliche Ziel "Insolvenzschutz" ernsthaft in Frage gestellt werden müßte. Hier gibt es auch bereits Ansätze wie z.B. die Zurverfügungstellung von Risikokapital durch Versicherungsunternehmen, was allerdings m.E. volumenmäßig begrenzt bleiben muß[7] Man darf sich auch fragen, ob die weitgehende Anlage in festverzinslichen Anleihen der Weisheit letzter Schluß ist. Die Erfahrungen der ersten Hälfte dieses Jahrhunderts haben zweimal gezeigt: Mündelsichere Anlagen in Staatspapieren sind die, welche todsicher nichts mehr wert sind. Und die heutigen Haushaltsdefizite hier und andernorts lassen zwar für heute und morgen nichts Katastrophales befürchten, aber stimmen mittelfristig auch nicht gerade beruhigend. Andererseits sind die Börsenereignisse von Oktober 1987 aber auch keine Ermutigung, das zulässige Aktienvolumen zu erhöhen. Insgesamt erscheint auch in diesem Bereich Vorsicht und behutsames Vorgehen angezeigt.

Die Verfechter des Wettbewerbs verweisen gegenüber der Strenge oder der Finanzaufsicht überhaupt häufig auf die Fondslösung:[8] Tarif- und Finanzaufsicht könnten ganz oder zum erheblichen Teil abgeschafft werden, dem Wettbewerb der Prämien freier Raum gegeben werden, wenn Insolvenzen zwar nicht aufsichtsrechtlich verhindert, aber ersatzweise durch

---

3 Motive zum Versicherungsaufsichtsgesetz, Nachdruck, Berlin 1963, Hrsg.: Bundesaufsichtsamt für das Versicherungs- und Bausparwesen, S. 24.

4 Vgl. Hübner, Rechtliche Rahmenbedingungen des Wettbewerbs in der Versicherungswirtschaft, demnächst in: Nomos-Verlagsgesellschaft, Baden-Baden, Teil E III.

5 TVO Kfz., LV, Kranken; dazu Goldberg/Müller, Versicherungsaufsichtsgesetz, Berlin - New York 1980, § 10 VAG Rdn. 57 ff.

6 §§ 55 ff. VAG; zur InternVUVO und ExternVUVO siehe Prölss/Schmidt/Frey, Versicherungsaufsichtsgesetz, 9. Aufl., München 1983, Zusatz I und II zu § 55 VAG.

7 Deutsche Gesellschaft für Risikokapital.

8 Baumann, Versicherungswirtschaft, Kartellrecht und Gesamtrechtsordnung, ZHR 139, 291 (337 ff m.w.N.); Rosenkranz, Staatliche Preisaufsicht in der Kraftverkehrsversicherung, Berlin 1974, S. 118 ff; Finsinger/Hammond/Tapp, Insurance: Competition or Regulation? London/Cambridge 1985, S. 167 f. (175); dagegen: Farny, Die Versicherungswirtschaft im Wettbewerbskonzept der Marktwirtschaft , ZVersWiss (68), 1979, 31 (72).

Garantiefonds aufgefangen werden könnten. Als Kronzeugen dafür werden US-amerikanische Modelle sowie der englische Policy Holders Protection Act von 1975 angeführt.[9] Die rechtsvergleichenden Erfahrungen geben indes nicht uneingeschränkt Anlaß zur Euphorie. In den USA gibt es Kritik im Detail wie im Grundsätzlichen.[10] Zum einen wird gesagt, daß das Unternehmen wenigstens über ein Deckungsverfahren (Pre assets) an seiner eigenen Insolvenz beteiligt werden müßte.[11] Angesichts zahlreicher Konkurse von Versicherungsgesellschaften werden die Fonds auch häufig strapaziert, so daß sich nunmehr auch Versicherungsnehmerkreise fragen, ob sie letztendlich durch die Abwälzung der Umlage auf die Versicherungsprämien sinnvollerweise die Zeche für Konkurse zahlen sollen. Im Bankenbereich finden sich die Fonds angesichts einer Zunahme der Insolvenzen in einer schwierigen Finanzlage.[12]

Die zeitweise leidvolle Geschichte der englischen Versicherungsaufsicht[13] bestätigt eine ganz andere naheliegende Erkenntnis: Je strenger die Finanzaufsicht, desto weniger Bedarf an Garantiefonds. Die zahlreichen Insolvenzen führten in England zu einer permanenten Verschärfung der Aufsicht. Bei Finsinger/Hammond/Trapp heißt es: "What is true is that the history of regulation of the British Insurance Industry has been an endless serie of frauds and scandals. Every important piece of legislation has been a direct consequence of the collapse of some insurance company or companies."[14] Die Etablierung eines Fonds durch den Policy Holder Protection Act hat sich bislang als überflüssig erwiesen, weil inzwischen die verschärfte präventive Finanzaufsicht im Vorfeld Insolvenzen verhindern konnte.

Vor allem aber besteht gegen die Fondslösung auch ein ordnungspolitisches Bedenken: Heißt Wettbewerb Finanzierung der schlecht wirtschaftenden, insolvent gewordenen Unternehmen durch die soliden? Vom Grundgedanken des Wettbewerbs her eine wenig wettbewerbskonforme Lösung, ja fast eine Pervertierung des Wettbewerbsgedankens in das Gegenteil. Ist es da nicht wettbewerbskonformer, gleiche Reglen für alle vorzugeben, die zugegebenermaßen die unternehmerische Freiheit und den Wettbewerb bis zu einem gewissen Grade beschränken, aber umgekehrt auch erst die Voraussetzungen für einen fairen Wettbewerb darstellen?[15]

Hiernach scheint nicht angezeigt, das System der präventiven Finanzaufsicht grundsätzlich anzuzweifeln. Die Frage kann nur sein, ob unter Wahrung des Primärzieles "Insolvenzschutz" eine Lockerung der Tarif- und Finanzaufsicht möglich ist. In diese Richtung scheinen nun, wie gesagt, allerdings aber auch Schritte denkbar, wobei vielleicht wie im englischen

---

9 Eggerstedt, Produktwettbewerb und Dienstleistungsfreiheit auf Versicherungsmärkten, Berlin 1987, S. 173 f. (182).

10 Tract/Henderson, National Underwriter, July 26, 1985, S. 11 ff; Jaffe, National Underwriter, June 7, 1985, S. 39 ff; Brostoff, National Underwriter, Feb. 8, 1985, S. 1 ff; Crabb, Bests Review Nr. 6 (Oct. 1985) (L/HI) S. 58 ff; vgl. demnächst: Hübner, Rechtliche Rahmenbedingungen des Wettbewerbs in der Versicherungswirtschaft, Teil E III 2 c.

11 Brostoff, National Underwriter, Feb. 8, 1985, S. 1 ff. (10); Tract/Henderson, National Underwriter, July 26, 1985, S. 11 ff (23).

12 Nachweise zur Häufigkeit von Bankzusammenbrüchen in den letzten Jahren bei: Austin, Business & Society, Spring 1987, S. 1 ff. (2).

13 Finsinger/Hammond/Tapp, Insurance: Competition or Regulation? S. 21 ff.

14 Finsinger/Hammond/Tapp, Insurance: Competition or Regulation? S. 28.

15 Vgl. Farny, a.a.O., S 65.

Aufsichtsrecht[16] nach dem Alter der Unternehmen, nach ihrer Konsolidierung in der Anfangsphase eine gewisse Lockerung möglich erscheint.
Im Zusammenhang mit den Tarifen zu nennen ist weiter ein alter wettbewerbsrechtlicher Zankapfel: die Prämienanpassungsklauseln, wobei hier Spannungen eher weniger zwischen Kartellaufsicht und Fachaufsicht denn zwischen den Behörden und den Versicherungsunternehmen bestehen. Das Bundesaufsichtsamt war von vornherein und auch nach dem DAS-Urteil[17] stets bemüht, sachgerechte und auch wettbewerbskonforme Lösungen zu finden. Gestaffelt nach der Beitragserhöhung müssen dem Versicherungsnehmer zwingend Kündigungsmöglichkeiten eingeräumt werden.[18] Insofern hat die Aufsichtsbehörde hier nicht nur zum Schutz des Versicherungsnehmers agiert, sondern zugleich im Interesse des Wettbewerbs, insofern nämlich, als ab einer bestimmten Höhe der Beitragsanpassung der Wettbewerb wieder eröffnet wird. Das Bundeskartellamt nimmt seinerseits Anstoß an den Bruttoschadensquoten.[19] Es argumentiert, daß eine Beitragsanpassung nicht pauschal nach dem Branchendurchschnitt vorgenommen werden dürfte, sondern wettbewerbskonform am Schadendurchschnitt des jeweiligen Unternehmens. Hier dürfte der Branche weiterer Ärger ins Haus stehen, zumal auch der Europäische Gerichtshof in seinem Urteil zu den Prämienempfehlungen in der Feuerversicherung vom 27. Januar 1987 im Zusammenhang mit der Prüfung, ob die empfohlenen Prämienanhebungen nach Art. 85 Abs. 3 EWG-Vertrag freigestellt werden können, an eben dieser brutto-orientierten Berechnung Anstoß genommen hat.[20]

2. Bedingungskontrolle

Ein zweiter Kernpunkt der Kritik betrifft die Bedingungskontrolle. Das Dringen des Bundesaufsichtsamtes auf Einheitlichkeit der Versicherungsbedingungen[21] ist von seiten der Wettbewerbsrechtler zunehmend kritisiert worden,[22] zum einen unter dem Gesichtspunkt, daß hier Wettbewerb von vornherein aufsichtsrechtlich verhindert wird;[23] zum anderen sei dieser fehlende Wettbewerb innovationsfeindlich und für den Versicherungsnehmer abträglich.[24] Diese auf den ersten Blick einleuchtende These muß sich aber hauptsächlich mit zwei gewichtigen Gegenargumenten auseinandersetzen: Der Markttransparenz als Voraussetzung des Prämienwettbewerbs und dem Schutz des Versicherungsnehmers.[25] In der Tat weist die unsichtbare Ware "Versicherungsschutz" insofern wiederum eine spezifische Be-

16 Neu zugelassene Versicherungsunternehmen unterliegen die ersten 5 Jahre nach ihrer Zulassung einer strengeren Aufsicht bzw. weitergehenden Eingriffsmöglichkeiten: Regulation of Insurance in the United Kingdom an Ireland, Hrsg.: von Ellis/Wiltshire, London 1983-87, B. 4-01 ff.

17 BVerwG, VersR 1981, 221 ff.

18 Vgl. zuletzt FAZ v. 4.5.1988, S. 13:"Mehr Rechte bei Autoversicherung".

19 Bericht des BKartA über seine Tätigkeit in den Jahren 1983/84, S. 110 (BT-Drucks. 10/3550).

20 EuGH VersR 1987, 169 (173) (Rn.54 f).

21 Prölss/Schmidt/Frey, VAG § 10 Rdn. 10 mit zahlreichen Nachweisen.

22 Hollenders, Die Bereichsausnahme für Versicherungen nach § 102 GWB, S. 208 f.; Forster/Christ, Die vergleichende Werbung im Wettbewerb der Versicherungswirtschaft, ZfV 1981, 150 (152).

23 Klaue, Zur Rolle der Versicherungswirtschaft in der Marktwirtschaftlichen Ordnung, FS Sieg, Karlsruhe 1976, 263 (267 f).

24 Hollenders, Die Bereichsausnahme für Versicherungen nach § 102 GWB, S. 177 ff (insbes. S. 196 f); Forster/Christ ZfV 1981, 150 (152); Schütze, Einige Bemerkungen zu Forschung und Entwicklung im Versicherungsunternehmen, VW 1970, 134 (137); dagegen: Rieger, Innovation in der Privaten Versicherungswirtschaft und Aufsichtsrecht, Festgabe Seuß, Karlsruhe 1981, S. 181 ff.

25 Großfeld, Prämienkartelle in der Versicherungswirtschaft, in: Wettbewerb als Aufgabe, Bad Homburg 1968, S. 105, 120 ff; Baumann, ZHR 139, 291 (300 ff).

sonderheit auf, als das Produkt durch die gesetzlichen und vertraglichen Rahmenbedingungen, also im wesentlichen durch die AVB, definiert wird.[26] Wenn es nicht möglich ist, unter gleichen Bedingungen die Preise zu vergleichen, wird der Prämienwettbewerb in Frage gestellt. Insofern muß auch von den Kritikern zugegeben werden, daß eine gewisse Einheitlichkeit der Bedingungen Prämienwettbewerb erst ermöglicht.

Mindestens ebenso bedeutsam ist der Umstand, daß der Versicherungsnehmer in vielen Bereichen nicht in der Lage ist, den Umfang des Deckungsschutzes und die Qualität des Produkts voll zu überblicken. Der ebenfalls aus den USA importierte Glaube - Irrglaube - an die Information ist dort auch in anderen Bereichen, etwa der proxy-regulation,[27] mehr oder minder gescheitert. In den Massenbranchen ist es schlicht Illusion, den Versicherungsnehmer durch eine Aushändigung der Versicherungsbedingungen in die Lage versetzen zu können, den für ihn sinnvollen und günstigen Versicherungsschutz herauszugreifen. Häufig wird die Information gar nicht angenommen, in den seltensten Fällen gelesen und kaum je vollkommen verstanden. Wenn das alles so einfach wäre, würden die dicken Kommentare zu den Versicherungsbedingungen überflüssig. Gewiß kann man hier vereinfachen - wie etwa bei den ALB geschehen - ;[28] aber kann man so weit vereinfachen, daß jeder in der Lage ist, den angebotenen Versicherungsschutz genau zu überblicken? Wahrscheinlich nein. Unter diesem Aspekt erscheint eine präventive Verwaltungskontrolle der Bedingungen dem Interesse des Versicherungsnehmers eher dienlich. Bemerkenswert ist, daß sich auch die Verbraucherschutzinstitutionen anscheinend nicht grundsätzlich gegen eine Bedingungskontrolle aussprechen. Wenn demgegenüber auf den Bedingungswettbewerb in anderen Ländern - etwa in England - verwiesen wird,[29] so ist auch dies rechtsvergleichend mit Einschränkungen zu versehen: Zum einen heißt fehlende Bedingungskontrolle nicht Absenz von Einheitlichkeit. Die Abstimmung kann auch auf der Ebene der Versicherer in Gestalt von Bedingungsempfehlungen und ähnlichem erfolgen und erfolgt tatsächlich auch auf diese Art und Weise.[30] Zum anderen dürfen die anderen Gegebenheiten bei der Versicherungsvermittlung nicht übersehen werden. In Deutschland erfolgt der Vertrieb über Versicherungsvertreter oder auf direktem Wege, im Massengeschäft aber kaum über unabhängige Makler. In England ist das anders.[31] Broker betätigen sich auch im Massengeschäft.[32] Dies aber wiederum heißt, daß eine sachkundige Person in den Einkauf von Versicherungsschutz eingeschaltet ist. In der Bundesrepublik gibt es bislang wenig Möglichkeiten für jedermann, einen Experten zu engagieren - was übrigens auch wiederum zusätzliche Kosten und damit eventuell Erhöhung der Preise des Versicherungsschutzes bedeuten kann. Der Deutsche Versicherungsschutz-

---

26 Rieger, Festgabe Seuß, S. 181 (182).

27 Hierzu: Großfeld, Managment and Control of Marketable Share companies, in: Int. Encyclopedia of Comparative Law, Vol. XIII, Chapter IV p. 92 ff (94).

28 VerBAV 1986, 209 für die kapitalbildende Lebensversicherung; VerBAV 1986, 301 für die Risikoversicherung.

29 Eggerstedt, Produktwettbewerb und Dienstleistungsfreiheit auf Versicherungsmärkten, S. 158 f. (166).

30 ABI, General Insurance Council, Material Damage and Business Interruption Insurance, 1986, zum "tarif rouge" eine statistische Erhebung hinsichtlich der Schäden in der Feuerversicherung: Bakas-Tsirimonaki, Assurances et pouvoirs publics, Paris 1983, S. 272 ff. 425 f.; vgl. demnächst: Hübner, Rechtliche Rahmenbedingungen des Wettbewerbs in der Versicherungswirtschaft, Teil B III, C IV 2.

31 Sieger, Die Rechtsstellung des englischen Versicherungsmaklers (insurance broker), Karlsruhe 1983, S.9ff.

32 Cockerell/Shaw, Insurance Broking and Agency, London 1979, S. 24.

verband ist eine rühmliche Ausnahme, allerdings wohl mehr für gewerbliche Versicherungsnehmer.

Das Fazit ist: Vor allem aus Gründen der Markttransparenz und des Schutzes der Versicherungsnehmer erscheint eine Aufgabe der Bedingungskontrolle im Massengeschäft gegenwärtig kaum möglich. Worüber man aber ernsthaft diskutieren muß, ist die Frage, ob nicht in Teilbereichen individuell abgestimmt Alternativbedingungen, Zusatzbedingungen oder ein Versicherungsschutz im Baukastensystem möglich ist. Die Frage ist meines Erachtens zu bejahen. Es gibt bereits Deckungsvarianten und solche Deckungskonzepte.[33]

Es gibt aber auch heute schon Alternativ- oder Zusatzdeckungen. Zunächst sind Individualvereinbarungen möglich. Solche individuellen Abweichungen sind aufsichtsrechtlich zulässig, jedenfalls wenn sie nicht häufiger oder systematisch gemacht werden.[34]

Es gibt aber auch heute schon generelle Alternativ- oder Zusatzdeckungen. So gibt es die Möglichkeit des Einschlusses des Fahrrads in der Hausratversicherung. Warum sollte es nicht möglich sein, Kaskoversicherungsschutz billiger anzubieten, wenn das Autoradio nicht automatisch mitversichert ist? Man könnte also im Sinne solcher "Typenklauseln" verfahren - man wird hier aber umgekehrt peinlich darauf achten müssen, daß der "Wirrwarr" nicht zu groß wird, widrigenfalls kann es auch zu einer Beeinträchtigung des Prämienwettbewerbs kommen, von der Erschwerung der Kalkulation und der statistischen Erfassung der Schadenverläufe einmal ganz abgesehen. Daß im übrigen ohne eine gewisse Standardisierung, die zumindest als Referenzgröße erhalten bleiben muß, das Versicherungsgeschäft kaum betrieben werden kann, zeigt auch ein Blick auf ausländische Versicherungspraktiken. Sogar im Industriegeschäft, bei welchem sich regelmäßig adäquate Partner gegenübersitzen, kennt man in England und in Frankreich Standardbedingungen, z.B. den "tarif rouge" oder die "recommanded practices, wordings and procedures relating to material damage and business interruption commercial and industrial insurance" der Association of British Insurers. Nach alledem dürfte der Grundsatz der Einheitlichkeit der Bedingungen nur einer vorsichtigen Liberalisierung zugänglich sein, dennoch erscheint er in Teilbereichen möglich.

3. Bereichsausnahme

Wieder heftig debattiert wird die Berechtigung der Bereichsausnahme für die Versicherungswirtschaft. Bekanntlich sind nach § 102 GWB die § 1, 15, 38 I Nr. 11 auf Verträge und Empfehlungen von Versicherungsunternehmen und Verbänden nichtig anwendbar, wenn diese in Zusammenhang mit Tatbeständen stehen, die der Versicherungsaufsicht unterliegen, dieser gemeldet sind und seither 3 Monate verstrichen sind. Nach Abs. 4 kann das Kartellamt lediglich bei Mißbrauch eine Untersagungsverfügung - im Einvernehmen mit der Versicherungsaufsicht - treffen. Das Bundesaufsichtsamt für das Versicherungswesen kann das Einvernehmen nur aus aufsichtsrechtlichen Gründen versagen. Im Streitfall ersetzt die Weisung des Bundeswirtschaftsministers das Einvernehmen.[35] Inzwischen hat sich das Bundeskabinett auf eine Aufteilung geeinigt.[36] Die Rechtfertigung der Bereichsausnahme ist ein altes und aktuelles Thema; es ist wichtig die Wettbewerbsproblematik nicht auf den Aspekt des § 102 GWB zu verkürzen, weshalb vorrangig auf die wettbewerbsrechtlichen Rahmenbe-

---

33 Vgl. dazu die Bedingungen im Betriebshaftpflicht- und Produkthaftpflichtbereich in: Angerer/Ollick, Quellen zum Individualversicherungsrecht, Teil II, 1. Ordner 4.2.

34 Prölss/Schmidt/Frey, VAG § 10 Rdn. 4, 19.

35 Nach § 102 Abs. 6 S. 1 GWB: wobei diese jedoch nur wieder im Einvernehmen mit dem Bundesminister für Finanzen erteilt wird.

36 FAZ v. 30.06.1988, S. 13: "Bis September ein Entwurf für Kartellnovelle."

dingungen, die das Aufsichtsrecht vorgibt, eingegangen wird. Sie sind heute in der Debatte zu Recht noch stärker in den Vordergrund gerückt. Gleichwohl spielen die Argumente für die Finanzaufsicht und Einheitlichkeit der Bedingungen auch im Rahmen der Rechtfertigung der Bereichsausnahme eine Rolle.[37] Die Frage kann nur sein, ob die einzelnen Argumente die Bereichsausnahme rechtfertigen bzw. inwieweit die Versicherungsaufsicht wettbewerbspolitische Gesichtspunkte mitberücksichtigt. Zunächst einmal liegt es in der Natur der Sache, in der unterschiedlichen Aufgabenstellung der Institutionen, daß Kartellbehörde und Aufsichtsbehörde in einzelnen Punkten kontroverse Meinungen haben. Der Wettbewerbshüter sieht - wie gesagt - in erster Linie auf Wettbewerb und Preise, die Versicherungsaufsicht muß in erster Linie gewährleisten, daß die Unternehmen solide wirtschaften, nicht insolvent werden und die Belange der Versicherten gewahrt sind. Mit anderen Worten: Die Kartellbehörde dringt auf eine Verschärfung des Wettbewerbs , die Aufsichtsbehörde in erster Linie auf Insolvenzschutz. Vor diesem Hintergrund relativiert sich naturgemäß das Argument, daß nicht zwei Behörden die gleichen Tatbestände zu prüfen brauchen, aber es ist auch im Sinne der Deregulierung, daß nicht noch mehr Behörden eingeschaltet werden. Darauf ist beim europäischen Recht noch zurückzukommen.

Es ist im übrigen keineswegs so, daß das Bundesaufsichtsamt für das Versicherungswesen keinen Wettbewerb wolle, im Gegenteil, und es ist ferner zu berücksichtigen, daß das Bundesaufsichtsamt gehalten ist, darauf zu achten, daß der Versicherungsbetrieb im Einklang mit den Gesetzen steht. Zu den Gesetzen gehört aber auch das GWB, d. h. schon das Bundesaufsichtsamt für das Versicherungswesen muß darauf achten, daß die Unternehmen keine Wettbewerbsverstöße begehen. Dies wird zwar von manchen[38] bestritten, aber der Gesetzeswortlaut des § 81 VAG ist insoweit eindeutig.

Im übrigen spricht manches dafür, daß insbesondere die Argumente Insolvenzschutz, Markttransparenz, Kalkulation, eine Sonderbehandlung des Versicherungswesens rechtfertigen. Die staatliche Prämienkontrolle in den sozial sensiblen Bereichen - Kfz.-Haftpflicht, Leben und Kranken[39] - kann ebenso wenig aus wettbewerbsideologischen Gründen verdammt werden wie Prämienempfehlungen zur Sanierung einer Branche. Wenn dem so ist, so reicht es an sich aus, daß das Bundesaufsichtsamt für das Versicherungswesen kartellrechtsrelevante Tatbestände überprüft und darüber hinaus das Bundeskartellamt bei Mißbräuchen einschreiten kann. Erst recht erscheint die Abstimmung der Versicherungsbedingungen aus den erwähnten Gründen - Markttransparenz und Schutz des Versicherungsnehmers - sinnvoll. Man kann auch mit Mogelpackungen viel Geld verdienen,[40] man kann mit hohlen Versprechungen ohne reale Gegenleistung Geld verdienen und sich ins Ausland absetzen, man kann aggressive Geschäftspolitik betreiben und dann eben in Konkurs gehen. Ein gewisser Informationsaustausch zur exakten Schadenskalkulation erscheint für ein solides Versicherungswesen nützlich.[41] Das Mitversicherungsargument[42] und Rückversicherungs-

---

37 Baumann, ZHR 139, 291 (300 ff); Großfeld in: Wettbewerb als Aufgabe, S. 105 (120 ff); Möschel, in: Immenga/Mestmäcker, Kommentar zum Kartellgesetz, München 1981, § 102 Rdn. 16, 18.

38 Barbey, Probleme einer strukturgerechten Rechtssprechung im Bereich der Versicherungsaufsicht, VersR 1985, 101, 109.

39 Prölss/Schmidt/Frey, Versicherungsaufsichtsgesetz, 9. Aufl., München 1983, § 11 Rdn. 14 ff.; § 12 Rdn. 2 ff.; Zusatz zu § 12 VAG.

40 Vgl. dazu als Beispiel aus den USA: Andrew Tobias, The invisible bankers, S. 72, New York 1982.

41 Insoweit auch kompromißbereit EuGH, VersR 1987, 169 (173).

42 Memorandum der Versicherungswirtschaft zum Regierungsentwurf eines Gesetzes gegen Wettbewerbsbeschränkungen, in: Geschäftsbericht 1954/55 des Gesamtverbandes der Versicherungswirtschaft, S. 53 f; Mahr, Markt- und Wettbewerbsprobleme in der Versicherungswirtschaft, ZVersWiss 1971, 361 (371 f).

argument[43] treten demgegenüber eher in den Hintergrund. Rechtsvergleichend interessant ist, daß wir auch in anderen Ländern, und zwar in denjenigen, welche immer für ein liberaleres und wettbewerbsfreundlicheres Versicherungswesen herhalten müssen, in England[44] und den USA[45] nämlich, Bereichsausnahmen für die Versicherungswirtschaft bestehen. In den USA hatte sich unter dem Gesichtspunkt der Zuständigkeit des Bundes eine Kontroverse entsponnen, ob das Bundeskartellrecht anwendbar ist. Nachdem der Supreme Court dies bejaht hatte,[46] wurde durch den MacCarren-Ferguson-Act 1945 die Zuständigkeit der Staaten und damit die Unanwendbarkeit des US-Antitrust-Rechts festgelegt. Dieser rechtsvergleichende Befund ist zumindest ein Indiz dafür, daß man auch dort Besonderheiten für den Versicherungssektor gesehen hat.

Im übrigen kann die Situation rechtlich nur noch beurteilt werden nach dem Europäischen Recht.

---

43 Meyer, in: Börner/Meyer, Ausnahmebereiche des GWB, Köln 1972, S. 25, 38.

44 Sched. No. 8 zur Restrictive Trade Practices (Services) Order 1976.

45 McCarran Ferguson Act (15 U.S.C. § 1011).

46 Nachweise bei Hübner, Rechtliche Rahmenbedingungen des Wettbewerbs in der Versicherungswirtschaft, Teil E VI 4.

II. EG-Recht

Zwei Urteile des Europäischen Gerichtshofs von Dezember 1986[47] und Januar 1987[48] markieren den Zeitpunkt für Neuentwicklungen in der Europäischen Gemeinschaft, wobei die Konsequenzen jedenfalls für das Wettbewerbsrecht kaum absehbar sind. Zunächst soll auf das Urteil zu den Prämienempfehlungen, das die wettbewerbsrechtliche Problematik betrifft, eingegangen werden; danach ist aufzuzeigen, daß das Urteil zur Dienstleistungsfreiheit in der EG die Besonderheiten des Versicherungswesens in den Jedermann-Zweigen auch auf europäischer Ebene mit aller Deutlichkeit anerkannt hat.

1. Anwendung des EG-Kartellrechts

In bezug auf die Kartellsache soll nicht mehr näher die äußerst fragwürdige Problematik der Anwendbarkeit des EG-Kartellrechts aufgegriffen werden, was insbesondere die Zwischenstaatlichkeitsklausel angeht: Der Europäische Gerichtshof bejaht dies, weil die fragliche Empfehlung mittelbar auch Versicherungsunternehmen in Staaten außerhalb der Bundesrepublik berührt infolge des Umstands, daß diese Unternehmen auf dem deutschen Markt über Tochtergesellschaften tätig sind.[49]. Das Argument ist fragwürdig: Im Massengeschäft existieren nach wie vor - und das Urteil zur Dienstleistungsfreiheit hatte dies europarechtlich anerkannt - abgeschottete nationale Märkte; an sich kann, da in Massenbranchen kein internationaler Versicherungsmarkt besteht, insoweit auch die Erbringung von Dienstleistungen zwischen den Staaten nicht berührt werden. Der Europäische Gerichtshof scheint dem aber kein Gewicht beizumessen, obwohl es in den Massenbranchen so ist, wobei zugegebenermaßen das Urteil sich konkret nur zu den Prämienempfehlungen in der Industrie-Feuer-Versicherung äußert. Wie dem auch sei: Die Anwendbarkeit der Art. 85, 86 EWG-Vertrag ist nach diesem Urteil wohl als Datum hinzunehmen. Es geht darum, die Konsequenzen aufzuzeigen, die sich aus diesen Vorschriften ergeben, die teilweise noch schärfer sind als das GWB.

Art. 85 lautet:

(1) Mit dem Gemeinsamen Markt unvereinbar und verboten sind alle Vereinbarungen zwischen Unternehmen, Beschlüsse von Unternehmensvereinigungen und aufeinander abgestimmte Verhaltensweisen, welche den Handel zwischen Mitgliedstaaten zu beeinträchtigen geeinigt sind und eine Verhinderung, Einschränkung oder Verfälschung des Wettbewerbs innerhalb des Gemeinsamen Marktes bezwecken oder bewirken, insbesondere

  a) die unmittelbare oder mittelbare Festsetzung der An-, der Verkaufspreise oder sonstiger Geschäftsbedingungen;

---

47 Urteil des EuGH vom 4.12.1986 (Rs 205/84), VersR 1986, 225 ff. Zu dieser Entscheidung auch: Hübner, Ulrich, Die Dienstleistungsfreiheit in der Europäischen Gemeinschaft und ihre Grenzen, JZ 1987, 330 ff.; Schmidt, Reimer, Das DLF-Urteil des EuGH vom 4.12.1986, VersR 1987, 1 ff; Goujet, Leo, Europäischer Versicherungsmarkt - Dienstleistungsfreiheit nach dem Urteil des Gerichtshofes der Europäischen Gemeinschaft, VP 1987, 1. 17 ff.

48 Urteil des EuGH vom 27.01.1987 (Rs 45/85), VersR 1987, 169 f. Zu dieser Entscheidung auch: Hübner, Urteilsanmerkung JZ 1987, 461; Markert, Die Anwendung des § 102 GWB auf die Versicherungswirtschaft vor dem Hintergrund des EuGH-Urteils im Fall " Feuerversicherung", VersR 1988, 101.

49 EuGH VersR 1987, 169 (172); auch bereits Northern-Entscheidung ABl.EG 1982 L 80 vom 26.3.1981, 36 f; a.A. Hübner, Das Europäische Recht und die Versicherungswirtschaft, in: Einigkeit und Recht und Freiheit, Bd. I, FS Carstens, Köln 1984, S. 150; Klaue, Zur Anwendung des europäischen Kartellrechts auf die deutsche Versicherungswirtschaft, BB 1983, 2019 (2022).

b) die Einschränkung oder Kontrolle der Erzeugung, des Absatzes der technischen Entwicklung oder der Investitionen;
c) die Aufteilung der Märkte oder Versorgungsquellen;
d) die Anwendung unterschiedlicher Bedingungen bei gleichwertigen Leistungen gegenüber Handelspartnern, wodurch diese im Wettbewerb benachteiligt werden;
e) die an den Abschluß von Verträgen geknüpfte Bedingung, daß die Vertragspartner zusätzliche Leistungen annehmen, die weder sachlich noch nach Handelsbrauch in Beziehung zum Vertragsgegenstand stehen.

(2) Die nach diesem Artikel verbotenen Vereinbarungen oder Beschlüsse sind nichtig.

Die Konsequenzen für die Versicherungswirtschaft sind derart, daß ohne Freistellung die Anwendbarkeit des Art. 85 EWGB nicht aufrechtzuerhalten ist[50], oder - um es noch krasser auszudrücken - die Anwendbarkeit des EG-Kartellrechts auf die Versicherungswirtschaft zur Absurdität geraten lassen würde. Der Gerichtshof hat auf die Freistellung nach Art. 85 Abs. 3 EWG-Vertrag selbst hingewiesen.[51] Die Möglichkeit wurde im konkreten Zusammenhang für die Prämienempfehlung aber verneint. Begründet wurde dies vor allem damit, daß die Empfehlung über das Maß dessen hinausgehe, was als angemessene Zusammenarbeit zwischen Schadensversicherern angesehen werden könne, und zwar vor allem wegen der pauschalen Erhöhung, die in keiner Weise die Kosten und Ertragslage der einzelnen Versicherer berücksichtige.[52] Der globale Charakter der Erhöhung sei deshalb geeignet, den Wettbewerb stärker zu beschränken, als es zur Erreichung des angestrebten Zieles erforderlich war. Ein Argument, das auch im nationalen Wettbewerbsrecht bei der Diskussion um die Prämienanpassungsklauseln eine Rolle spielt.[53]
Gleichwohl ist nicht zu verkennen, daß in vielen Bereichen Freistellungen notwendig sein werden. Daß Allgemeine Versicherungsbedingungen nach Art. 85 Abs. 1 lit. a. EWGV, der die Festsetzung von Geschäftsbedingungen ausdrücklich als Wettbewerbsbeschränkung nennt, nach Art. 85, Abs. 2 EWGV nichtig sein sollen, ist einem Ergebnis befremdliche Vorstellung. Es kann schwerlich sein, daß Allgemeine Versicherungsbedingungen seit 1962[54] nichtig sind. Eine Freistellung kann eigentlich aber nur ab Antrag auf Freistellung erfolgen.[55] Immerhin dürften die einzelnen Versicherungsverträge als Folgeverträge noch zu retten sein.[56] Die Konsequenz wird auch sein, daß eine doppelte, wenn nicht dreifache Zuständigkeit für wettbewerbsrechtlich relevante Sachverhalte gegeben ist: Das Bundesaufsichtsamt für das Versicherungswesen, das Bundeskartellamt sowie die EG-Kommission. Für das Bundeskartellamt könnte sich zudem die nationale Ersatzzuständigkeit für das EG-Kartellrecht ergeben, solange die Kommission die Sachen nicht an sich gezogen hat.[57] Dies hätte dann auch die Konsequenz, daß die Bereichsausnahme des § 102 GWB selbst de lege lata in Frage gestellt ist.

---

50 Vgl. hierzu Kuhlmann, Versicherungsrecht und Europäisches Kartellrecht, Berlin 1987, S. 62 ff.
51 EuGH VersR 1987, 169 (170) Rn (15).
52 EuGH VersR 1987, 169 (173) Rn. (60).
53 Vgl. etwa: Angerer ZVersWiss 1985, 221 ff (226 f) und umfassen: Eucker, Prämienanpassungsklauseln in der privaten Versicherungswirtschaft, Diss., Marburg 1980.
54 EuGH vom 6.4.1962, Slg. 1962, 105, 112 ff.
55 Vgl. Art. 4 Abs. 1 VO Nr. 17.
56 Gleiss/Hirsch, Kommentar zum EWG-Kartellrecht, 3. Aufl. ,Heidelberg 1978, EWGV Art. 85 Rn. 439; Koch, in: Grabitz, Kommentar zum EWG-Vertrag, Stand Sept. 1987, München, Art. 85 Rn. 147.
57 Vgl. Art. 9 Abs. 3 VO Nr. 17.

Prämienkartelle, Prämienempfehlungen, Prämienanpassungsklauseln, all dies erscheint kartellrechtlich in neuer Sicht.[58]. Für den Informationsaustausch scheinen sich europäische Instanzen aber kompromißbereit zu zeigen.[59] Zu prüfen wird auch sein, inwieweit Handelsvertreterverträge (Alleinvertreterverträge) am per-se-Verbot des Art. 85 Abs. 1 EWGV scheitern. Die VO Nr. 1983/83 trifft bislang nur Warenhändler. Für Dienstleistungen müßte wohl eine entsprechende Verordnung geschaffen werden. Schwer zu überblicken sind auch die Auswirkungen der Art. 85, 86 EWGV auf Rückversicherung, Mitversicherung, Pools und Unternehmenszusammenschlüsse. Fraglich erscheint ferner, inwieweit das System von Lloyd seiner Prüfung anhand Art. 85 EWGV standhält. All diese Fragen bedürfen noch eingehender Prüfung. Ob diese gravierenden Folgeprobleme dem Gerichtshof bewußt waren, kann dahinstehen; sie müssen jedenfalls in der Zukunft gelöst werden.

Die Einschaltung dreier Behörden dürfte auch der Innovationsfreude und - geschwindigkeit eher abträglich sein. Dies wäre, sollte es sich denn bewahrheiten, ein der Zielsetzung von mehr Wettbewerb diametral entgegengesetztes Ergebnis. Es könnte in der Tat von der Konsequenz her so werden, daß die Beseitigung der Bereichsausnahme zu mehr Bürokratie und zu weniger Wettbewerb führt.

Ein Problem, das der Gerichtshof im Zusammenhang mit der zweiten Rüge nicht abschließend beurteilt hat, ist die Frage, inwieweit das EG-Kartellrecht, würde es umfassend angewendet, die Versicherungsaufsicht in der Bundesrepublik in Frage stellen könnte. Der Gerichtshof beschränkt sich hier auf die konkrete Frage der Prämienempfehlungen in der Industrie-Feuerversicherung und führt dazu in Rn. 22 der vorhergehend zitierten Entscheidung, aus:

"Das nationale Versicherungsaufsichtsrecht verfolgt ein anderes Ziel als das Wettbewerbsrecht der Gemeinschaft und kann unabhängig davon, wie das Wettbewerbsrecht angewendet wird, weiterhin seine Funktion erfüllen. Der Kläger hat nicht dargetan, daß die Anwendung der Verbote der Art. 85 und 86 EWGV im vorliegenden Fall geeignet seine könnte, die wirksame Durchführung der nationalen Versicherungsaufsicht zu beeinträchtigen."[60]

Man könnte diese Passage dahingehend verstehen, daß nur Bereiche, die aufsichtsrechtlich nicht abgedeckt sind, dem EG-Kartellrecht unterliegen, also insbesondere das Massengeschäft nicht unter Art. 85 fällt. Diese Interpretation liegt umso näher, als derselbe Gerichtshof keine zwei Monate vorher im Urteil zur Dienstleistungsfreiheit die nationalen Standards als mit dem EG-Recht vereinbar bezeichnet hat.[61] Was im Hinblick auf die Dienstleistungsfreiheit gilt, müßte konsequenterweise auch für die Frage maßgeblich sein, ob über das EG-Kartellrecht nationale Standards aus den Angeln gehoben werden können. Dafür läßt sich zusätzlich anführen, daß auch die Kommission geltend gemacht hatte, mit ihrer Entscheidung würden keine Maßnahmen der nationalen Wirtschafts- und Wettbewerbspolitik, sondern nur ein privates, von Unternehmen autonom beschlossenes Kartell unterbunden.[62] Ein Fragezeichen setzt das Urteil aber wiederum insofern, als es der "Absegnung" der Empfehlung durch das Bundeskartellamt und die deutsche Versicherungsbehörde keine präjudizielle Wirkung für die Beurteilung nach EG-Kartellrecht zuerkennt. Gleichwohl ist festzuhalten, daß die Entscheidung immer sehr konkret auf die vom Unternehmensverband ausgesprochene Empfehlung abstellt.

---

58 Hübner JZ 1987, 461 f; hierzu und auch zum folgenden Hübner, FS Carstens, 1984, S. 139 (151 f).

59 EuGH VersR 1987, 169, 173.

60 EuGH VersR 1986, 1226 (1228 f) (Rn. 30 f).

61 EuGH VersR 1987, 169 (170) (Rn. 19).

Konzessionsbereit deuten ließe sich auch der Hinweis, daß ein Informationsaustausch über Schadensquoten hier nicht in Frage steht;[63] hieraus könnte man folgern, daß ein solcher Informationsaustausch auch nach EG-Kartellrecht zulässig sein oder werden könnte.

2. Gewährleistung der nationalen Aufsichtsbefugnisse in den "Jedermann-Versicherungszweigen"

In seinem Urteil über die Dienstleistungsfreiheit hat der Gerichtshof allerdings trotz grundsätzlicher Bejahung der Dienstleistungsfreiheit als europäisches Grundrecht nationale Beschränkungen weiterhin anerkannt. Nachdem er zunächst den Anwendungsbereich der Dienstleistungsfreiheit dadurch eingeschränkt hat, daß er nicht nur die Tätigkeit über eine Niederlassung oder Agentur, sondern auch über eine Person, die zwar unabhängig, aber beauftragt ist, auf Dauer für den Versicherer wie eine Agentur zu handeln[64], in den Bereich des Niederlassungsrechts und nicht der Dienstleistungsfreiheit zuordnet, läßt er auch Beschränkungen der Dienstleistungsfreiheit selbst im Allgemeininteresse zu.[65]
In Fortführung seiner Rechtsprechung erkennt der EuGH Einschränkungen im "Allgemeininteresse" an. Er hat dies prinzipiell bereits in der Rechtssache Wesemael[66] ausgesprochen und in der Entscheidung Webb[67] eine nationale Beschränkung der Dienstleistungsfreiheit auf dem sozial sensiblen Sektor des Arbeitsmarktes und der Arbeitsvermittlung als mit dem Gemeinschaftsrecht vereinbar angesehen. Der EuGH hat nun die Voraussetzungen solcher Einschränkungen nochmals näher präzisiert. Er betont als Ausgangspunkt die - allerdings nicht ganz unproblematische - These, Art. 60 Abs. 3 EWGV impliziere nicht, daß jede für die Staatsangehörigen dieses Staates geltende nationale Regelung, die normalerweise eine Dauertätigkeit von in diesem Staat ansässigen Unternehmen zum Gegenstand hat, in vollem Umfang und in gleicher Weise auf zeitlich begrenzte Tätigkeiten angewandt werden könnte, die von in anderen Mitgliedsstaaten ansässigen Unternehmen ausgeübt werden. Diese unter dem Gesichtspunkt des Gleichheitsgrundsatzes und der eventuellen Inländerdiskriminierung[68] problematische Ansicht ist angesichts der europäischen Zielsetzung eines gemeinsamen Marktes verständlich, sie kann aber auch wohl nur aufrechterhalten und durchgehalten werden, sofern über das "Allgemeininteresse" nationale Beschränkungen insoweit jedenfalls Berücksichtigung finden, als sie zur Vermeidung einer gravierenden Benachteiligung der Inländer notwendig sind.[69] Teilweise orientiert sich der EuGH auch an der Gleichbehandlung von In- und Ausländern sowie an dem Kriterium, daß der Dienstleistungserbringer in seinem Sitzstaat bereits vergleichbaren Präventivvorschriften unterliegt. In Anbetracht der Besonderheiten bestimmter Dienstleistungen seien besondere Anforderungen an Dienstleistungserbringer nicht als mit dem Vertrag unvereinbar anzusehen, die sich aus der Anwendung von Regelungen für diese Art von Tätigkeiten ergäben.
Mit anderen Worten müssen folgende drei Voraussetzungen erfüllt sein:
1. Zwingende Gründe des Allgemeininteresses

---

62 EuGH VersR 1987, 169 171 (Rdn. 24).
63 EuGH VersR. 1986, 1226, 1227 (Rdn. 21).
64 EuGH VersR 1986, 1226, 1228 (Rn. 29).
65 EuGH Rs 110 und 111/78, Slg. 1979, 35 ff.
66 EuGH Rs 279/80, Slg. 1981, 3305 ff.
67 Dazu Bleckmann, Die umgekehrte Diskriminierung (discrimination a rebours) im EWG-Vertrag, RIW 1985, 917 ff.
68 Hübner, Die Dienstleistungsfreiheit in der Europäischen Gemeinschaft und ihre Grenzen, JZ 1987, 330 (332).

2. Keine Wahrung dieses Interesses durch Vorschriften des Heimatstaates des Dienstleistungserbringers
3 Wahrung des Prinzips der geringstmöglichen Beschränkung.

Unter Anwendung dieser Kriterien hat der EuGH für den Versicherungssektor angesichts der bestehenden Unterschiede im Schutz der Versicherungsnehmer und Versicherten - anders etwa als in der "Cassis de Dijon"-Entscheidung[70] und wie zum Teil auch im Urteil zum Reinheitsgebot des Bieres[71] - in beachtlichem Umfang nationale Schutzinteressen anerkannt. Er bejaht zunächst ein Allgemeininteresse aufgrund folgender Überlegungen: Der Versicherungssektor stelle im Hinblick auf den Schutz des Verbrauchers als Versicherungsnehmer und Versicherter einen besonders sensiblen Bereich dar. Dies ergebe sich vor allem aus dem besonderen Charakter der Leistung des Versicherers, die von zukünftigen Ereignissen abhänge, deren Eintritt oder jedenfalls Moment des Eintritts zur Zeit des Vertragsabschlusses noch ungewiß sei. Der Versicherte, der nach einem Schadensfall keine Entschädigung erhalte, könne sich in einer sehr schwierigen Lage befinden. Ebenso könne der Versicherungsnehmer im allgemeinen nur äußerst schwer beurteilen, ob ihm die voraussichtliche Entwicklung der finanziellen Situation des Versicherers und die Versicherungsbedingungen, die ihm dieser meistens vorschreibe, eine ausreichende Garantie dafür böten, daß er im Versicherungsfall entschädigt würde.[72] Man fühlt sich- über 80 Jahre später- unmittelbar an die Motive zum VAG erinnert. Ergänzend weist der EuGH darauf hin, daß in bestimmten Sparten die Versicherung ein Massenphänomen geworden sei und der Schutz der Interessen der Versicherten und der geschädigten Dritten praktisch die ganze Bevölkerung angehe. Dieser zutreffende Befund wird dann weiter dadurch erhärtet, daß sämtliche Mitgliedsstaaten Rechtsvorschriften eingeführt haben, welche die Versicherungsunternehmen zwingenden Regeln sowohl über ihre Finanzsituation als auch über die von ihnen angewandten Versicherungsbedingungen sowie einer ständigen Aufsicht über die Einhaltung dieser Regeln unterwerfen. Aufgrund dieser Überlegungen kommt der EuGH dann zu dem Ergebnis, daß ein Allgemeininteresse zu bejahen sei. Er prüft dann weiter, ob das Allgemeininteresse nicht bereits durch die Vorschriften des Niederlassungsstaates gewahrt ist. Hier kommt der EuGH dann aufgrund mehrerer rechtsvergleichender Untersuchungen zu dem Ergebnis, daß das Allgemeininteresse derzeit nicht bereits durch die Vorschriften des Niederlassungsstaates für alle Bereiche gewahrt ist und folglich die Aufnahme dieser Tätigkeit auch von einer Zulassung abhängig gemacht werden kann[73]. Bezüglich der Unterschiede der Versicherungsaufsichtsrechte kommt der EuGH auf die Überlegungen zurück, wie sie im europäischen Rahmen zur Verabschiedung einer zweiten Richtlinie Schaden angestellt worden sind. Er verneint zunächst die These, daß durch die ersten Koordinierungsrichtlinien 73/239 und 79/267 den Schutzerfordernissen bereits Rechnung getragen sei und die Aufsicht durch die Behörden des Niederlassungsstaates ausreiche. Diese die Niederlassungsfreiheit betreffenden Richtlinien enthalten zwar detaillierte Bestimmungen über das Eigenkapital des Unternehmens, welche die Solvabilität gewährleisten sollen, haben aber keine Harmonisierung der nationalen Bestimmungen über die technischen Reserven vorgenommen, d.h. die Finanzmittel, die als Sicherheit für die mit dem Abschluß der Verträge eingegangenen Verpflichtungen festgelegt und die vom Eigenkapital des Unternehmens zu unterscheiden sind.

70 EuGH NJW 1987, 1133 ff; hierzu auch Moench, Reinheitsgebot für Bier, NJW 1987, 1109 f.
71 EuGH VersR 1986, 1225, 1228 (Rn. 30); dazu Schmidt, VersR 1987, 1 (3).
72 EuGH VersR 1986, 1225, 1229 (Rn. 42 ff).

"In Anbetracht der erheblichen Unterschiede zwischen den einschlägigen nationalen Vorschriften ist festzustellen, daß der Bestimmungsstaat auch insoweit und unter demselben Vorbehalt berechtigt ist, die Einhaltung seiner eigenen Vorschriften hinsichtlich der in seinem Hoheitsgebiet erbrachten Dienstleistungen zu verlangen und zu überwachen"[74]
Inzwischen ist die Entwicklung bis zur Verabschiedung der am 22. Juni 1988 zweiten Koordinierungsrichtlinie Schaden gediehen, welche insbesondere die tatsächliche Ausübung der Dienstleistungsfreiheit erleichtern wird.[75] Verglichen mit früheren Projekten einer Harmonisierung der Versicherungsvertragsrechte nimmt sie sich eher bescheiden aus. Die Rechtswahlfreiheit wird in Art. 7 zugunsten der Versicherungsnehmer eingeschränkt; es hat sich in der Überzeugung, daß die Harmonisierung nicht vorankommt, die IPR-Lösung und die Zementierung nationaler Schutzstandards durchgesetzt: Anwendung des Rechts des Aufenthaltsorts des Versicherungsnehmers bzw. der Belegenheit des Risikos.[76] Wichtigster Bestandteil ist Art. 5, in dem die Großrisiken definiert werden, für welche die Dienstleistungsfreiheit eingeführt, aber eine gewisse Überwachung im Dienstleistungsstaat erhalten bleibt. Um die Schwellenwerte bei der Schadensversicherung und allgemeinen Haftpflichtversicherung ist heftig gerungen worden; im Grunde war die Größenordnung aber schon durch die Bilanzrichtlinie (§ 267 Abs 2 HGB mit den dortigen Werten für mittlere Unternehmen) vorgegeben, insbesondere, was die Mitarbeiterzahl 250 betrifft, die ab 1993 dann neben der Gesamtbilanz von 6,2 Mio ECU und einem Nettoumsatz von 12,8 Mio ECU in Kraft treten soll. Im Ergebnis heißt dies, daß ausländische Unternehmen im industriellen Bereich frei vom Ausland her anbieten können. In den Kreisen der Versicherungsnehmer scheint allerdings keine allzu große Tendenz zu bestehen, den Versicherungsschutz im Ausland einzukaufen; zu erwarten ist eher, daß im Industriebereich der Druck auf Prämien zunimmt, was dann die Tendenz zu einer vertikalen Spartentrennung verstärken könnte.[77]
Für den Bereich des Vertriebs ist festzuhalten, daß das Dienstleistungsfreiheitsurteil eben diese Freiheit relativ eng abgrenzt von der Niederlassungsfreiheit. Wer auch nur über Vermittler oder eine Agentur ständig Versicherungsverträge in einem Mitgliedsstaat schließt, unterliegt dem Niederlassungserfordernis, d. h. es gelten dann die inländischen Bedingungen. Im Massengeschäft dürfte also alles - oder das meiste - beim Alten bleiben, mit einer denkbaren Ausnahme freilich: Ausländische Vermittler, d. h. etwa in London ansässige Brokerhäuser, könnten auf die EG-Teilmärkte vordringen. Das ist im Augenblick zwar noch keine Realität, aber auch keine reine Spekulation. Die Attraktivität der Märkte dürfte darüber letztendlich entscheiden.

3. Zusammenfassung

Zusammenfassend läßt sich in aller Kürze sagen:
Das Urteil des Gerichtshofes zur Dienstleistungsfreiheit und die zweite Koordinierungsrichtlinie Schaden sind im Massengeschäft klare Erfolge für nationale Vorschriften, für das Bundesaufsichtsamt und die deutschen Versicherungsunternehmen mit ihren hohen Sicherheitsstandards.

---

73 EuGH VersR 1986, 1225, 1229 (Rn. 40).

74 Abl. EG Nr. T0 L 172/3 vom 4.7. 1988.

75 Vgl. Art. 28 EGBGB; zur IPR-Problematik: Lorenz; Zum neuen internationalen Vertragsrecht aus versicherungsvertraglicher Sicht, FS Kegel, Stuttgart, Berlin 1987, S. 303 ff.; Hübner, Schwerpunkte einer Koordinierung des Versicherungsvertragsrechtes in der Europäischen Gemeinschaft, ZVerWiss 1982, 221 ff.

76 Vgl. schon die Interne RechVUVO mit partiellem Ausweis des Industriegeschäftes.

Das Kartellrechtsurteil ist als solches eine klare Absage an eine Bereichsausnahme im EG-Kartellrecht. Die Konsequenzen sind aber völlig unklar: Es ist nicht vorstellbar, daß einheitliche Versicherungsbedingungen, Schadensstatistiken, Mitversicherung und anderes mehr an Art. 85 EWG-Vertrag scheitern. Hier müssen Ausnahmen im Wege von Freistellungen auf der Ebene der Brüsseler Bürokratie oder der Politik geschaffen werden. Die Zukunft wird den Konflikt zwischen Aufsichts- und Kartellrecht,oder hier gerade auch in den Urteilen des Europäischen Gerichtshofes zum Ausdruck kommt, lösen müssen. Dabei sollte die europäische Entwicklung Vorrang vor nationalen Alleingängen haben. Man kann sicher sein: Die Versicherung im Spannungsfeld zwischen Aufsichts- und Kartellrecht wird nicht nur im nationalen, sondern auch im europäischen Bereich ein Thema bleiben.

Teil B

Wettbewerbsanalyse versicherungswirtschaftlicher Einzelmärkte

Kapitel 3

Wettbewerbsanalyse des Lebensversicherungsmarktes (Gutachten im Auftrag der Monopolkommission)

von
Dr. Manfred J. Dirrheimer
und
Dr. Hendrik Junghanns

FWU Forschungsgesellschaft für Wettbewerb und Unternehmensorganisation m.b.H.

1. Die Lebensversicherung im Wettbewerb und die Anlageform der privaten Vermögensbildung

1.1. Die Entwicklung des Marktes der privaten Geldvermögensbildung 1976-1985

Der Bestand des gesamten Geldvermögens in Deutschland hat sich innerhalb der letzten 10 Jahre verdoppelt. Im Zeitraum 1976 bis 1985 wuchs das Geldvermögen jährlich zwischen 150 und 200 Mrd. DM auf einen Gesamtbestand von 3.361 Mrd. DM im Jahre 1985. Neben den öffentlichen Haushalten mit 12% und den Unternehmen mit 26% entfiel der Löwenanteil dieses Geldvermögensbestandes auf die privaten Haushalte mit 62% des Geldvermögens.
Bei kontinuierlicher Steigerung des verfügbaren Einkommens der privaten Haushalte kann im Beobachtungszeitraum die Gültigkeit des Engel´schen Gesetzes einmal mehr nachgewiesen und somit eine höhere Flexibilität des privaten Verbrauchs nach Abzug der Grundbedürfnisse festgestellt werden. Dieser größere Freiraum der privaten Haushalte schlägt sich zwar absolut auch in einer Erhöhung der privaten Ersparnisse nieder, geht jedoch mit einer tendenziellen sinkenden Sparquote über die Jahre von 14,4% 1976 und 12,9% 1985 einher. So stieg das verfügbare Einkommen im 10-Jahresablauf um 60%, die private Geldvermögensbildung nahm dagegen in gleichem Zeitablauf nur um 26% zu (s. Abb. 1 und 2).
Um genauere Aussagen über die Wirkung des Wettbewerbs der einzelnen Anlageformen untereinander zu erhalten, müssen die Strukturveränderungen innerhalb der privaten Geldvermögensbildung analysiert werden. Wie aus der Abb. 3 zu ersehen ist, verdoppelt sich der Anteil der Versicherungen an der privaten Geldvermögensbildung beinahe im 10-Jahresablauf von 16,7% auf 31,8%. Stark rückläufig ist hingegen die Geldanlage bei den Bausparkassen von 6,4% auf 0,9%. Das klassische Bankgeschäft verliert 10,5%-Punkte Marktanteil und hat bei einem Prozentsatz von 39,9 im Jahre 1985 nur noch rund 8 Prozentpunkte Vorsprung vor der Versicherungsbranche. Während sowohl der Anstieg des Versicherungs- als auch der Abstieg des Bausparkassenanteils relativ kontinuierlich im Zeitablauf erfolgt, kommt es sowohl bei der Bankengeldanlage als auch beim Erwerb festverzinslicher Wertpapiere zu relativ starken Ausschlägen. So sank der Bankenanteil von 55% im Jahre 1977 innerhalb von 4 Jahren auf knapp die Hälfte (29%), um sich im Folgejahr auf 50% fast zu verdoppeln. Ein zu der Bankanlage gegenläufiger Trend ist bei dem Erwerb festverzinslicher Wertpapiere zu beobachten, so daß sich aus dem beobachteten Phänomen ableiten läßt, daß sich beide Anlagearten je nach Marktlage und Kundenpräferenz substituieren und gemeinsam zwischen 60% und 70% der privaten Geldvermögensbildung ausmachen. In den letzten drei Jahren hat sich für die Summe beider Anlagearten jedoch ein Trend nach unten durchgesetzt. Sie liegen jetzt gemeinsam nur noch zwischen 50% und 60%.
Nach dieser ersten Analyse steht die Versicherungsbranche als klarer Gewinner auf dem Markt der privaten Geldvermögensbildung da. In einem weiteren Schritt soll die Entwicklung des Versicherungsanteils innerhalb der längerfristigen Geldvermögensbildung untersucht werden. Die Bundesbank unterscheidet in ihrer Statistik die Geldanlage bei Banken zwischen längerfristigen - ab einem Jahr vereinbarter Laufzeit - und kurzfristigen Anlagen mit einer Laufzeit bis zu einem Jahr.
Kurzfristige Geldanlagen in Form von Bargeld-Sichteinlagen und Termingeldern sind aus Sicht der Versicherungsbranche sicherlich keine direkte Konkurrenz. Aus dem Blickwinkel des Bankensektors jedoch bestehen durchaus substitutive Ziele zwischen kurz- und längerfristiger

Abb. 1: Verfügbares Einkommen und Geldvermögens-bildung der privaten Haushalte

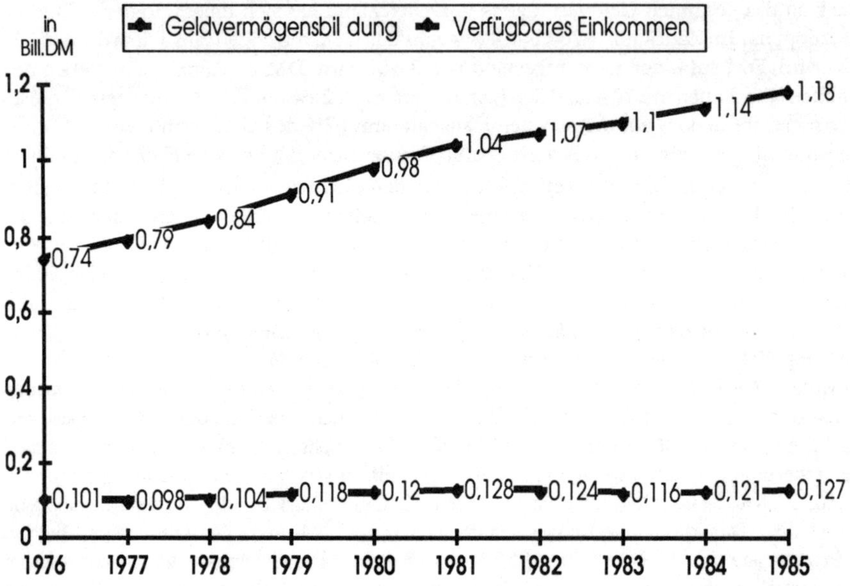

Quelle: Deutsche Bundesbank

Abb. 2: Geldvermögensbildung und Sparquote der privaten Haushalte

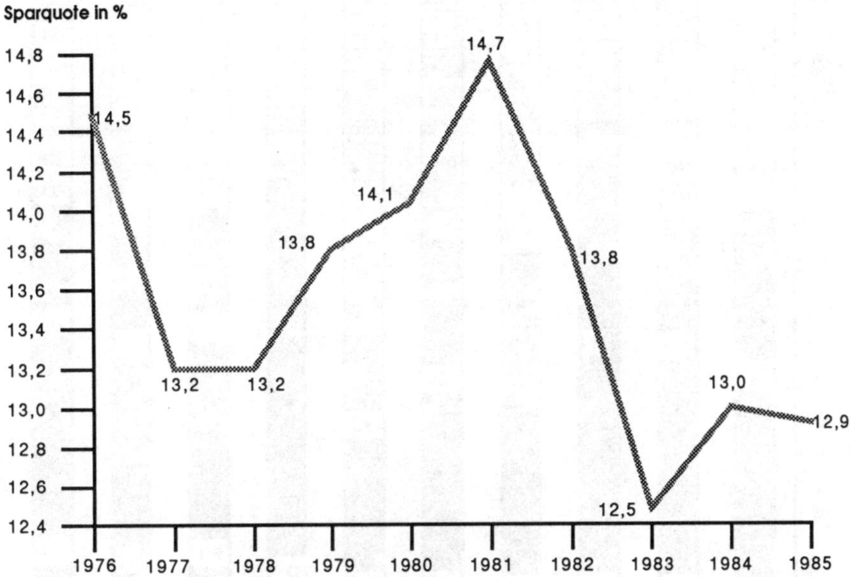

Private Geldvermögensbildung in Mrd. DM

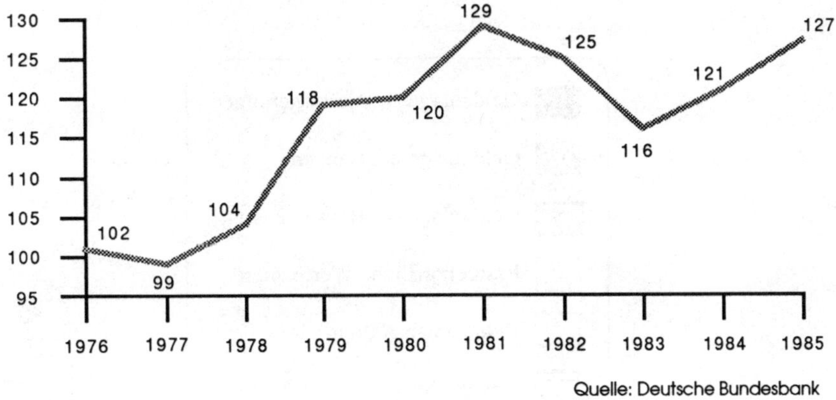

Quelle: Deutsche Bundesbank

Abb. 3: Struktur der privaten Geldvermögensbildung

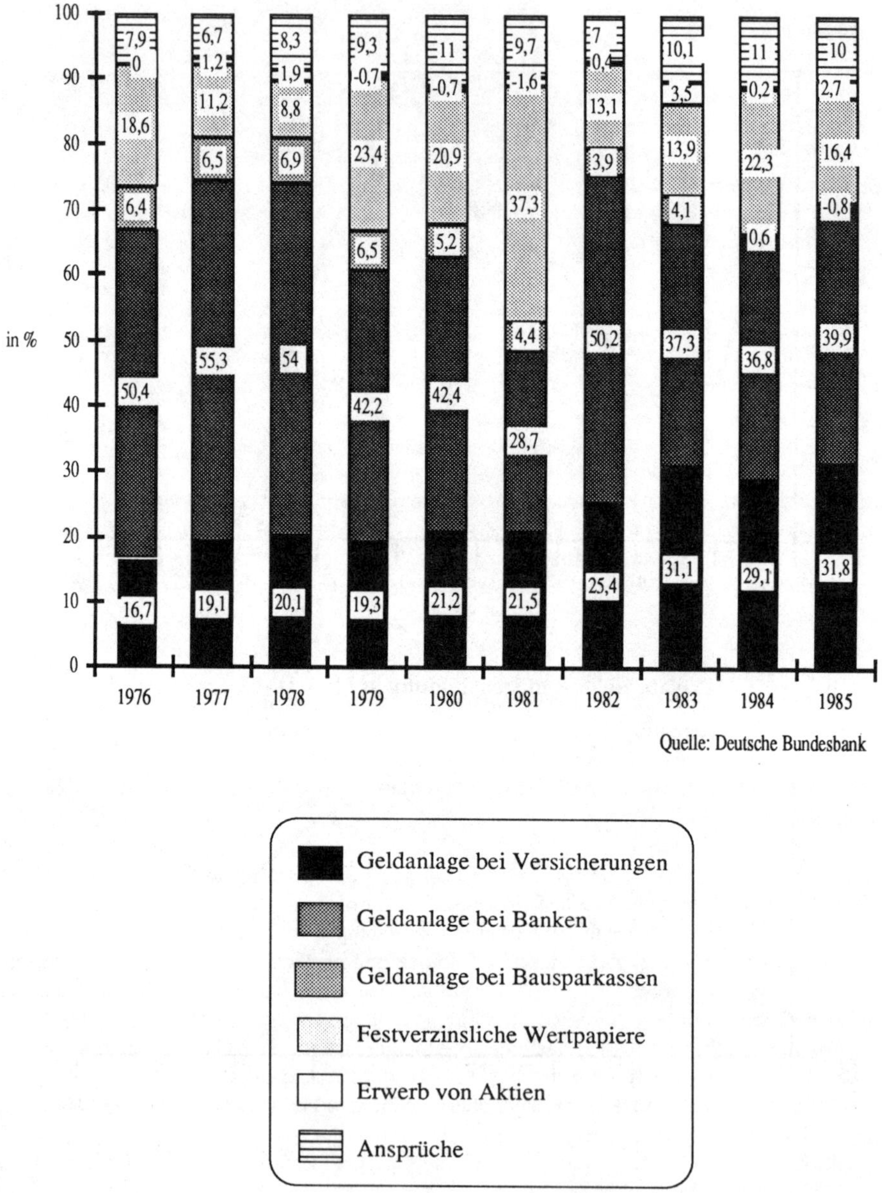

Quelle: Deutsche Bundesbank

Geldvermögensbildung, was auch an den gegenläufigen Kurven abzulesen ist (s. Abb. 4). Diese substitutive Beziehung innerhalb der Geldanlage bei Banken kann somit Einfluß auf das Wettbewerbsverhalten der Banken im längerfristigen Bereich haben, in dem die Versicherungsbranche insgesamt als Wettbewerber der Banken auftritt.

Obwohl deshalb die kurzfristige Geldanlage mit zu berücksichtigen ist, steht es jedoch außer Zweifel, daß der relevante Markt der Geldvermögensbildung, in dem die Versicherungswirtschaft als Wettbewerber auftritt, im Bereich der längerfristigen Geldanlagen zu sehen ist. Aus der Abb. 5 sind die Anteile der einzelnen Anlageformen im längerfristigen Vermögensbildungsbereich zu ersehen (es ergeben sich veränderte Anteilswerte im Vergleich zu Abb. 3). Ein Vergleich der Anteile der einzelnen Anlageformen an der Gesamtvermögensbildung und an der längerfristigen Geldvermögensbildung der privaten Haushalte führt zu folgenden Erkenntnissen: (vgl. Abb. 6).

Besonders in den Jahren 1980 und 1981 war die Bedeutung der kurzfristigen Anlageformen relativ groß, so daß der Anteil der langfristigen Anlagen an der privaten Geldvermögensbildung unter 80% sank. Besonders in diesem Jahr unterscheiden sich daher die Anteilswerte der langfristigen Anlageformen von den Vergleichswerten der gesamten privaten Vermögensbildung.

Im Vergleich zur Gesamtmarktbetrachtung zeigen die Geldanlagen bei Versicherungen auf dem relevanten Wettbewerbsmarkt der längerfristigen Geldvermögensbildung eine wesentlich kontinuierlichere Aufwärtsentwickung. Besonders der sprunghafte Anstieg auf dem Gesamtmarkt von 1981 (21,5%) bis 1983 (31,1%) ist auf dem Markt der längerfristigen Geldanlagen bereits in den Jahren zuvor antizipiert worden - so stieg hier der Versicherungsanteil im Zeitraum 1981 bis 1983 von 27,4% auf 30,9%. Bemerkenswert ist ferner das Jahr 1984, in dem die Versicherungsbranche den Bankensektor im Wettbewerb um Marktanteile auf dem Markt der privaten Geldvermögensbildung fast eingeholt hat (31,6% im Vergleich zu 31,7% bei der längerfristigen Geldvermögensbildung).

Die Entwicklung der Anteile der Bausparkassen an der privaten Geldanlage wird von der differenzierten Betrachtung kaum berührt. Der Spitzenanteilswert im Jahre 1978 erhöht sich lediglich von 6,9% im Gesamtmarkt auf 8,2% im Markt der längerfristigen Geldvermögensbildung. Bemerkenswert ist der starke Absturz des Marktanteilstrends innerhalb zweier Jahre von 1983 (4,1%) auf 1985 (-0,9%).

Die Geldanlagen bei Banken weisen im Beobachtungszeitraum einen ausgesprochenen zyklischen Verlauf auf. Ihr Anteil an der längerfristigen Geldvermögensbildung sinkt von knapp 50% im Jahre 1976 bis auf unter 10% im Jahre 1981, um dann nach einem sprunghaften Anstieg 1982 wieder langsam in einen Abwärtstrend zu gelangen, der im letzten Jahr 1985 wieder aufgefangen wird. Eine entgegengesetzte Entwicklung machen die festverzinslichen Wertpapiere durch, so daß hierbei von einem kurzfristigen Austausch beider Anlageformen ausgegangen werden kann. Die gemeinsame Betrachtung der längerfristigen Geldanlage bei Banken zusammen mit dem Erwerb festverzinslicher Wertpapiere zeigte auch eine wesentlich kontinuierlichere Entwicklung des gemeinsamen Anteils beider Anlageformen (s. Abb. 7).

Der stetige Anstieg des Anteils der Versicherungsbranche am Markt der privaten Geldvermögensbildung sowie die negative Entwicklung des Anteils der Bausparkassen seit 1978 lassen auf Marktstrukturveränderungen schließen und nicht auf über kurzfristig wirksame Kauffaktoren erzielte Wettbewerbsvorteile.

Das Beispiel des starken Austausches zwischen Bankenanlagen und festverzinslichen Wertpapieren weist andererseits auf einen intensiven Wettbewerbsaustausch zwischen beiden Anlageformen hin, der durch kurzfristig einsetzbare Wettbewerbsparameter aktiviert werden kann.

Abb. 4: Kurz- und langfristige private Geldvermögens-bildung bei Banken

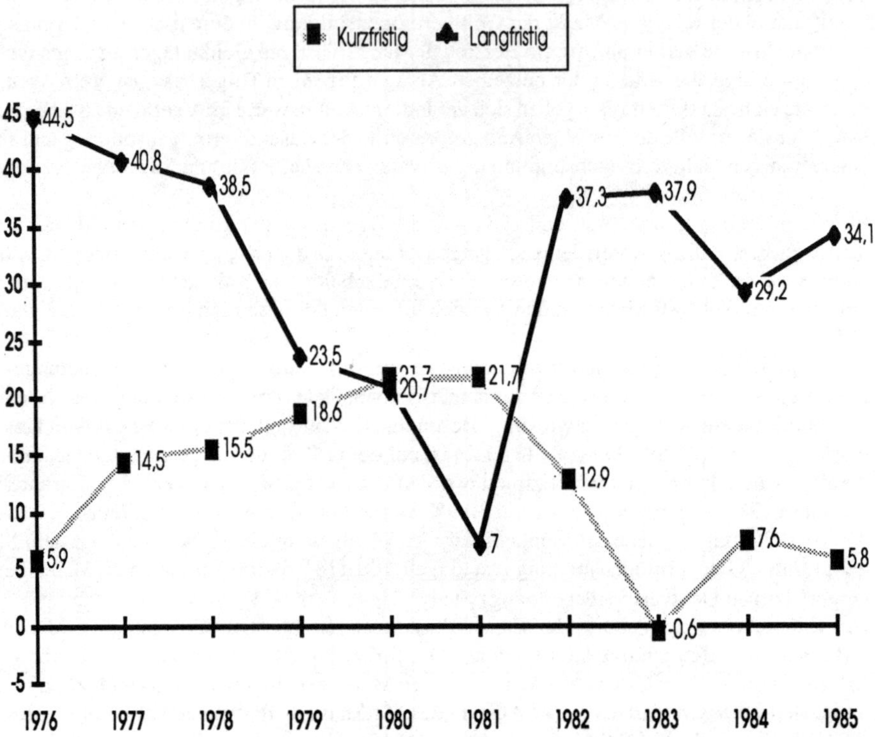

Anteil an der gesamten privaten Geldvermögensbildung in %
Quelle: Deutsche Bundesbank

Abb. 5: Vergleich der Anteile an der längerfristigen, privaten Geldvermögensbildung

	1976	1977	1978	1979	1980	1981	1982	1983	1984	1985
1. Termingelder	0,9	1,2	1,2	1,6	1,4	1,1	0,3	1,3	0,9	0,7
2. Sparbriefe	9,8	13,9	10,7	13	15,7	10,4	9,2	10,3	12,2	7,1
3. Spareinlagen	36,5	32,6	33,7	14,3	9,4	-2,6	10,3	26	18,6	28,4
4. Gesamte längerfristige Bankeinlagen	47,3	47,7	45,6	28,9	26,5	8,9	42,8	37,6	31,7	36,2
5. Geldanlage bei Bausparkassen	6,8	7,7	8,2	8	6,6	5,6	4,4	4,1	0,1	-0,9
6. Geldanlagen bei Versicherungen	17,8	22,3	23,8	23,7	27	27,4	29,2	30,9	31,6	33,8
7. Erwerb von festverzinslichen Wertpapieren	19,7	13,1	10,4	28,8	26,8	47,7	15	13,8	24,1	17,4
8. Erwerb von Aktien	0	1,4	2,2	-0,8	-0,9	-2	0,5	3,6	0,6	2,9
9. Ansprüche gegen betriebl. Pensionsfonds	8,4	7,8	9,8	11,4	14	12,4	8,1	10	11,9	10,6
10. Gesamt	100	100	100	100	100	100	100	100	100	100

Abb. 6: (Teil 1) Gegenüberstellung der Anteilswerte an der gesamten und längerfristigen privaten Vermögensbildung

	Anteil 1981 an		Anteil 1982 an		Anteil 1983 an		Anteil 1984 an		Anteil 1985 an	
	längerfristig	gesamt	längerfristig	gesamt	längerfristig	gesamt	längerfristig	gesamt	längerfristig	gesamt
1. Termingelder	0,9	0,9	1,2	1,0	1,2	1,0	1,6	1,3	1,4	1,1
2. Sparbriefe	9,8	9,3	13,9	11,9	10,7	9,0	13,0	10,6	15,7	12,3
3. Spareinlagen	36,5	34,4	32,6	27,9	33,7	28,5	14,3	11,6	9,4	7,4
4. Gesamte längerfristige Bankeinlagen	47,3	44,5	47,7	40,8	45,6	38,5	28,9	23,5	26,5	20,7
5. Geldanlage bei Bausparkassen	6,8	6,4	7,7	6,5	8,2	6,9	8,0	6,5	6,6	5,2
6. Geldanlagen bei Versicherungen	17,8	16,7	22,3	19,1	23,8	20,1	23,7	19,3	27,0	21,2
7. Erwerb von festverzinslichen Wertpapieren	19,7	18,6	13,1	11,2	10,4	8,8	28,8	23,4	26,8	20,9
8. Erwerb von Aktien	0,0	0,0	1,4	1,2	2,2	1,8	-0,8	-0,7	-0,9	-0,7
9. Ansprüche gegen betriebliche Pensionsfonds	8,4	7,9	7,8	6,7	9,8	8,3	11,4	9,3	14,0	11,0
10. Gesamt	100,0	94,1	100,0	85,5	100,0	84,5	100,0	81,4	100,0	78,3

Abb. 6: (Teil 2) **Gegenüberstellung der Anteilswerte an der gesamten und längerfristigen privaten Vermögensbildung**

	Anteil 1981 an		**Anteil 1982 an**		**Anteil 1983 an**		**Anteil 1984 an**		**Anteil 1985 an**	
	längerfristig	gesamt	längerfristig	gesamt	längerfristig	gesamt	längerfristig	gesamt	längerfristig	gesamt
1. Termingelder	1,1	0,8	0,3	0,3	1,3	1,3	0,9	0,8	0,7	0,7
2. Sparbriefe	10,4	8,2	9,2	8,0	10,3	10,4	12,2	11,3	7,1	6,7
3. Spareinlagen	-2,6	-2,0	10,3	29,0	26,0	26,2	18,6	17,1	28,4	26,7
4. Gesamte längerfristige Bankeinlagen	8,9	7,0	42,8	37,3	37,6	37,9	31,7	29,2	36,2	34,1
5. Geldanlage bei Bausparkassen	5,6	4,4	4,4	3,9	4,1	4,1	0,1	0,1	-0,9	-0,9
6. Geldanlagen bei Versicherungen	27,4	21,5	29,2	25,4	30,9	31,1	31,6	29,1	33,8	31,8
7. Erwerb von festverzinslichen Wertpapieren	47,7	37,4	15,0	13,1	13,8	13,9	24,1	22,3	17,4	16,4
8. Erwerb von Aktien	-2,0	-1,6	0,5	0,4	3,6	3,5	0,6	0,6	2,9	2,7
9. Ansprüche gegen betriebliche Pensionsfonds	12,4	9,7	8,1	7,0	10,0	10,1	11,9	11,0	10,6	10,0
10. Gesamt	100,0	78,3	100,0	87,1	100,0	100,6	100,0	92,4	100,0	94,2

Abb. 7:

Vergleich längerfristiger Geldanlage bei Banken und Erwerb von festverzinslichen Wertpapieren

Längerfristige Geldanlage	1976	1977	1978	1979	1980	1981	1982	1983	1984	1985
1) Anlage bei Banken	44,5	40,8	38,8	23,5	20,7	7,0	37,3	37,9	29,2	34,1
2) Erwerb von festverzinslichen Wertpapieren	18,6	11,2	8,8	23,4	20,9	37,4	13,1	13,9	22,3	16,4
3) Differenz 1)-2) in %-Punkten	25,9	29,6	29,7	0,1	-0,2	-30,4	24,2	24,0	6,9	17,7
4) Summe 1)+2) in %-Punkten	63,1	52,0	47,3	46,9	41,6	44,4	50,4	51,8	51,5	50,5

Der Abstand der Anteile beider Anlageformen reduziert sich allerdings im Zeitablauf, was weniger an einer eingeschränkten Wettbewerbsintensität als an einem reduzierten Marktvolumen für beide Anlageformen liegen dürfte. Hier wirkt sich der verstärkte Anteil der Versicherungen am Markt der privaten Geldvermögensbildung offensichtlich aus.
Gilt die Zuordnung der Kategorien "Termingelder", "Sparbriefe" sowie die "Geldanlage bei Bausparkassen" zur privaten Vermögensbildung als unproblematisch, müssen die Geldanlagen bei Versicherungen als vermögensbildende Anlage differenzierter betrachtet werden.
Nach der Bundesbankdefinition werden hierunter alle den Versicherungsunternehmen zurechenbare Passiva zusammengefaßt. Hier bezieht die Bundesbank-Definition nicht nur Lebensversicherungen mit ein, sondern alle Unternehmen, die in ihrer Hauptfunktion Versicherungsgeschäfte betreiben, und somit versicherungstechnische Rückstellungen bilden: Hierunter zählen z.B. alle privaten und öffentlich-rechtlichen Lebens-, Schadens-, Kranken- und Rückversicherungsunternehmen sowie rechtlich selbständige Pensions- und Sterbekassen, die der Bundes- oder Landesaufsicht unterliegen.
Der Posten "Geldanlagen bei Versicherungen" aus der Bundesbank-Statistik beinhaltet zum größten Teil die langfristige Kapitalakkumulation privater Haushalte (Rückstellungen sowie Gewinndepots der Versicherten). Dieser Teil der direkt und indirekt den Lebensversicherungssparten zuzuordnenden Passiva am Geldanlagenbestand des Versicherungsbereiches bewegte sich im Untersuchungszeitraum zwischen 70 und 75%.
Die Position (Geldanlagen bei Versicherungen) enthält jedoch z.T. auch Größen, die nur vorübergehender Natur sind, z.B.:

- noch auszuzahlende Beitragsrückvergütung (Rückstellungen für Beitragsrückgewähr)
- noch abzuwickelnde Versicherungs- und Schadensfälle (Rückstellungen für noch nicht abgewickelte Schadensfälle)
- jeweils zu Beginn des Versicherungsjahres zu entrichtende Prämien (Beitragsüberträge)
- Forderungen von Unternehmen und öffentlichen Haushalten der Schadens- und Unfallversicherungen, die sich aus der speziellen versicherungstechnischen Beitragsabrechnung und den noch nicht abgeschlossenen Schadensregulierungen ergeben.

Zur Vermeidung von Definitionsproblemen wird in der weiteren vergleichenden Analyse von der umfassenden Bundesbank-Definition "Geldanlagen bei Versicherungen" ausgegangen und als Beitrag der Lebensversicherung zur privaten Geldvermögensbildung die Summe aus "Deckungsrückstellungen" und "Rückstellungen für die Beitragsrückerstattung" bei Lebensversicherungsunternehmen als adäquate Größe angewandt. Dieses Vorgehen wird als nicht zielführender Ansatz angesehen. Diese engere Definition entspricht dem Vermögensbildungszweck im Lebensversicherungsbereich jedoch stärker als die Gesamtpassiva der Versicherungsbranche. Bezieht man sie auf den Gesamtmarkt der privaten Vermögensbildung, so ergeben sich in der Tendenz zwar ähnliche, im Niveau jedoch stark unterschiedliche Anteilsbewegungen. Von 1976 bis 1985 stieg der Anteil der Versicherungen an der privaten Geldvermögensbildung nach der neuen Berechnung nicht nur von 16,7 auf 31,8%, sondern verdoppelte sich von 10,1 auf 20,2% (vgl. Abb. 8).
Es fällt auf, daß die Differenz zwischen den beiden Anteilsberechnungen, die bis 1981 immer ca. 7% betrugen, sich bis zum Jahre 1985 auf 11,6% erhöhte.
Vergleicht man den Beitrag der Versicherungsunternehmen als Anteil der längerfristigen privaten Geldvermögensbildung, so steigen die Anteile von 17,8% auf 33,8 %. Betrachtet man die Anteilsbewegung nach der engeren Definition zwischen den 10,8% im Jahre 1976 und den 21,4% im Jahre 1985, so unterliegt der tendenzielle Anstieg doch zyklischen Schwankungen.

Abb. 8:
Anteile der Versicherungen an der privaten Geldvermögensbildung (in%) bei unterschiedlichen Berechnungsgrundlagen

Jahrgang	privat. gesamt Vermögensbildung in Mrd. DM	privat. längerfristig Vermögensbildung in Mrd. DM	Zuwendungen Geldanlage bei Versicherungsunternehmen		Deckungsrückstellungen und Rückstellungen für Beitragsrückerstattung bei Lebensversicherungen	
			Als Anteil der gesamten Vermögensbildung in %	Als Anteil der längerfristigen Vermögensbildung in %	Als Anteil der gesamten Vermögensbildung in %	Als Anteil der längerfristigen Vermögensbildung in %
1976	101,77	95,80	16,70	17,80	10,10	10,80
1977	98,56	84,24	19,10	22,30	14,90	17,50
1978	104,46	88,21	20,10	23,80	13,90	15,80
1979	118,20	96,20	19,90	23,70	13,50	16,50
1980	120,94	94,18	21,20	27,00	14,80	18,90
1981	128,96	101,00	21,50	27,40	15,70	20,10
1982	124,93	108,78	25,40	29,20	17,00	19,50
1983	116,47	117,18	91,10	30,90	18,10	18,00
1984	121,19	111,93	29,10	31,60	20,10	21,40
1985	127,99	119,96	31,80	33,80	20,20	21,40

Abb. 9: Entwicklung der Passiva der Versicherungsbranche

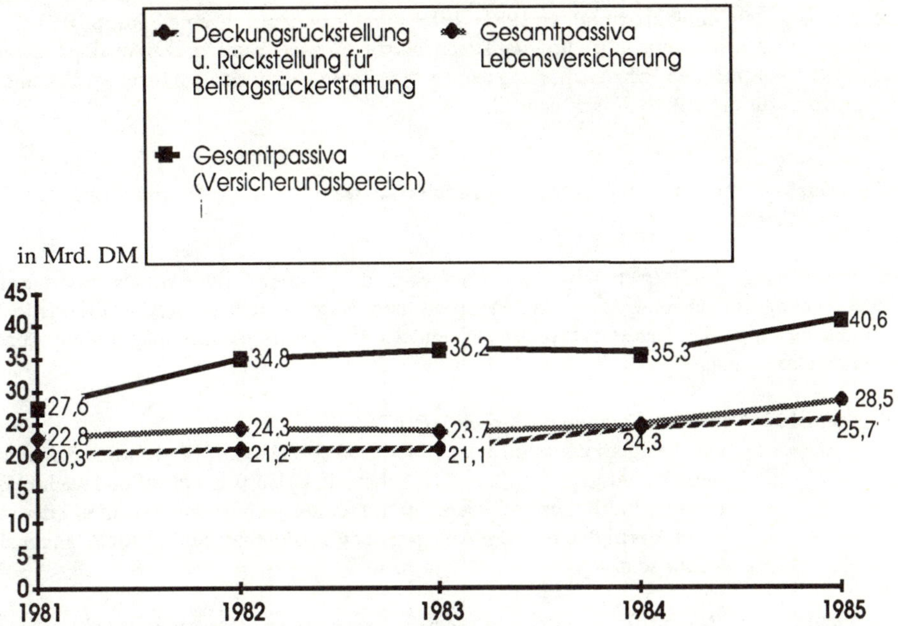

Bei genauerer Betrachtung vor allem der Entwicklung ab 1981 (vgl. Abb. 9) ergibt sich die zunehmende Prozentpunktdifferenz nahezu ausschließlich aus der Stagnation der Gesamtpassiva bzw. Deckungsrückstellungen für Beitragsrückerstattung im Lebensversicherungsbereich. 1984 reduzierte sich die Differenz wieder etwas auf Grund des Rückgangs der Gesamtpassiva im Versicherungssektor, um dann im Jahre 1985 wieder leicht auf 11,6% zuzunehmen.
Tendenziell haben die Passiva im Lebensversicherungsbereich eine über die Jahre hinweg aufstrebende Tendenz. Die Stagnation in den Jahren 1982 und 1983 ist ungewöhnlich und nahezu durch einen Sondereinfluß erklärbar. In diesen beiden Jahren gelangten viele vermögensbildende Lebensversicherungen zur Auszahlung, die auf Grund des 3. Vermögensbildungsgesetzes Anfang der siebziger Jahre in großem Umfang mit zwölfjähriger Laufzeit abgeschlossen worden sind. Diese umfangreichen Zahlungen führten dann letztlich zu dem ungewöhnlich schwachen Anstieg von 0,9 Mrd. DM (1981/1982) und dem leichten Rückgang von 0,1 Mrd. DM (1982/1983) bei den Deckungsrückstellungen und Rückstellungen für Beitragsrückerstattung.
Der sprunghafte Anstieg des Versicherungsanteils in den Jahren 1982 und 1983 resultiert daher gar nicht aus der Vermögensbildung im Lebensversicherungsbereich, sondern müßte vielmehr den Anlageformen im Versicherungsbereich zuzurechnen sein, die für den Markt der privaten Vermögensbildung gar keine Relevanz haben (Schaden-, Kranken- und Rückversicherung sowie Pensions- und Sterbekassen).

In den Jahren 1984 und 1985 ist die Situation jedoch völlig anders. Der Anstieg der Gesamtpassiva im Versicherungsbereich von 36,2 Mrd. DM (1981) auf 40,6 Mrd. DM im Jahre 1985 geht voll auf die zusätzliche Anlage im Lebensversicherungsbereich zurück (Anstieg von 21,1 auf 25,7 Mrd. DM). Wäre die starke Zunahme des Versicherungsbereichs im Markt der privaten Geldvermögensbildung in den Jahren 1981 - 1983 somit in erster Linie eine Fiktion, die Folge einer unsauberen, definitorischen und statistischen Erfassung ist, resultiert der Anstieg bis zum Jahre 1985 aus einer deutlichen Erhöhung der aus dem Lebensversicherungsbereich relevanten Anlageform für die private Vermögensbildung.

1.2. Marktsegmentierung und Wettbewerbswirkung in der privaten Geldvermögensbildung

In unseren bisherigen Betrachtungen wurde der Markt der privaten Geldvermögensbildung als Untersuchungseinheit angesehen. Aus Anleger- und Anbietersicht stellt sich dies jedoch weitgehend anders dar. Der Markt läßt sich anhand der Anlagefristen und Anlagemotive in drei Segmente unterteilen.

Segment 1: "Konsumbezogenes Zwecksparen"
Die Anlagemotive sind hier auf den Erwerb eines ganz bestimmten Konsumgutes hin ausgerichtet (z.B. Kfz, Schmuck, Urlaub), entsprechend wichtig ist das Rendite-Kriterium, wichtiger allerdings noch ist das Kaufmotiv der raschen Verfügbarkeit. Die Anlagefrist dürfte durchschnittlich nicht länger als 1 Jahr sein.

Segment 2: "Mittelfristiges ertragsbezogenes Zwecksparen / Vorsorgesparen"
In diesem Anlagesegment wird die Sparleistung auf Grund ihrer mittelfristigen Bindung häufig nicht durch einen ganz bestimmten Zweck, sondern durch einen generellen Zweck oder allgemeine Vorsorgeabsicht motiviert. Entsprechend wichtig sind in diesem Segment die Anlagerendite, die für unterschiedliche Risikoformen jeweils kompetitiv bewertet wird.

Segment 3: "Langfristige Vorsorge-/Alterssicherung"
In diesem Segment ist die Langfristigkeit (über 15 Jahre Anlagefrist) entscheidendes Auswahlkriterium. Altersversorgung und allgemein langfristige Zukunftssicherung sind die bestimmenden Motive. Die Sicherheit der jeweiligen Anlageform ist entscheidendes Kaufkriterium innerhalb dieses Segments.

Abb. 10: Segmentierung der privaten Geldvermögensbildung

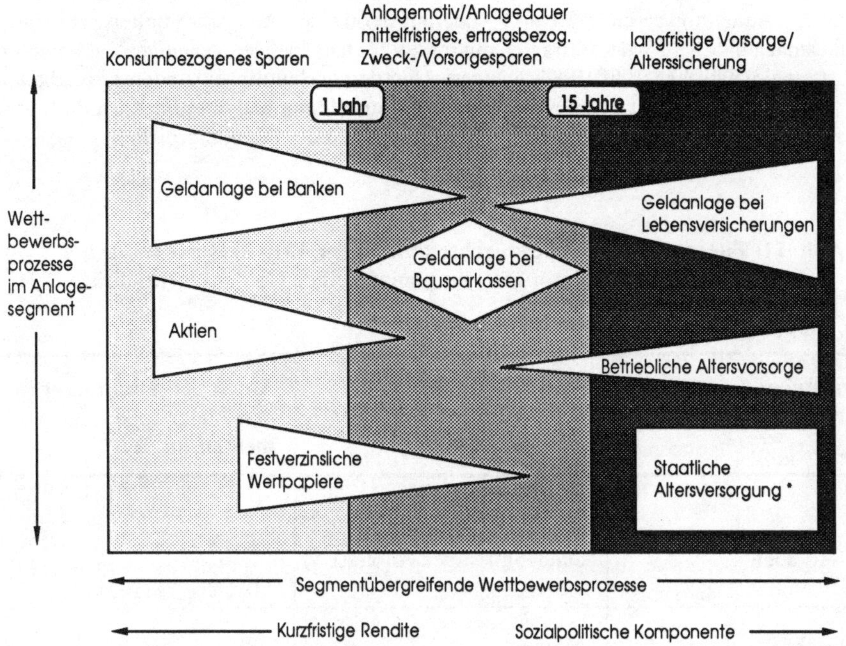

* gehört sachlogisch zum Segment der Alterssicherung, obwohl es sich überwiegend um Forderungen gegenüber staatlichen Institutionen handelt.

In dem beigefügten Diagramm werden die verschiedenen Anlageformen den einzelnen Segmenten zugeordnet. Dabei zeigt sich, daß vor allem starke Überlappungen zwischen dem kurz- und mittelfristigen Segment vorkommen können (vgl. Abb. 10).

Dies gilt sowohl für die Geldanlage bei den Banken als auch für Aktien und festverzinsliche Wertpapiere. In allen drei Anlageformen gibt es typische kurzfristige Anleger und Anlageformen. Die durchschnittliche Anlagefrist dürfte jedoch bei keinem Anlagemedium die 10 Jahre überschreiten.

Die Bausparkassen sind in der Ansparphase sicherlich dem mittelfristigen Bereich zuzuordnen, da dem Anleger die Option des Aussteigens verbleibt, bis er sich zur Kreditinanspruchnahme entscheidet, was seine Anlagestrategie dann ex post als langfristig kennzeichnet.

Staatliche und betriebliche Altersvorsorge sowie private Lebensversicherung weisen durchschnittliche Laufzeiten von über 25 Jahren aus. Sie sind somit überwiegend dem Langfrist-Bereich zuzuordnen.

Bei den Lebensversicherungen gibt es jedoch auf Grund der steuerlichen Bindungsfrist auch Vertragslaufzeiten, die bis auf 12 Jahre heruntergehen. Selbst die kürzesten Versicherungslaufzeiten liegen damit jedoch deutlich über den durchschnittlichen langfristigen Anlagewerten der Banken.

Für die Beurteilung der segmentübergreifenden und segmentintegralen Wettbewerbsprozesse spielen die Veränderungen der Anlegerpräferenzen eine nicht unbeträchtliche Rolle. Die GWK in Nürnberg hat im Auftrag der FWU im Jahre 1984 eine Repräsentativ-Befragung durchgeführt, in der Änderungsbereitschaft und Änderungsmotiv des Anlegerverhaltens abgefragt wurden.Danach haben 19% der Befragten mit mittel- bis langfristiger Vermögensbildung ihre Anlagestrategie zwischen 1980-1984 geändert. Überdurchschnittliches Änderungsverhalten findet sich bei Personen mit überdurchschnittlicher Ausbildung und überdurchschnittlichem Einkommen sowie bei Berufsbeginnern (16-29 Jahre) und/oder in mittelgroßen Städten.

Abb. 11: Zielgruppen mit überdurchschnittlichem Aktivitätsniveau bei der Veränderung der mittel- und langfristigen Geldanlagenpolitik

Zielgruppen-kriterien	Ausprägung des Kriteriums	Anteil der Veränderer in den Zielgruppensegmenten (in %)
zum Vergleich	alle langfristigen Anbieter	19,0
Geschlecht	Männer	25,3
Alter	16 - 29 Jahre	25,9
Schulbildung	Mittel-/Handelsschule Hochschule/Abitur	26,8 28,3
Beruf	Beamte freie Berufe	24,3 21,3
Einkommen ≥ 4000 DM	3000 - 4000 DM > 4000 DM	21,2 29,3
Ortsgröße	20 - 100.000 Einwohner	22,6

Quelle: Eigene Recherchen

Motive der Geldvermögensbildung

Diese Zusammenstellung verdeutlicht die Ursachen für die Veränderungen des Anlageverhaltens:

Einzelmotive*	Wertschätzung des Motivs hat sich bei ..% der Befragten in den letzten 3-4 Jahren erhöht. (Befragungszeitpunkt 1984)
Höhe der Verzinsung	52,5
Sicherheit der Geldanlage	28,7
schnelle Zugriffsmöglichkeit	27,2
steuerliche Gesichtspunkte	21,5
Altersvorsorge	15,9
Zweck-Sparen Konsumgüter	15,5
Zweck-Sparen Immobilien	15,1
Anlagestreuung	5,6
hohe Spekulationsgewinne	2,0

*) Mehrfachnennungen waren möglich

Quelle: Eigene Recherchen

Für die hochbewerteten Änderungsmotive

* Verzinsung
* Sicherheit der Geldanlage
* Schnelle Zugriffsmöglichkeit

gilt, daß sie vor allem die Wettbewerbsprozesse innerhalb der Segmente Zwecksparen und mittelfristiger Vorsorge bestimmen und weniger segmentübergreifend wirken. Die Folge eines höheren Renditebewußtseins und kürzeren Anlagefristen werden durch die tatsächlichen Veränderungen verifiziert.

Betroffen ist davon der Bankbereich, dessen Refinanzierungsmöglichkeiten im Untersuchungszeitraum sich deutlich verschlechtert haben bei gleichzeitig langfristig orientierter Kreditnachfrage. Es ist von daher verständlich, daß der Bankenbereich sich zunehmend stärker um mittelfristige Refinanzierungsmöglichkeiten bemüht. Dem steht gegenüber, der Anstieg des Motivs des konsumbezogenen Zwecksparens. Diese Motivänderung bedeutet eine Gewichtsverschiebung hin zum kurzfristigen Segment und weg vom mittelfristigen Segment.
Die zunehmende Renditeorientierung, verbunden mit einer schnellen Zugriffsmöglichkeit, erklärt die positive Entwicklung von Aktien und festverzinslichen Wertpapieren. Die Refinanzierungsmöglichkeiten der Banken werden hier doch weiter eingeengt, da bei diesen Geschäften nur noch Kommissionen anfallen, aber kein Refinanzierungsvolumen mehr.
Neben der Stärkung des kurzfristigen Anlagesegments ergibt sich auf der Gegenseite eine Verschiebung hin zum langfristigen Segment wie die zunehmende Bedeutung der Altersvorsorge indiziert.
Während das langfristige Vorsorgesegment durch Präferenzänderung an Gewicht und damit an Volumen gewinnt, profitiert die Lebensversicherung innerhalb dieses Segments von der zunehmenden Bedeutung der Anlagesicherheit, da die alternative Hauptform, die staatliche Rentenversicherung, bereits Anfang der achtziger Jahre gewichtige Vertrauenseinbußen hinnehmen mußte, die sich inzwischen eher weiter verstärkt haben dürften.

Abb. 12:

Allensbach-Umfrage im Auftrag des Verbandes der Lebensversicherungsunternehmen e.V. zur Alters- und Hinterbliebenenversorgung (1982)

Frage: Genau wissen kann man das ja nicht - aber rechnen Sie damit, daß Sie als Rentner so leben werden wie vorher, oder daß Sie sich einschränken müssen?

Personen, die noch keine Altersrente beziehen	Februar 1978 in %	Nov./Dez. 1981 in %
Leben wie vorher	50	43
Einschränken	37	37
Unentschieden	13	20
	100	100

Quelle: Die deutsche Lebensversicherung, Jahrbuch 1982, S. 53

Beide Präferenzentwicklungen unterstreichen den stetigen Anstieg der Lebensversicherung im Untersuchungszeitraum, der ganz offensichtlich nicht im Austausch mit Bankenanlagen erfolgte. Diese haben offensichtlich mehrfach Anlagevolumen mit ihren Segmentswettbewerbern getauscht.

Der Anstieg der Lebensversicherung ist somit ein Resultat des besseren Wettbewerbsangebots im eigenen Segment und einer Zunahme des Segments als solchem, gegenüber den anderen Marktsegmenten der privaten Vermögensbildung.

Der segmentüberschreitende Wettbewerb der Lebensversicherung ist dabei eher gering einzuordnen. Dies ist auch eine Folge der steuerlichen Bindungsfrist von mindestens 12 Jahren.

Die günstigere steuerliche Behandlung der Lebensversicherungsverträge ist integraler sozialpolitischer Bestandteil der steuerlichen Regelung für langfristige Vorsorge/Alterssicherung wie

* betriebliche Altersversorgung,
* staatliche Rentenversicherung,
* Bausparen/Eigenheimerwerb,

die in ähnlicher Weise steuerlich behandelt werden. Innerhalb dieses langfristigen Segments führen die sozialpolitischen Regelungen somit nicht zu Wettbewerbsverzerrungen.

Das könnte sich allenfalls im mittleren Anlagesegment ergeben, dem Bereich des mittelfristigen Zweck- und Vorsorgesparens. In diesem Bereich ist die Lebensversicherung gerade auf Grund der zwölfjährigen Bindungsfrist jedoch nur rudimentär vertreten. Im ürbrigen sind zwölfjährige Lebensversicherungen in der Regel keine Substitute zu Bankgeschäften, sondern eher Komplementärprodukte, die Finanzierungsgeschäfte von Banken vielfach unterstützen oder gar erst möglich machen (Baufinanzierung, Betriebsdarlehen, Berlin-Darlehen, etc.).

Die Anlagen der Banken haben dagegen auch im mittleren Bereich weitaus kürzere Anlagefristen (unter 8-10 Jahren), die Einlagen unterliegen keinerlei Anlagevorschriften, die Anlagemotive sind schwer mit der sozialpolitischen Zielrichtung der Vorsorgesicherheit zu vereinbaren. Außerdem wird von den Finanzbehörden ganz offensichtlich die Versteuerung der Zinseinnahmen von Privatpersonen nicht gerade forciert.

Eine Aufhebung der Steuerfreiheit der Leistungen aus Lebensversicherungsverträgen würde vor diesem Hintergrund allenfalls zu einer umgekehrten Wettbewerbsverzerrung führen, da im Versicherungsbereich, anders als bei den Banken, fällige Steuern auf die Zinseinnahmen von den Versicherungsunternehmen direkt abgeführt werden.

Im Segment der langfristigen Vorsorge/Alterssicherung wäre darüber hinaus die Wettbewerbsgleichheit nicht mehr gewährleistet. Sollte jedoch das Argument einer Wettbewerbsverzerrung für den mittleren Anlagebereich bejaht werden, so ergeben sich zwei wettbewerbsneutrale Alternativen zur Korrektur. Einmal bestünde die Möglichkeit der Einführung einer allgemeinen Quellensteuer für alle Anlageformen. Dies würde jedoch die sozialpolitische Komponente bei der Alterssicherung außer acht lassen. Die zweite Variante bestünde in der Anhebung der Steuerbindung für Lebensversicherungen, um damit die Wettbewerbsprozesse im mittleren Segment auszugleichen. Letztere Lösung würde diese sozialpolitische Komponente im privaten Vorsorgebereich weiter unterstützen. Hierfür gibt es in einer Zeit der abnehmenden Leistungsfähigkeit der sozialen Rentenversicherungen durchaus gravierende Gründe.

Die Argumentation der Banken ist vor allem zu verstehen vor dem Hintergrund ihres strategischen Dilemmas der schlechteren Refinanzierungssituation. Da hierdurch die Wettbewerbsprozesse im Austausch mit den Lebensversicherungen aufgrund der durch die Anlegerpräferenzen gegebenen Marktsegmente von geringerem Gewicht sind, wäre aufgrund der beschriebenen strategischen Ausgangslage zu vermuten, daß es den Banken in erster Linie darum geht, die bevorzugten Steuerpräferenzen für die eigenen Anlageformen zu erwerben, um somit im Wettbewerb mit den Konkurrenten im "mittelfristigen" Segment besser bestehen zu können.

2. Wettbewerbsdynamik in der Lebensversicherung

2.1. Ausgangssituation

In seinem Vortrag auf der Jahrestagung des Deutschen Vereins für Versicherungswirtschaft 1985 verweist Hans Möller[1] auf den Zusammenhang zwischen der allgemein intensivierten Diskussion zur öffentlichen Regulierung[2] und die in den letzten Jahren zu diesem Thema vorgelegten empirischen Arbeiten[3] im Bereich der Versicherungswirtschaft.
Während eine der Zentralaussagen der staatlichen Regulierungstheorie - nämlich Preis- und Gewinnkontrollen führen über falsche Anreize zum ineffizienten Angebotsverhalten - für die normalen Gütermärkte von der wirtschaftswissenschaftlichen Profession weitgehend akzeptiert ist, ist die Übertragbarkeit dieser These auf die Versicherungswirtschaft heftig umstritten. Von Gegnern der Übertragbarkeit wird darauf verwiesen, daß im Gegensatz zum klassischen Gütermarkt der Versicherungsnehmer einen Anspruch auf eine in (ferner) Zukunft durch den Versicherer zu erbringende Leistung zur Absicherung individueller Risiken erwirbt. Erst die auf breiter Basis mögliche Kollektivierung dieser individuellen Risiken führt zu ihrer gesamtwirtschaftlichen Ausschaltung.
Da die Laufzeiten z.B. bei der Lebensversicherung extrem lang sind, die Vereinbarung in der Regel sichere und unsichere Leistungskomponenten enthält, ist die für den Konsumenten gegebene individuelle Leistungsqualität erst bei Einlösung des Versicherungsanspruches erkennbar. Das schränkt naturgemäß die auf persönlicher Erfahrung basierende Angebotsdiskriminierung durch Nachfrager entscheidend ein.
Bei dieser Vorgabe müßten Erschütterungen der Vertrauensbasis in die zu erwartende Versicherungsleistung den Markt für Versicherungsleistung selbst stark einschränken mit der letztendlichen Gefahr einer immer schwerer durchführbaren Kollektivierung individueller Risiken auf breiter Front. Das Thema "Vertrauensschutz" wurde infolgedessen zum alles überragenden Leitmotiv der staatlichen Versicherungsaufsicht in der Bundesrepublik Deutschland.
Da man das Vertrauen der Konsumenten in die langfristig angelegte Leistung der Versicherungswirtschaft durch mögliche Insolvenzen als besonders gefährdet ansah, entschloß man sich - anders als zum Beispiel bei den mehr kurz- bis mittelfristig angelegten Leistungen der Kreditwirtschaft - für den Konsumenten nicht nur die negativen Folgen von evtl. Insolvenzen auszuschließen, sondern die Vermeidung von Insolvenzen so weit wie möglich zu fördern.

---

1 Möller, Hans "Wettbewerb auf den Versicherungsmärkten aus wirtschaftswissenschaftlicher Sicht", Zeitschrift für die ges. Versicherungswirtschaft, 1985 (2/3), S. 169-200, hier insbesondere S. 195-197.

2 Vgl. als Einstieg in die Diskussion der Theorie der öffentlichen Regulierung den Reader von Müller, J. Vogelsang, I. "Staatliche Regulierung", Baden-Baden 1979.

3 Neben zahlreichen discussion papers des Internationalen Instituts für Management und Verwaltung in Berlin, in denen Finsinger seine empirischen Arbeiten zuerst vorstellte und die später Eingang in verschiedene veröffentlichte Artikel gefunden haben, soll hier auf die folgenden Arbeiten verwiesen werden, weil sie die Diskussion in der Bundesrepublik Deutschland besonders an- z.T. erregten.
Finsinger, J. "Versicherungsmärkte", Frankfurt 1983;
Finsinger, J. Hammond, E. Tapp J., "Insurance: Competition or Regulation". The Institute for Fiscal Studies 180/182, London 1985,
Finsinger J./Schneider, F. "Verfügungsrechte und Unternehmensentscheidungen, Eine ökonometrische Analyse des Zusammenhangs zwischen Verfügungsrechten und dem Vertrieb von Lebensversicherungen", ZfB; 1985 (4) S. 347 ff., Rauhut, B. "Buchbesprechung: Theorie und Empirie auf Versicherungsmärkten", ZfB 1984 (9) S. 894-915;
Finsinger, J. "Zur Methode der Widerlegung einer empirischen Arbeit", ZfB 1985 (2) S. 187-191 und die Antwort von Rauhut, B. "Die Erwiderung einer Entgegnung auf die Anmerkungen und Ergänzungen zu einem Buch", ZfB 1985 (2) S. 192-193.

Entsprechend setzt das Versicherungsrecht verteilt über die einzelnen Regelungsbündel und in den einzelnen Versicherungsbereichen zum Teil abweichend voneinander drei Schwerpunkte:

1. Schaffung von Zulassungsvoraussetzungen für Marktteilnehmer
2. Verhaltens- und Kalkulationsvorschriften für die Versicherungsunternehmen
3. Regelungen für eine Produktstandardisierung und - entwicklung unter dem Gesichtspunkt der Markttransparenz.

Gerade in diesen drei versicherungsrechtlichen Schwerpunkten sieht Finsinger die Voraussetzungen für Marktversagen gegeben, da es sich in "den erheblichen Leistungsunterschieden"[4] der Versicherer manifestiert. Diese Unterschiede werden von ihm in seinen empirischen Untersuchungen auf systemimmanente Unterschiede der Rechtsform, der Vertriebsform und des Unternehmensalters zurückgeführt, ohne daß aus seiner Sicht adäquate Wettbewerbsanpassungen erfolgten.

Rauhut hat die empirische Substanz der Arbeiten Finsingers stark angegriffen;[5] Möller[6], wie im übrigen auch die meisten Versicherungspraktiker, hält Finsingers Arbeiten beeinflußt durch mangelhafte Marktsegmentierung. Gleichzeitig unterstützt Möller jedoch die These der ineffizienten Konsumentenversorgungen der Versicherungswirtschaft mit der Begründung mangelnder Innovationsbereitschaft und mangelnder Leistungstransparenz (z.B. bei der Überschußverteilung) und er verbindet damit die Forderung nach einer Effizienzsteigerung.

Bei diesem zum Teil stark emotionalisierten Diskussionsstand ist leidenschaftslos festzustellen, daß ein Fragenkomplex bisher weitgehend unbearbeitet und somit auch unbeantwortet blieb, der eigentlich als Basis jeglicher Wettbewerbsanalyse dienen sollte. Es ist dies die Fragestellung, in welcher Form beeinflussen Leistungsunterschiede das aktuelle Wettbewerbsverhalten aller Marktteilnehmer? Wird schlechtes Leistungsangebot im Wettbewerb der Versicherunganbieter bestraft und werden gute Leistungen belohnt? Zwingt die Marktgegenseite die Anbieter durch Leistungsdifferenzierung zu Effizienz?

Die bisher vorliegenden empirischen Arbeiten beantworten diesen Fragenkomplex nicht oder zu unpräzise, um daraus schlußfolgern zu können, ob Leistungsunterschiede der Versicherer etwa das Resultat von Marktversagen oder vielmehr ein Differenzierungspotential im Wettbewerbsprozeß darstellen.

Die oben benannte Fragestellung ist zwar theoretisch/qualitativ zu formulieren; wie wir jedoch aus der Theorie der eigentumsrechtlichen Analyse wissen, ergibt sich die tatsächliche Wirkung jeglicher Regelung (also auch der Versicherungsaufsicht) aus der restriktiven Akzeptanz durch die individuellen wirtschaftlichen Akteure. Sie ist damit nur empirisch quantitativ feststellbar. Ohne eine präzise Kenntnis der gegenwärtigen Wettbewerbsdynamik scheint eine faire Untersuchung über Innovationsbereitschaft, -fähigkeit und -möglichkeit in der deutschen Versicherungswirtschaft jedoch ebenfalls nur schwer durchführbar.

Empirische Forschungen zur Erfassung der Wettbewerbsdynamik bedienen sich üblicherweise des dynamischen Modells der Industrieökonomik[7], das die Kategorien Marktstruktur, Marktverhalten und Marktergebnis kausal miteinander verknüpft. Marktstruktur im Zusammenspiel mit Marktverhalten bestimmt das Marktergebnis. Das Marktergebnis einer Periode wiederum verändert die bestehende Marktstruktur und beeinflußt damit das Marktverhalten.

---

4 Finsinger J., "Wettbewerb im Markt für Lebensversicherungen", eine Analyse systematischer Leistungsunterschiede, ZfB, 1982 (2), S. 186-201, hier S. 186.

5 Rauhut, B. (1984) a.a.O.

6 Möller, H. (1985) a.a.O. S. 197.

7 Vgl. Scherer, F.M. "Industrial Market Structure and Economic Performance", Chicago 1980. Vgl. zur empirischen Auswertung im deutschen Bereich auch: Dirrheimer, M.J., "Marktkonzentration und Wettbewerbsverhalten von Unternehmen", Frankfurt a.M. (1981).

Wettbewerbsdynamik schlägt sich somit in periodisch veränderten Marktstrukturformen nieder. Unterschiedliche Leistungsmerkmale der Versicherungsunternehmen, also Ergebnisindikatoren, müßten danach im Wettbewerbsprozeß Auswirkungen auf die Marktanteile von Unternehmen haben.

Nun greift das Versicherungsrecht [8] in vielfacher Weise in diese Kausalkette ein, indem es Regelungen formuliert, die das Zusammenspiel der verschiedenen Elemente von Marktstruktur, Marktverhalten und Marktergebnis direkt beeinflussen. Die übergeordnete Zielsetzung des Versicherungsrechts - die Gewährleistung des Vertrauensschutzes für Konsumenten in die langfristig erwartete Produktleistung - wird dabei durch unterschiedliche Schwerpunktbildungen umgesetzt.

Im Bereich der Marktstruktur erfolgt der Einfluß des Versicherungsrechts durch die Gestaltung von Zulassungsvoraussetzungen. Dahinter verbirgt sich zwar viel Text mit einem in der Realität beobachtbaren geringen Wirkungsgrad. Die Einsetzung der Bestimmungen des Versicherungsrechts als praktische Marktzutrittsschranke ist eher gering anzusehen.

Im Bereich des Marktverhaltens bieten genau definierte und kontrollierte Verhaltens- und Kalkulationsvorschriften direkte Eingriffsmöglichkeiten für die Aufsicht. Diese Regelungen haben sich in der Praxis als sehr wirksam erwiesen.

Über Produktstandardisierung und Kontrolle des Produktentwicklungsprozesses sowie durch Preisregulierung in einzelnen Versicherungsbereichen erfolgt ein direkter Eingriff in Marktergebniskategorien.

Während das deutsche Wettbewerbsrecht seine Aktivitäten primär der Marktstruktur und davon abhängig, zum Teil auch dem Marktverhalten widmet, konzentriert sich das Versicherungsrecht zwar formal aber nicht faktisch auf die Marktstruktur. Hier stehen eindeutig Aktivitäten im Bereich des Marktverhaltens und der Marktergebniskontrolle im Vordergrund.

Für den Bereich der Lebensversicherung heißt das ganz konkret, daß infolge der staatlich regulierten Festsetzung von einheitlich kalkulierten Wettbewerbspreisen (Prämienwettbewerb) ein verstärkter Einsatz der Nicht-Preis(Prämien)-Wettbewerbsparameter zu erwarten sein sollte. Die Existenz solcher Leistungsunterschiede wurde faktisch bereits häufig festgestellt. [9] Für eine wettbewerbstheoretische Bewertung der Marktsituation ist es nunmehr entscheidend, wie sich diese Unterschiede auf die Veränderung der Marktstruktur mittelfristig auswirken.

Bisher liegen hierzu nur die empirischen Ergebnisse von Finsinger vor, der in seiner Habilitationsschrift - zugegebenermaßen in einem Side-Step - keinen Zusammenhang zwischen "Veränderungen des Marktanteils im Vergleich zum Vorjahr und den Vertriebskostensätzen" [10] feststellt.

Neben zahlreichen Einwänden, die sich gegen die Gleichungsspezifikation (Marktanteilsveränderung ist endogene Variable, Kostenunterschiede exogene Variable) und die nur unvollständige Erfassung aller Leistungsparameter (Konzentration auf die Vertriebskosten)richten, ist dieses Ergebnis ganz entscheidend durch die falsche Erfassung der Marktanteilsvariablen beeinflußt und daher nicht auswertbar.

---

8 Unter Versicherungsrecht lassen sich das Versicherungsvertragsrecht (VVG, AVB, Pflichtversicherungsgesetz Kfz.) und das Versicherungsaufsichtsrecht (BAG, VAG) subsummieren.

9 Nicht zuletzt von Finsinger in seinen Arbeiten, aber auch in Arbeiten von Farny, wie z.B. Farny, D. "Die deutsche Versicherungswirtschaft", Karlsruhe 1983.

10 Finsinger, J., "Versicherungsmärkte" , S. 149.

Finsinger benützt Marktanteile, die auf Bestandsgrößen (des Prämienvolumens) berechnet wurden.[11] Das aktuelle Wettbewerbsverhalten drückt sich aber nicht im Bestand, sondern im Neugeschäft aus. Bei der Berechnung von Marktanteilsveränderungen, z.B. der Automobilindustrie, würde man wohl kaum den Bestand der insgesamt zugelassenen Fahrzeuge aller Marken vergleichen, sondern vielmehr die Neuzulassungsanteile der verschiedenen Perioden. Bei Vertragslaufzeiten von durchschnittlich 25 Jahren bei der Lebensversicherung muß sich dies statistisch noch wesentlich fataler auswirken. Wie eigene Berechnungen zeigen, resultieren ca. 90% [12] der jährlichen Prämieneinnahmen (Durchschnittswert der Jahre 1982, 1983) aus Geschäften der Vorperiode. Im Vergleich dazu fallen Veränderungen des Neugeschäftsvolumens kaum ins Gewicht.

Leistungsunterschiede von Versicherungsunternehmen sollten sich jedoch gerade im Neugeschäftsvolumen auswirken und nicht so sehr im Versicherungsbestand. Die Veränderung der Marktanteile im Neugeschäft ist daher die richtige endogene Variable zur Indikation von aktuellen Marktstrukturveränderungen. Für eine solide wettbewerbstheoretische Interpretation sind dabei vor allem zwei Fragen zu beantworten:

1. Finden überhaupt signifikante Verschiebungen der Marktanteile im Neugeschäft statt?
2. Auf welche Ursachen sind diese Marktanteilsveränderungen zurückzuführen?

2.2. Marktstrukturanalyse

2.2.1. Entwicklung der verschiedenen Lebensversicherungsformen

Wie in der Ausgangssituation skizziert, beziehen sich bisherige Strukturanalysen im Lebensversicherungsmarkt auf den Bestand des Versicherungsgeschäfts und nicht auf das jährliche Neugeschäft. Bestandsanalysen sind aber aufgrund der Besonderheiten des Produktes "Lebensversicherung", vor allem wegen der langen Laufzeiten wenig aussagekräftig, weil a priori nur geringe Marktanteilsveränderungen im Zeitablauf zu erwarten sind.

An dieser Stelle stehen erstmals umfassend Marktstrukturdaten auf Basis des Neugeschäfts zur Verfügung. Quelle für die nachfolgende Analyse (incl. Abb.) ist die FWU-Datenbank, die auf einer Auswertung der Geschäftsberichte der deutschen Lebensversicherungsunternehmen beruht. Um an vorausgegangene Untersuchungen anknüpfen zu können, werden zum Vergleich auch die Marktstrukturdaten auf Bestandsbasis diskutiert. Grundlage der Analyse sind die Versicherungssummen, da die Beitragseinnahmen nicht zugänglich waren.

Bei einem Vergleich nehmen die Kapital- und vermögensbildende Lebensversicherung mit 77,5% im Jahre 1985 den weitaus größten Anteil ein. Es folgt die Gruppenversicherung mit 12,2% vor der reinen Risikolebensversicherung mit 7,1% und der Rentenversicherung mit 3,2%. Große Verschiebungen im Zeitablauf sind auf Grund der Langfristigkeit des Geschäfts bei der Bestandsbetrachtung nicht zu erwarten. Entsprechend sind im Zeitablauf Veränderungen lediglich im Bereich von jährlich einigen Punkten hinter dem Komma zu beobachten (vgl. Abb. 13).

Langfristige Trends sind daher aus bereits geringen Veränderungen abzulesen. So verlor die kapitalbildende (zusammen mit der vermögensbildenden) Lebensversicherung von 1982 bis 1985 schrittweise 0,5%, während die reine Risikolebensversicherung von 6,2% auf 7,1% im

---

11 Finsinger, J., "Versicherungsmärkte", S. 145.

12 Dieser Wert wurde im Rahmen der in Abschnitt 2.3 vorgestellten ökonometrischen Arbeiten ermittelt.

gleichen Zeitraum zulegte. Der Anteil der Rentenversicherung erhöhte sich pro Jahr um jeweils 0,1%, während die Bedeutung der Gruppenversicherung langsam von 12,9% auf 12,2% zurückging.

Abb. 13: Struktur nach Versicherungsarten (Anteile am Bestand auf Basis Versicherungssumme)

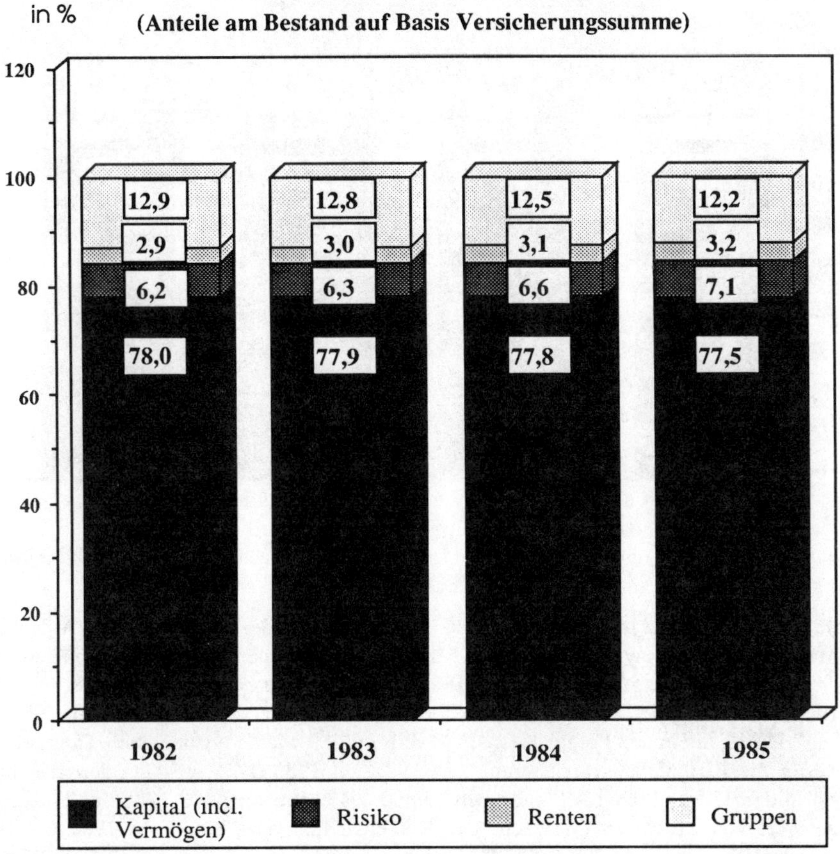

Wesentlich akzentuiertere strukturelle Veränderungen kann man an der Entwicklung der Anteile am Neugeschäft ablesen (vgl. Abb. 14). Am horizontalen Vergleich zwischen Anteilen vom Neugeschäft im Vergleich zum Bestand ist beispielsweise für das Jahr 1985 festzustellen, daß die Anteile der Gruppen- und Rentenversicherungen am Neugeschäft im Vergleich zu ihren jeweiligen Bestandszahlen leicht erhöht waren. Die reine Risikolebensversicherung hatte mit 21,2% im Vergleich zu den 7,1% beim Bestand einen fast dreimal höheren Anteil am Neugeschäft, während es die Kapital- (incl. vermögensbildende) Lebensversicherung lediglich auf 62,5% statt der vorher genannten 77,5% als Anteil am Neugeschäft brachte.

Abb. 14: Struktur nach Versicherungsarten
(Anteile am Neugeschäft auf Basis Versicherungssumme)

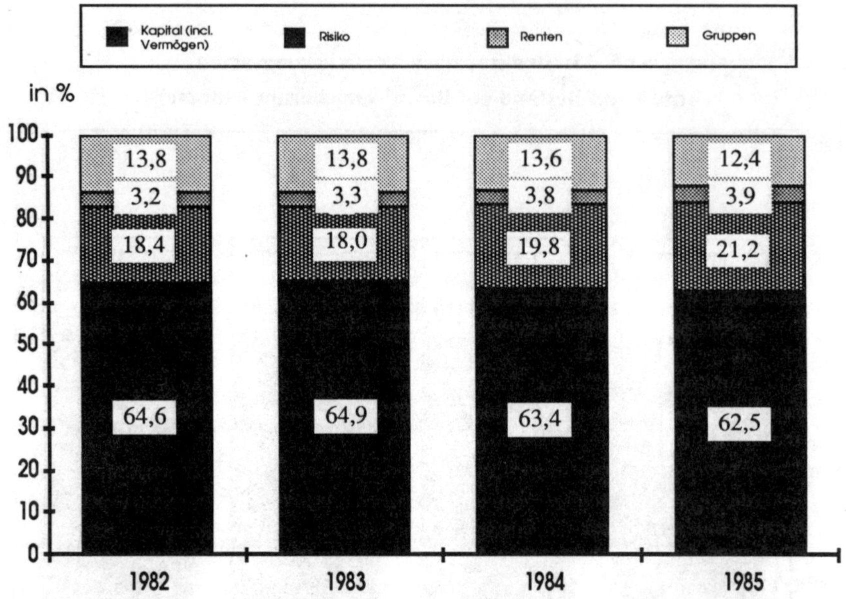

Quelle: FWU Datenbank

Da die Geschäftsentwicklung des Neugeschäfts viel stärker als der Bestand von den Anlagepräferenzen der Kunden sowie den einzelnen Marketingmaßnahmen der Anbieter abhängt, sind wesentlich größere Unterschiede bei den Geschäftsanteilen der einzelnen Versicherungsarten zu erwarten. So stieg der Anteil der kapitalbildenden Lebensversicherung 1982 auf 1983 von 64,6 auf 64,9%, um in den Folgejahren um jeweils ca. 1% wieder abzunehmen. Demgegenüber verlor die Risikolebensversicherung von 1982 auf 1983 0,4%, gewann demgegenüber jedoch in den Folgejahren 1,8% und noch einmal 1,4%, um im Jahre 1985 den bisherigen Spitzenwert von 21,2% zu erreichen. Die Rentenversicherung hatte von 1982 bis 1985 aufsteigende Tendenz von 3,2% auf 3,9%, Gruppenversicherungen gingen nach Stagnation im ersten Jahr von 13,8% auf letztendlich 12,4% zurück. Die langfristigen Auf- oder Abwärtstends der Anteile der verschiedenen Versicherungsarten im Neugeschäft schlagen sich also - zwar in wesentlich abgeschwächter Form - auch in der Anteilsentwicklung am Bestand nieder. Deutlich wird bei den Strukturveränderungen des Neugeschäfts, daß, wie in den Jahren 1982 bis 1984 zu beobachten, auf einen Marktanteilsgewinn der einzelnen Versicherungsarten gleich wieder ein Verlust im nächsten Jahr folgen kann.

Zusammenfassend läßt sich feststellen, daß auf Basis Versicherungssumme die Kapitalversicherung und die Gruppenversicherung Marktanteile sowohl an die Rentenversicherung als auch an die Risikoversicherung abgeben. Über die Gründe wird in der sich anschließenden Analyse tiefer zu recherchieren sein.

2.2.2. Wettbewerbsanalyse bei den Kapitalversicherungen

Produktbeschreibung, Zielgruppen

Die kapitalbildende Lebensversicherung ist die wichtigste Form des Lebensversicherungsgeschäfts. Durchschnittlich 75% ihrer Beitragseinnahmen beziehen die Lebensversicherungsunternehmen aus diesem Segment. Bei der Kapitalversicherung handelt es sich um die Versicherung von Einzelpersonen sowohl für den Todes- als auch für den Erlebensfall. Stirbt der Versicherte während der Laufzeit des Vertrages, wird seinen Hinterbliebenen die vereinbarte Versicherungssumme ausgezahlt. Erlebt er das Ende seiner Vertragsdauer, so erhält er seine über die Jahre akkumulierten Prämien plus den weitaus größten Teil der im Laufe der Jahre im Versicherungsunternehmen erwirtschafteten Überschüsse.

Diese Überschüsse sind eine Folge der worst case Kalkulationsvorschriften. Sie stehen im Mittelpunkt der wettbewerbspolitischen Diskussion vor allem im internationalen Vergleich. Ihre theoretische Begründung leitet sich ab aus der Vertrauensschutz-Argumentation, wonach auch sehr negative Szenarien nicht zu einem Problem beim Einhalten der Versicherungszusagen führen sollen.

Die Gegenargumentation führt vor allem an, daß die Überschüsse für den Nachfrager eine Leistung mit Unsicherheitscharakter sind, die den Unternehmen einen beträchtlichen diskretionären Spielraum zubilligen.

Nach der neu gegebenen Faktenlage muß diese Argumentation jedoch entscheidend eingeschränkt werden. Die Überschüsse der Unternehmen sind nämlich in zweierlei Hinsicht im Interesse der Kunden reguliert.

Aus der "Verordnung über die Berechnung und Höhe des Rückgewährungssatzes, des Normrisikoüberschusses und des Normzinsertrages in der Lebensversicherung" vom 28. März 1984 sowie nach § 81c VAG ergibt sich, daß eine Mindesthöhe der Überschüsse erreicht werden muß, die sich am Durchschnittsergebnis der Industrie orientiert. Wird dies über den Zeitraum von drei Jahren im Durchschnitt nicht erreicht, ergibt sich die Notwendigkeit, einen "Plan zur Sicherstellung angemessener Zuführungen zur Rückstellung für Beitragsrückstellung" dem BAV zur Genehmigung vorzulegen. Faktisch läuft das auf Kapitalzuführung hinaus.

Neben der Höhe ist auch die Ausschüttungsquote reguliert (mindestens 90%), tatsächlich wurden jedoch durchschnittlich 98% ausgeschüttet.

Diese zweifache Regulierung schränkt die möglichen Leistungsunterschiede im Interesse der Versicherten beträchtlich ein. Vermutlich auf Grund ihrer mathematisch komplizierten Berechnung hat vor allem die erste Regulierungsform in der Regulierungsdiskussion bisher eine eher untergeordnete Rolle gespielt, wenngleich sie von ihrer Funktion höher als die Verteilungsverpflichtung einzuordnen ist, denn verteilt werden kann ja nur, was überhaupt als Überschuß erzielt wurde.

Hauptzielgruppe für die Kapitalversicherung sind Anleger mit dem Motiv der Altersvorsorge. Sie dient hier als Alterssicherung für Angehörige freier Berufe sowie von Privatpersonen, die sich über die gesetzliche oder betriebliche Altersversicherung hinaus absichern wollen (Drei-Säulen-Prinzip). Weiterhin eignet sich eine kapitalbildende Lebensversicherung auch im Rahmen von Darlehen (z.B. Bauspardarlehen), um eine Tilgungsaussetzung zu erreichen und die Tilgung mit Ablauf der Lebensversicherung vorzunehmen.

Marktvolumen/Marktwachstum
Die Gesamtheit aller Versicherungssummen stieg von 1982 (62,6 Mrd DM) bis 1985 auf 76,5 Mrd. DM. Das durchschnittliche jährliche Wachstum im Beobachtungszeitraum (vgl. Abb. 15) betrug 3,7%, wobei einem starken Anstieg von 11% im Jahre 1982/83 ein Rückgang von 3,8% und ein erneutes Wachstum von 4,4% im letzten Jahr folgte. Der Rückgang im Jahr 1984 resultierte in erster Linie aus der Erhöhung der vermögensbildenden Lebensversicherung im gleichen Jahre, die durch die im Rahmen des vierten Vermögensbildungsgesetzes 1984 durchgeführte Erhöhung der Anlagebeträge Marktanteile an die Vermögensbildungsversicherung abgegeben hat. Faßt man Kapital- und Vermögensbildungsversicherung zusammen, wäre ein kontiniuierlicher, sich jedoch abschwächender Anstieg des Marktvolumens zu beobachten gewesen.

Abb. 15: Marktentwicklung
-Kapitallebensversicherung-

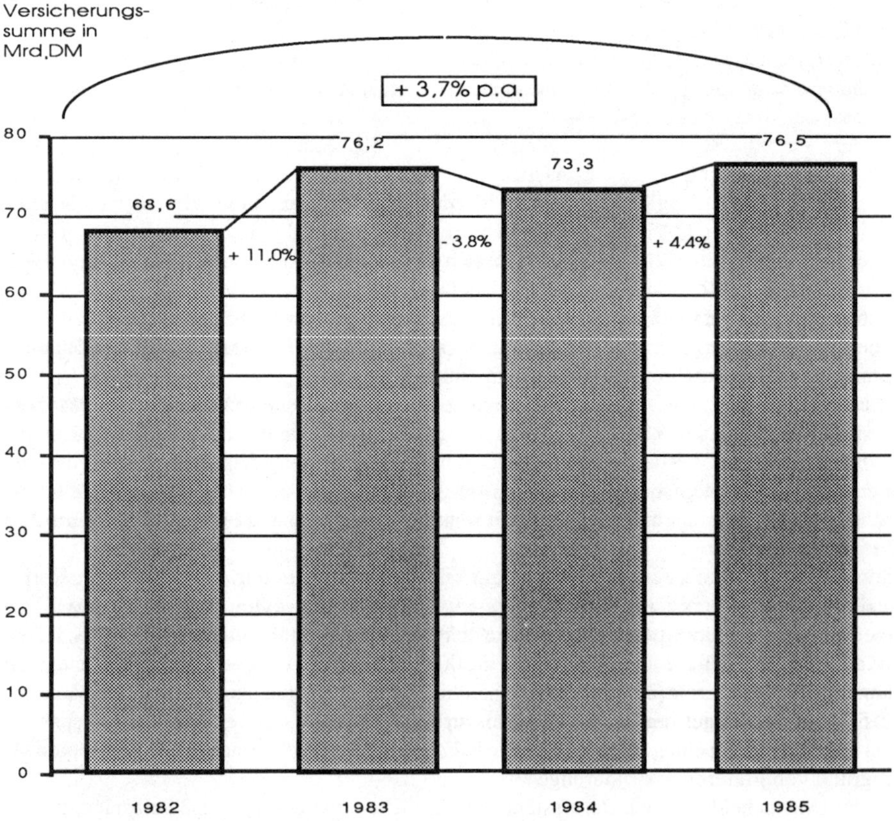

Quelle: FWU Datenbank

Nachfrageverhalten

Die Kapitallebensversicherung hat den größten Anteil am gesamten Lebensversicherungsgeschäft und profitierte in starkem Maße von der in den letzten Jahren konstatierten "Versorgungslücke" der gesetzlichen Rentenversicherung und der betrieblichen Altersvorsorge. Je mehr das Erwerbseinkommen über die Beitragsbemessungsgrenze in der gesetzlichen Rentenversicherung steigt, desto stärker ist die Tendenz zur Schließung dieser Lücke mit Hilfe einer Lebensversicherung.

Wie in Abb. 1 gezeigt, stieg das verfügbare Einkommen in den letzten 10 Jahren stetig, die private Geldvermögensbildung, die bis zu Beginn der achtziger Jahre auf 128 Mrd. DM (1981) stieg, um nach einem Rückgang Anfang der achtziger Jahre wieder auf 127 Mrd. DM im Jahre 1985 zu steigen.

Die Entwicklung dieser Indikatoren, zusammen mit der seit Jahren bestehenden Preisstabilität, hat das Marktpotential der Lebensversicherung erheblich vergrößert. Weiterhin führt die Entwicklung der privaten Haushalte, die trotz Abnahme der Wohnbevölkerung in den letzten 10 Jahren um knapp 1% zugenommen haben, zu einer Vergrößerung des Marktpotentials der Lebensversicherungen.

Nachfrageveränderungen stehen im Zusammenhang mit den ökonomischen und demographischen Segmentierungskriterien der Bevölkerung. Erheblichen Einfluß hat das Alter, ob ein potentieller Kunde einen Vertrag abschließt oder nicht. So steigt die Durchdringung der Bevölkerung mit abgeschlossenen Lebensversicherungsverträgen mit dem Alter von

14 - 17 Jahren	7,3 %
18 - 24 Jahren	29,1 %
25 - 39 Jahren	50,7 %
40 - 49 Jahren	56,9 %

(Quelle: Allensbacher Werbeträger-Analyse 1984)

Umgekehrt verhält es sich mit den Plänen, Lebensversicherungen abzuschließen. Hier hat die Gruppe zwischen 19 und 24 Jahren mit 18% vor der zwischen 25 - 39 Jahren mit 11,5% den höchsten Anteil. Gerade durch diese beiden Alterssegmente werden in den nächsten Jahren die geburtenstarken Jahrgänge der sechziger Jahre laufen, was dann konsequenterweise zu einer Erhöhung des Marktpotentials der Lebensversicherungen führt.

Einen erheblichen Einfluß auf die Nachfrage nach Lebensversicherungen hat das Einkommen. Mit wachsenden finanziellen Möglichkeiten steigt der Anteil derer, die bereit sind, verstärkte Mittel für die Altersvorsorge aufzuwenden. Der Bestand an abgeschlossenen Verträgen steigt kontinuierlich mit dem Einkommen des Haushalts, beginnend von 22% in Haushalten mit 1.250,-DM und weniger bis zu einem Wert von 53,6% in Haushalten mit 5.000,-DM monatlichen Haushaltseinkommen und mehr.

Gewisse Sättigungserscheinungen lassen sich bei den Ergebnissen zur Absicht, eine Lebensversicherung abzuschließen, im höchsten Segment erkennen. Hier wollen deutlich weniger (7,4%) eine Lebensversicherung abschließen als in den Einkommenssegmenten darunter (z.B. 3.500,- bis 5.000,-DM = 11,2% und 2.500,- bis 3.500,- DM = 10,2%). Diese hohe Nachfrage der Haushalte mit mittlerem Einkommen nach Lebensversicherungen hängt neben dem Motiv der Absicherung eines gestiegenen Lebensstandards auch mit der Verwendung der Lebensversicherung zur Tilgung eines aufgenommenen Kredits ab. Hier ergeben sich Wachstumspotentiale aufgrund von Präferenzveränderungen.

Bei der Unterscheidung nach Berufsständen ist es nicht verwunderlich, daß Selbständige/Freie Berufe mit knapp 50% die höchste Durchdringung mit Lebensversicherungsverträgen vor leitenden Angestellten/Beamten haben. Diese Berufsgruppen korrelieren mit hohen Einkom-

men und mit der Nachfrage von Lebensversicherungen nicht nur aus dem Motiv der Altersvorsorge, sondern aus dem Motiv der ertragsorientierten Vorsorge.
Bei Kapitallebensversicherungen macht sich eine Nachfragestrukturverschiebung insoweit bemerkbar, daß über das Hauptmotiv der Altersvorsorge verstärkt auch andere Anwendungsmöglichkeiten, wie Kombination mit Darlehen, zum Tragen kommen. Insgesamt betrachtet wird die Bedeutung der Kapitallebensversicherung im Vergleich zu anderen Versicherungsarten in vollem Umfang erhalten bleiben.

Wettbewerbsanalyse

Die Wettbewerbsanalyse konzentriert sich auf die Marktanteile der einzelnen Lebensversicherungsunternehmen in den Jahren 1982 und 1985. Einbezogen in die Untersuchung sind alle Unternehmen; in der Interpretation findet eine Konzentration auf die jeweils wichtigsten 25 statt. Marktanteilsberechnungen beziehen sich nur auf die abgeschlossene Versicherungssumme, da die Prämien auf Basis von Einzelunternehmen nicht erhebbar waren. Bei den Werten des Neugeschäfts sind die Versicherungssummen der "eingelösten Versicherungsscheine" die Datenbasis. Erhöhungen aus bestehenden Verträgen gehen in diese Größe nicht mit ein.
Vergleicht man in Abb. 16 und 17 die Marktanteilswachstumsraten des Bestandes mit denen des Neugeschäfts, so sind - was nicht überrascht - die Veränderungen im Neugeschäft größer als im Bestand. Die relativ geringen durchschnittlichen Abweichungen bei den Marktanteilen des Bestandes können nicht als Indikator für mangelnde Wettbewerbsdynamik gesehen werden, da entscheidend die Wettbewerbswirkungen bei dem jährlich zu verteilenden Neugeschäft gemessen werden müssen, um zu wettbewerbsrelevanten Aussagen zu kommen.
Hier zeigen sich in den Jahren 1982 bis 1985 durchschnittliche Marktanteilszuwächse bis zu 10,3% (Aachen-Münchener-Leben). Das andere Extrem bildet der Deutsche Ring mit einem durchschnittlichen Marktanteilsverlust von 17,9%. Es fällt auf, daß die größten vier Versicherer (Allianz, Hamburg-Mannheimer, Volksfürsorge, Iduna) im Durchschnitt Marktanteilsverluste hinnehmen mußten, die sich allerdings in der Bestandsbetrachtung wesentlich geringer ausnahmen.
Beim fünftgrößten Unternehmen, der R+V-Leben, haben sich die durchschnittlich 6,9% Marktanteilswachstum im Neugeschäft in 1,3% Marktanteilswachstum im Bestand niedergeschlagen.
Bei dem Unternehmen auf Platz 6, der Aachen-Münchener Leben, ist ein interessantes Phänomen festzustellen. Obwohl es mit durchschnittlich 10,3% Marktanteilswachstum im Neugeschäft zu den größten Gewinnern im Untersuchungszeitraum gehört, verlor es in der gleichen Zeit jährlich 0,2% Marktanteil am Bestand. Dieser vordergründige Widerspruch - Neugeschäftswachstum müßte eigentlich auch zu Bestandswachstum führen -, bringt die Erkenntnis, daß es für eine langfristige erfolgreiche Geschäftspolitik nicht allein auf die Neuabschlüsse ankommt, sondern auch und vor allem auf die Bestandssicherheit des Geschäftes. Die Aachener-Münchener hat in den letzten Jahren hohe Marktanteilszuwächse unter Einbeziehung schlechter Risiken erzielt, die hohen Abschlußquoten wurden jedoch durch hohe Stornoquoten auf der anderen Seite in ihrer Bestandswirkung abgeschwächt.
Im Vergleich dazu ist die Debeka (Platz 17) bei 3,1% Bestandszuwächsen, die aus 13,4% Neugeschäftsanteilsgewinnen resultieren, schon wesentlich erfolgreicher. Hier macht sich sicherlich der große Einfluß von der Muttergesellschaft, der Debeka-Krankenversicherung bemerkbar.
Die Entwicklung bei der Victoria (Platz 7), die einen 9,8%igen Bestandsgewinn bei einem 2,6%igen Neugeschäftsgewinn realisiert, erklärt sich aus der Fusion mit der bisherigen Tochter

"Vorsorge" und deren Bestandsübernahme, wobei die "Vorsorge" in der Branche für ihr schwaches Neugeschäft bekannt war.
Erhöhte Anstrengungen bei der Forcierung des Neugeschäfts sind auch seitens der Nürnberger Versicherung zu erkennen; die Abweichungen sind bei ihr in den Jahren 1984 und 1985 mit 13% bzw. mit 9% wesentlich geringer als 1984, wo der Neugeschäftsmarktanteil mit 24% bzw. 25% deutlich über dem Marktanteil im Bestand gelegen hat.
Ein weiteres Phänomen ist bei der Nordstern-Versicherung zu erkennen. Als bedeutender Kfz-Versicherer ist dieses Unternehmen in den letzten Jahren in seinem klassischen Geschäft an Marktsättigungsgrenzen gestoßen und versucht nun, das vorhandene Potential des Außendienstes mit anderen Versicherungsprodukten noch besser zu nutzen. Daher ist bei dieser Gesellschaft, wie bei anderen großen Schadensversicherern, ein Trend zu größeren Aktivitäten im Lebensbereich erkennbar. In Zahlen ausgedrückt, steigerte die Nordstern von den Jahren 1982 bis 1985 ihre Marktanteilsabweichungen im Neugeschäft von 10% im Jahre 1982 auf 33% im Jahre 1983 und erhöhte diese Größe in den Jahren 1984 und 1985 auf 44% bzw. 47%.
Folgende zwei Zusammenhänge sind erkennbar:

1. Zu starke Forcierung des Vertriebs führt zur Aufnahme weniger bestandsfester Risiken im Neugeschäft und somit zu einem relativ hohen Neugeschäftsanteil, bietet aber gleichzeitig die Gefahr einer stornoanfälligen Bestandsstruktur.
2. Zu vorsichtiger Vertrieb (Rosinen-picken) führt vor allem bei Großgesellschaften zu einem relativ geringen Neugeschäftsanteil, bietet damit geringere Stornoanfälligkeit bei gleichzeitiger Gefährdung des langfristigen Bestandanteils.

Aus wettbewerbspolitischer Sicht interessant ist die sich daraus ergebende Schlußfolgerung, wonach Lebensversicherungsunternehmen für die langfristige Bestandssicherung permanent zu vorstoßendem Wettbewerb (z.B. via Vertriebsintensivierung) angehalten sind.
Die für Großunternehmen nur bedingt gegebene Selektionsmöglichkeit guter und schlechter Bestandsrisiken zwingt andererseits permanent zur Anpassung solcher Wachstumsphasen an den "Normalbetrieb", um so die Sicherung der Bestandsqualität zu gewährleisten. Dieser permanent vor- und nachstoßende Wettbewerb drückt sich in den hohen Veränderungsraten des Neugeschäfts und Bestands aus; er ist andererseits aber Gewähr dafür, daß Wettbewerbsvorsprünge schwer langfristig abzusichern sind und nachstoßender Wettbewerb auch aus geringer Marktposition erfolgreich möglich ist.
Der Wettbewerb zur Verhinderung des Kundenabgangs gewinnt für die Anbieter daher ein ähnliches strategisches Gewicht wie der Wettbewerb im Neugeschäft, denn nur bei optimaler Leistung in beiden Bereichen ist eine langfristige Wachstumsstrategie möglich.

Abb. 16:

Marktentwicklung Neugeschäft - Kapitallebensversicherungen -

Rang-folge	LVU	Markt-anteil 1982 in %	Markt-anteil 1983 in %	Markt-anteil 1984 in %	Markt-anteil 1985 in %	Wachs-tum p.a. 82/85 *
1	Allianz Leben	9,5	8,99	8,64	8,95	-1,95
2	HM Leben	8,91	9,42	8,72	7,61	-5,13
3	Volksfürsorge	5,85	5,55	4,78	4,55	-8,03
4	Iduna	5,81	5,88	5,96	4,95	-5,2
5	R+V Leben	3,49	3,95	3,71	4,18	6,15
6	AM Leben	3,37	3,64	4,04	4,52	10,26
7	Victoria	2,29	2,64	2,36	2,47	2,61
8	Colonia Leben	2,7	2,52	2,45	2,62	-0,96
9	Nürnberger	2,84	2,73	3,2	3,21	4,1
10	Deutsche Herold	2,23	2,12	2,15	2,26	0,33
11	Karlsruher	2,58	2,69	2,82	2,98	4,91
12	Alte Leipziger Leben	1,91	1,84	2,06	2,09	2,92
13	Bayern-Versicherung	2,01	2,06	2,06	2,08	1,09
14	Allg. Renten AG	1,63	1,61	1,65	1,58	-0,95
15	Deutscher Ring	3,16	2,76	2,03	1,75	-17,86
16	Gothaer	1,89	1,68	1,71	1,65	-4,46
17	Debeka	1,46	1,67	2,02	2,12	13,36
18	Gerling	1,31	1,27	1,34	1,53	5,46
19	WWK Leben	1,18	0,98	0,85	0,9	-8,62
20	Prov-Leben Rhein	1,42	1,45	1,45	1,45	0,69
21	Sparkassen-Vers.	1,29	1,48	1,55	1,55	6,18
22	Deutsche Lloyd	1,48	1,19	1,25	1,18	-7,15
23	Nordstern	1,32	1,64	1,85	1,96	13,87
24	Bayerische Beamten	0,97	1,05	1,07	1,21	7,42
25	Verein. Eos-Isar	1,17	1,18	1,18	1,14	-0,91

Quelle: FWU-Datenbank

* Durchschnittliches jährliches Marktanteilswachstum 1982-1985 in %

Abb. 17:

Marktentwicklung Bestand - Kapitallebensversicherungen -

Rang-folge	LVU	Markt-anteil 1982 in%	Markt-anteil 1983 in%	Markt-anteil 1984 in%	Markt-anteil 1985 in%	Wachs-tum p.a. 82/85
1	Allianz Leben	12,79	12,57	12,51	12,47	-0,82
2	HM Leben	7,08	7,09	7,07	6,94	-0,70
3	Volksfürsorge	7,42	7,23	7,08	6,88	-2,49
4	Iduna	5,20	5,19	5,21	5,10	-0,63
5	R+V Leben	3,55	3,58	3,63	3,70	1,30
6	AM Leben	3,39	3,35	3,17	3,37	-0,23
7	Victoria	2,43	3,35	3,25	3,21	9,77
8	Colonia Leben	2,81	2,77	2,72	2,71	-1,30
9	Nürnberger	2,52	2,50	2,56	2,59	1,00
10	Deutsche Herold	2,66	2,55	2,50	2,46	-2,59
11	Karlsruher	2,30	2,24	2,26	2,25	-0,74
12	Alte Leipz.Leben	2,21	2,17	2,15	2,17	-0,65
13	Bayern-Vers.	2,09	2,09	2,10	2,12	0,44
14	Allg. Renten AG	1,82	1,77	1,78	1,78	-0,71
15	Deutscher Ring	1,74	1,79	1,75	1,72	-0,33
16	Gothaer	1,73	1,69	1,69	1,68	-0,84
17	Debeka	1,42	1,43	1,49	1,55	3,08
18	Gerling	1,58	1,54	1,55	1,55	-0,61
19	WWK Leben	1,61	1,50	1,53	1,51	-2,14
20	Prov-Leben Rhein	1,42	1,42	1,44	1,45	0,60
21	Sparkassen-Vers.	1,33	1,34	1,37	1,39	1,45
22	Deutsche Lloyd	1,58	1,49	1,43	1,37	-4,66
23	Nordstern	1,20	1,23	1,28	1,33	3,46
24	Bayer. Beamten	1,18	1,16	1,17	1,18	0,02
25	Verein.Eos-Isar	1,21	1,18	1,17	1,16	-1,34

Quelle: FWU-Datenbank

Abb. 18:

Neugeschäfts- und Bestandsanteile 1985 - Kapitallebensversicherungen -

Rang-folge	LVU	Marktanteil Neugeschäft in %	Marktanteil Bestand	Prozentuale Abweichung auf Basis Bestand
1	Allianz Leben	8,95	12,47	- 28,24
.2	HM Leben	7,61	6,94	9,72
3	Volksfürsorge	4,55	6,88	-33,81
4	Iduna	4,95	5,10	-3,08
5	R+V Leben	4,18	3,70	13,05
6	AM Leben	4,52	3,37	34,01
7	Victoria	2,47	3,21	-23,00
8	Colonia Leben	2,62	2,71	-3,02
9	Nürnberger	3,21	2,59	23,54
10	Deutsche Herold	2,26	2,46	-8,37
11	Karlsuher	2,98	2,25	32,44
12	Alte Leip. Leben	2,08	2,17	-3,82
13	Bayern-Vers.	2,08	2,12	-1,87
14	Allg. Renten AG	1,58	1,78	-10,92
15	Deutscher Ring	1,75	1,72	1,78
16	Gothaer	1,65	1,68	-2,30
17	Debeka	2,12	1,55	36,44
18	Gerling	1,53	1,55	-1,23
19	WWK Leben	0,90	1,51	-40,18
20	Prov-Leben Rhein	1,45	1,45	-0,13
21	Sparkassen-Vers.	1,55	1,39	11,25
22	Deutsche Lloyd	1,18	1,37	-13,94
23	Nordstern	1,96	1,33	47,43
24	Bayer. Beamten	1,21	1,18	1,86
25	Verein. Eos-Isar	1,14	1,16	-2,06

Quelle: FWU-Datenbank

Abb. 19:

Neugeschäfts- und Bestandsanteile 1984 - Kapitallebensversicherungen

Rang-folge	LVU	Marktanteil Neugeschäft in %	Marktanteil Bestand	Prozentuale Abweichung auf Basis Bestand
1	Allianz Leben	8,64	12,51	-30,89
2	HM Leben	8,72	7,07	23,32
3	Volksfürsorge	4,78	7,08	-32,41
4	Iduna	5,96	5,21	14,51
5	R+V Leben	3,71	3,63	2,27
6	AM Leben	4,04	3,17	27,3
7	Victoria	2,36	3,25	-27,23
8	Colonia Leben	2,45	2,72	-9,88
9	Nürnberger	3,2	2,56	25,14
10	Deutsche Herold	2,15	2,5	-14,1
11	Karlsruher	2,82	2,26	24,7
12	Alte Leip.Leben	2,06	2,15	-4,42
13	Bayern-Versicher.	2,06	2,1	-2,07
14	Allg.Renten AG	1,65	1,78	-7,58
15	Deutscher Ring	2,03	1,75	15,69
16	Gothaer	1,7	1,69	0,73
17	Debeka	2,02	1,49	35,19
18	Gerling	1,34	1,55	-13,79
19	WWK Leben	0,85	1,53	-44,33
20	Prov-Leben Rhein	1,45	1,44	0,34
21	Sparkassen-Versich.	1,55	1,37	13,24
22	Deutsche Lloyd	1,25	1,43	-12,82
23	Nordstern	1,85	1,28	44,36
24	Bayer. Beamten	1,07	1,17	-8,5
25	Verein. Eos-Isar	1,18	1,17	0,36

Quelle: FWU-Datenbank

Abb. 20:

Neugeschäfts - und Bestandsanteile 1983 -Kapitallebensversicherungen-

Rang-folge	LVU	Marktanteil Neugeschäft in %	Marktanteil Bestand	Prozentuale Abweichung auf Basis Bestand
1	Allianz Leben	8,99	12,57	-28,54
.2	HM Leben	9,42	7,09	32,74
3	Volksfürsorge	5,56	7,23	-23,18
4	Iduna	5,88	5,19	13,33
5	R+V Leben	3,95	3,58	10,26
6	AM Leben	3,64	3,35	8,9
7	Victoria	2,64	3,35	-21,23
8	Colonia Leben	2,52	2,77	-8,99
9	Nürnberger	2,72	2,5	9,06
10	Deutsche Herold	2,12	2,55	-17,17
11	Karlsruher	2,69	2,24	20,1
12	Alte Leip. Leben	1,84	2,17	-15,3
13	Bayern-Vers.	2,06	2,09	-1,21
14	Allg. Renten AG	1,61	1,77	-9,37
15	Deutscher Ring	2,76	1,79	54,53
16	Gothaer	1,68	1,69	-1,01
17	Debeka	1,66	1,43	16,29
18	Gerling	1,27	1,54	-17,59
19	WWK Leben	0,98	1,05	-34,79
20	Prov-Leben Rhein	1,45	1,42	1,88
21	Sparkassen-Vers.	1,48	1,34	10,52
22	Deutsche Lloyd	1,19	1,49	-19,92
23	Nordstern	1,64	1,23	33,24

Quelle: FWU -Datenbank

Abb. 21:

Neugeschäfts - und Bestandsanteile 1982 -Kapitallebensversicherungen-

Rangfolge	LVU	Marktanteil Neugeschäft ion %	Marktanteil Bestand	Prozentuale Abweichung auf Basis Bestand
1	Allianz Leben	9,50	12,79	-25,74
2	HM Leben	8,91	7,08	25,84
3	Volksfürsorge	5,85	7,42	-21,14
4	Iduna	5,81	5,20	11,62
5	R+V Leben	3,49	3,55	-1,77
6	AM Leben	3,37	3,39	-0,70
7	Victoria	2,29	2,43	-5,73
8	Colonia Leben	2,70	2,81	-4,03
9	Nürnberger	2,84	2,52	12,82
10	Deutsche Herold	2,23	2,66	-16,12
11	Karlsruher	2,58	2,30	12,19
12	Alte Leip. Leben	1,91	2,21	-13,48
13	Bayern-Vers.	2,01	2,09	-3,75
14	Allg. Renten AG	1,63	1,82	-10,29
15	Deutscher Ring	3,16	1,74	81,86
16	Gothaer	1,89	1,73	9,22
17	Debeka	1,46	1,42	2,58
18	Gerling	1,31	1,58	-17,30
19	WWK Leben	1,18	1,61	-26,53
20	Prov-Leben Rhein	1,42	1,42	-0,37
21	Sparkassen-Vers.	1,29	1,33	-2,97
22	Deutsche Lloyd	1,48	1,58	-6,83
23	Nordstern	1,32	1,20	10,56
24	Bayer. Beamten	0,97	1,18	-17,78
25	Verein. Eos-Isar	1,17	1,21	-3,33

Quelle: FWU-Datenbank

2.2.3. Vermögensbildende Lebensversicherung

Produktbeschreibung / Zielgruppen

Die vermögensbildende Lebensversicherung gehört zu den Kapitallebensversicherungen und ihre Extrabehandlung hat eigentlich nur einen einzigen Grund: Durch das dritte Vermögensbildungsgesetz von 1970 wurde eine Kapitalversicherung als sogenannte Vermögensbildungsversicherung in die Reihe der vom Staat besonders geförderten Sparformen aufgenommen.
Ziel dieses Gesetzes war es, möglichst viele Arbeitnehmer auf einfache Weise bei der Bildung von Vermögen zu helfen. Die vermögensbildende Lebensversicherung stand per Gesetz in Konkurrenz zu folgenden weiteren Anlagemöglichkeiten: Anlage nach dem Sparprämiengesetz, Zuwendungen zum Wohnungsbau, Erwerb von Belegschaftsaktien.
Die Förderung einer Person ist von ihren persönlichen Einkommensverhältnissen abhängig. Überschreitet ein Arbeitnehmer nicht gewisse Einkommensgrenzen, bekommt er die staatliche Arbeitnehmerzulage. Manche Arbeitgeber übernehmen im Rahmen von sozialen Leistungen ebenfalls einen Teil der Prämie, so daß der Arbeitnehmer oft wesentliche Zuschüsse zu seiner Prämie erhält. Der Eigenanteil wird vom Nettolohn einbehalten und vom Arbeitgeber zusammen mit der staatlichen Sparförderung auf das Konto des Versicherers überwiesen. Im Vergleich zur kapitalbildenden Lebensversicherung unterliegt die vermögensbildende gewissen Restriktionen. Die Mindestvertragsdauer beträgt 12 Jahre. In dieser Zeit dürfen die Ansprüche weder abgetreten noch beliehen werden. Wird der Vertrag dennoch aufgelöst, verfällt die Arbeitnehmersparzulage.
Von der Positionierung her liegt die vermögensbildende Lebensversicherung weniger in der Alters- und Hinterbliebenenvorsorge als im Segment des Vorsorgesparens. Wie im Gesetz bereits angedeutet, trifft sie hier auf die Konkurrenz von weiteren staatlich geförderten Anlageformen, wie Kontensparen und Bausparverträgen.

Marktvolumen/Marktwachstum

Die Versicherungssummen des Neugeschäfts stiegen bei der vermögensbildenden Lebensversicherung von 5,1 Mrd. DM um 12,7 % und noch einmal um 12,6 % in den Jahren 1982 bis 1984 auf insgesamt 8,2 Mrd. DM (vgl. Abb. 22). Dieser starke Anstieg, besonders im Jahre 1984, resultiert aus einer Novellierung des Vermögensbildungsgesetzes im gleichen Jahr, die zu einem Nachfrage-Push bei dieser Versicherungsart führte.
In diesem Jahr erreichte die vermögensbildende Lebensversicherung auch 6,5 % Anteil am gesamten Versicherungsneugeschäft, der zu Lasten des Anteils der kapitalbildenden Lebensversicherung ging. Dieser Anteil ließ sich jedoch im Folgejahr 1985 nicht halten, das Marktvolumen ging mit 6,8 Mrd. DM (17,1 % Rückgang) in etwa auf das Niveau des Jahres 1983 zurück.

Nachfrageveränderung

Von der Nachfragestruktur her sind sich Kapitallebensversicherung und vermögensbildende Lebensversicherung sehr ähnlich. Hauptsächlicher Unterschied ist die Konzentration der vermögensbildenden Lebensversicherung auf ertragsorientiertes Vorsorgesparen mit einer geringeren Bedeutung der Altersvorsorge. Das Jahr 1984 hat gezeigt, daß Veränderungen der gesetzlichen Rahmenbedingungen sofort auf die Nachfrage nach dieser Versicherungsart durchschlägt. So werden auch weiterhin günstige Fördermöglichkeiten seitens des Staates bzw. des Arbeitgebers Nachfrageschübe bei vermögensbildenden Lebensversicherungen erzeugen.
Die Nachfrage nach dieser Versicherungsart ist gekennzeichnet durch Verträge mit vergleichs-

Abb. 22:
Marktentwicklung
- Vermögensbildende Lebensversicherung -

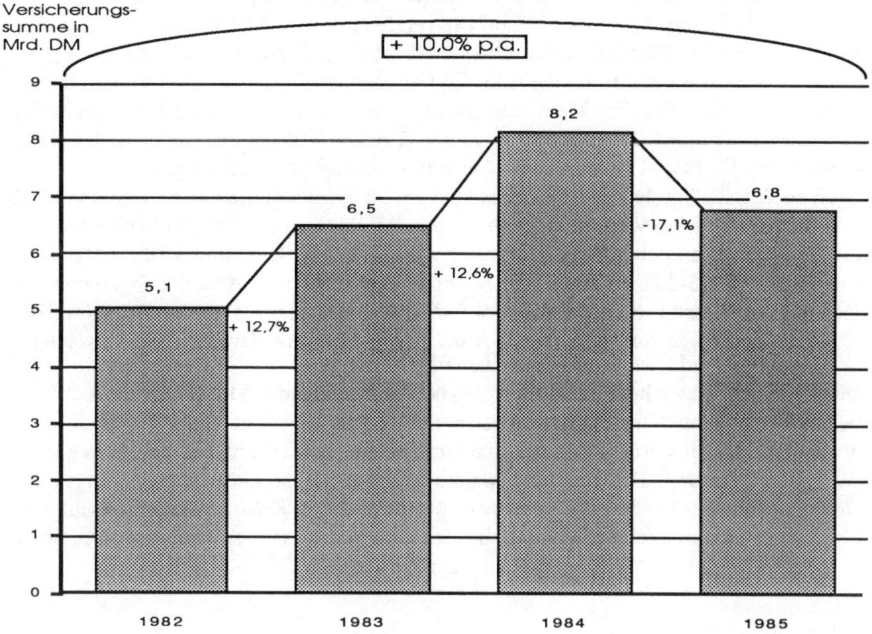

Quelle: FWU-Datenbank

weise kurzen Laufzeiten (viele Verträge nur über die Mindestlaufzeit von 12 Jahren) sowie durch eine Kundenstruktur, die sich von der kapitalbildenden Lebensversicherung durch eine Konzentration auf niedrigere Einkommensgruppen unterscheidet.

Wettbewerbsanalyse

Aufgrund der nahen Verwandtschaft zur kapitalbildenden Lebensversicherung finden sich unter den wichtigsten 25 Unternehmen, die eine vermögensbildende Lebensversicherung anbieten, im Grunde die gleichen Namen wie bei der kaptialbildenden Lebensversicherung (vgl. Abb. 23 und 24). Die Karlsruher Leben hat sich in diesem Segment auf den dritten Platz vorgeschoben. Während die Allianz in der kapitalbildenden Lebensversicherung sowohl beim Neugeschäft als auch beim Bestand marktanteilsmäßig vorn lag, sieht hier die Wettbewerbssituation doch anders aus.

Ein Duo hat sich weit von den Verfolgern abgesetzt: beim Bestand führt die Allianz mit 20% vor der Volksfürsorge mit 13%, während im Neugeschäft die Volksführsorge mit 16% gegenüber 13% Allianz die Nase vorne hat (alle Werte für 1985).

Im Neugeschäft hat die Allianz in den Jahren 1982 bis 1985 drastisch verloren, pro Jahr rund 13% Marktanteilsverlust. Es spricht für die Bestandsfestigkeit des Allianz-Geschäftes, daß - wie bereits bei den kapitalbildenden Lebensversicherungen beschrieben - der Bestandsmarkt-

anteil im gleichen Zeitraum trotzdem nur von 20,7 % auf 20,1 % zurückgegangen ist. Die Volksfürsorge konnte über die Jahre ihren Marktanteil kontinuierlich ausbauen; der Weg dahin führte allerdings über einige Schwankungen in den Marktanteilen beim Neugeschäft.
Interessant ist auch die Entwicklung bei der Karlsruher Leben. Der Marktanteil am Neugeschäft sank von 1982 auf 1983 um 22%, von 1983 auf 1984 erzielte sie rund 55% Marktanteilszuwachs, während dieser im Jahre 1984/85 wieder um 28% zurückging. Dieser Verlauf ist ein sehr gutes Beispiel dafür, daß die Geschäftsanteile jedes Jahr wieder neu zur Disposition stehen. Ein anderes Beispiel ist die Debeka. Ihre Marktanteilsveränderungen am Neugeschäft betrugen in den Jahren 1982 bis 1985 minus 24%, plus 19%, minus 45%. Die WWK Leben nahm in den ersten beiden Jahren um 13, bzw. 15% ab, um im Jahre 1984/85 um 163% zu steigen.
Diese starken Ausschläge bei den Marktanteilen im Neugeschäft sind auch verantwortlich dafür, daß die prozentualen Veränderungen zwischen Marktanteil am Neugeschäft und Marktanteil am Bestand wesentlich größere Werte erreichen als bei der kapitalbildenden Lebensversicherung (vgl. Abb. 25-28). Im Jahre 1985 reicht die Bandbreite der Abweichungen von plus 97% (Kölner Post, Platz 11) bis zu minus 59 % (Alte Leipziger Leben, Platz 24). Im Jahre 1982 kam die Kölner Post sogar auf 141% und die Alte Leipziger Leben auf minus 63% Abweichung zwischen Bestands- und Neugeschäftsmarktanteilen.
Die großen Abweichungen lassen erkennen, daß bei der vermögensbildenden Lebensversicherung die Marktanteile noch wesentlich ungesicherter sind als bei der kapitalbildenden. Marketingaktionen mit gezielter Ansprache bestimmter Arbeitnehmerzielgruppen zeigen in diesem Segment sofort Wirkung. Die Zyklusschwankungen bei vielen Lebensvericherungsunternehmen lassen darauf schließen, daß ganz bewußt Aktionen der Kommunikationspolitik über das Marketing-Mix durchgeführt werden, um das Geschäft massiv zu forcieren. Der Markt reagiert dann auf derartige Aktionsparameter sehr sensibel.

Abb. 23:

Marktentwicklung Neugeschäft -Vermögensbildende Lebensversicherungen-

Rangfolge	LVU	Marktanteil 1982 in %	Marktanteil 1983 in %	Marktanteil 1984 in %	Marktanteil 1985 in %	Durchschnittl. Marktanteilswachstum in % p.a. 1982-1985
1	Allianz Leben	20,21	16,22	13,56	13,26	-13,11
2	Volksfürsorge	15,42	16,71	15,64	5,99	1,22
3	Karlsruher	6,79	5,26	8,14	5,83	-4,94
4	AM Leben	5,12	5,78	8,40	6,65	9,14
5	HM Leben	4,30	4,21	3,46	3,74	-4,53
6	Iduna	5,32	4,73	6,24	5,78	2,80
7	Victoria	2,30	3,76	5,07	3,67	16,97
8	Deutsch. Herold	2,72	2,68	1,97	2,48	-2,99
9	Verein. Post	5,31	5,70	5,81	6,44	6,63
10	Debeka	4,13	3,11	3,70	2,03	-20,99
11	Kölner Post	3,42	3,90	3,59	4,41	8,89
12	Deutscher Ring	0,77	0,68	0,55	0,62	-7,25
13	R+V Leben	1,25	1,21	0,94	1,06	-5,53
14	Berlinische	2,16	1,38	2,13	2,03	-1,96
15	Allg. Renten AG	0,86	1,04	0,82	1,02	6,13
16	Colonia Leben	0,91	1,03	1,22	1,37	14,63
17	WWK Leben	1,01	0,88	0,74	1,96	24,85
18	Gothaer	1,09	1,20	1,27	1,08	-0,09
19	Bayer. Beamten	0,65	1,01	0,97	1,25	24,16
20	DEVK	0,73	1,51	0,99	1,13	16,00
21	Nordstern	0,53	0,82	0,64	0,69	9,46
22	Nürnberger	0,53	0,71	0,69	1,71	47,41
23	Agrippina Leben	0,83	1,09	0,70	1,07	8,53
24	Alte Leip. Leben	0,45	0,43	0,33	0,37	-6,44
25	Verein. Eos-Isar	0,58	0,66	0,67	0,85	13,51

Quelle: FWU -Datenbank

Abb. 24:

Marktentwicklung Bestand -Vermögensbildende Lebensversicherungen-

Rangfolge	LVU	Marktanteil 1982 in %	Marktanteil 1983 in %	Marktanteil 1984 in %	Marktanteil 1985 in %	Durchschnittl. Marktanteilswachstum 1982 - 1985 in % p.a.
1	Allianz Leben	20,69	20,08	20,01	20,05	-1,04
2	Volksfürsorge	10,96	11,25	12,33	13,26	6,56
3	Karlsruher	4,30	4,35	4,74	4,82	3,84
4	AM Leben	4,33	4,39	5,74	4,63	2,28
5	HM Leben	5,14	4,96	4,62	4,50	-4,30
6	Iduna	4,35	4,34	4,37	4,45	0,77
7	Victoria	2,92	4,26	4,21	4,13	12,28
8	Deutsch.Herold	4,76	4,36	4,01	3,87	-6,68
9	Verein. Post	2,34	2,76	3,11	3,48	14,12
10	Debeka	5,58	2,73	2,85	2,85	3,43
11	Kölner Post	1,42	1,73	1,95	2,24	16,38
12	Deutscher Ring	1,85	1,68	1,50	1,45	-7,85
13	R+V Leben	1,52	1,49	1,42	1,42	-2,19
14	Berlinische	1,48	1,41	1,38	1,37	-2,51
15	Allg.Renten AG	1,52	1,45	1,37	1,35	-3,84
16	Colonia Leben	1,33	1,27	1,25	1,29	-1,06
17	WWK Leben	1,22	1,63	1,13	1,25	0,79
18	Gothaer	1,29	1,24	1,21	1,20	-2,40
20	Bayer. Beamten	1,20	1,14	1,06	1,06	-4,16
21	Nordstern	1,30	1,17	1,07	1,03	-7,57
22	Nürnberger	1,17	1,06	0,95	1,01	-4,55
23	Agippina Leben	1,04	0,96	0,90	0,93	-3,87
24	Alte Leip.Leben	1,20	1,09	0,95	0,90	-9,23
25	Verein. Eos-Isar	1,06	0,99	0,92	0,89	-5,68

Quelle: FWU-Datenbank

Abb. 25:

Neugeschäfts- und Bestandsanteile 1985 - Vermögensbildende Lebensversicherungen -

Rangfolge	LVU	Marktanteil Neugeschäft in %	Marktanteil Bestand	Prozentuale Abweichung auf Basis Bestand
1	Allianz Leben	13,26	20,05	-33,89
2	Volksfürsorge	15,99	13,26	20,63
3	Karlsruher	5,83	4,82	21,03
4	AM Leben	6,65	4,63	43,7
5	HM Leben	3,74	4,5	-16,92
6	Iduna	5,78	4,45	30
7	Victoria	3,67	4,13	-11,01
8	Deutsche Herold	2,48	3,87	-35,84
9	Verein.Post	6,44	3,48	85,32
10	Debeka	2,03	2,85	-28,63
11	Kölner Post	4,41	2,24	97,32
12	Deutscher Ring	0,62	1,45	-57,39
13	R+V Leben	1,06	1,42	-25,73
14	Berlinische	2,03	1,37	47,92
15	Allg.Renten AG	1,02	1,35	-24,04
16	Colonia Leben	1,37	1,29	6,16
17	WWK Leben	1,96	1,25	57,14
18	Gothaer	1,08	1,2	-9,48
19	Bayer. Beamten	1,25	1,06	18,12
20	DEVK	1,13	1,05	7,35
21	Nordstern	0,69	1,03	-32,77
22	Nürnberger	1,71	1,01	68,28
23	Agrippina Leben	1,07	0,93	15,2
24	Alte Leip. Leben	0,37	0,9	-59,02
25	Verein. Eos-Isar	0,85	0,89	-4,15

Quelle: FWU-Datenbank

Abb. 26:

Neugeschäfts- und Bestandsanteile 1984 - Vermögensbildende Lebensversicherungen -

Rangfolge	LVU	Marktanteil Neugeschäft in %	Marktanteil Bestand	Prozentuale Abweichung auf Basis Bestand
1	Allianz Leben	13,56	20,01	-32,24
2	Volksfürsorge	15,66	12,33	26,83
3	Karlsruher	8,15	4,74	71,71
4	AM Leben	8,40	5,74	46,43
5	HM Leben	3,46	4,62	-25,05
6	Iduna	6,24	4,37	42,78
7	Victoria	5,07	4,21	20,53
8	Deutsche Herold	1,97	4,01	-50,79
9	Verein. Post	5,81	3,11	87,13
10	Debeka	3,70	2,85	30,02
11	Kölner Post	3,59	1,95	83,67
12	Deutscher Ring	0,55	1,50	-63,09
13	R+V Leben	0,94	1,42	-33,77
14	Berlinische	2,13	1,38	53,95
15	Allg.Renten AG	0,82	1,37	-40,26
16	Colonia Leben	1,22	1,25	-2,34
17	WWK Leben	0,74	1,13	-34,34
18	Gothaer	1,27	1,21	4,63
19	Bayer.Beamten	0,97	1,06	-8,52
20	DEVK	0,99	1,08	-7,72
21	Nordstern	0,64	1,07	-40,22
22	Nürnberger	0,69	0,95	-27,22
23	Agrippina Leben	0,70	0,90	-22,38
24	Alte Leip. Leben	0,33	0,95	-65,62
25	Verein. Eos-Isar	0,67	0,92	-26,50

Quelle: FWU- Datenbank

Abb. 27:

Neugeschäfts- und Bestandsanteile 1983 - Vermögensbildende Lebensversicherungen -

Rang-folge	LVU	Marktanteil Neugeschäft in %	Marktanteil Bestand	Prozentuale Abweichung auf Basis Bestand
1	Allianz Leben	16,22	20,08	-19,21
2	Volksfürsorge	16,71	11,25	48,51
3	Karlsruher	5,26	4,35	20,85
4	AM Leben	5,78	4,39	31,71
5	HM Leben	4,21	4,96	-15,22
6	Iduna	4,73	4,34	9,10
7	Victoria	3,76	4,26	-11,65
8	Deutsche Herold	2,68	4,36	-38,43
9	Verein. Post	5,70	2,76	106,29
10	Debeka	3,11	2,73	14,00
11	Kölner Post	3,90	1,73	125,34
12	Deutscher Ring	0,68	1,68	-59,56
13	R+V Leben	1,21	1,49	-19,06
14	Berlinische	1,38	1,41	-2,04
15	Allg.Renten AG	1,04	1,45	-28,21
16	Colonia Leben	1,03	1,27	-19,00
17	WWK Leben	0,88	1,63	-46,01
18	Gothaer	1,20	1,24	-3,52
19	Bayer.Beamten	1,01	1,14	-11,83
20	DEVK	1,51	1,11	36,44
21	Nordstern	0,82	1,17	-30,24
22	Nürnberger	0,71	1,06	-33,10
23	Agrippina Leben	1,10	0,96	14,38
24	Alte Leip. Leben	0,43	1,09	-60,15

Quelle: FWU-Datenbank

Abb. 28:

Neugeschäfts- und Bestandsanteile 1982 - Vermögensbildende Lebensversicherungen -

Rangfolge	LVU	Marktanteil Neugeschäft in %	Marktanteil Bestand	Prozentuale Abweichung auf Basis Bestand
1	Allianz Leben	20,21	20,70	-2,32
2	Volksfürsorge	15,42	10,96	40,73
3	Karlsruher	6,79	4,30	57,80
4	AM Leben	5,12	4,33	18,30
5	HM Leben	4,30	5,14	-16,32
6	Iduna	5,32	4,35	22,42
7	Victoria	2,30	2,92	-21,30
8	Deutsche Herold	2,72	4,76	-42,90
9	Verein. Post	5,31	2,34	127,15
10	Debeka	4,13	2,58	60,13
11	Kölner Post	3,42	1,42	140,89
12	Deutscher Ring	0,77	1,85	-58,21
13	R+V Leben	1,25	1,52	-17,56
14	Berlinische	2,16	1,48	45,43
15	Allg.Renten AG	0,86	1,52	-43,50
16	Colonia Leben	0,91	1,33	-31,73
17	WWK Leben	1,01	1,22	-17,32
18	Gothaer	1,09	1,29	-15,62
19	Bayer.Beamten	0,65	1,20	-45,67
20	DEVK	0,73	1,31	-35,91
21	Nordstern	0,53	1,30	-59,52
22	Nürnberger	0,53	1,17	-54,31
23	Agrippina Leben	0,83	1,04	-19,96
24	Alte Leip. Leben	0,45	1,20	-62,59
25	Verein. Eos-Isar	0,58	1,06	-45,00

Quelle: FWU -Datenbank

2.2.4. Risikolebensversicherungen

Produktbeschreibung/Zielgruppen

Im Gegensatz zur kapitalbildenden Lebensversicherung wird bei der "reinen Risikolebensversicherung" während der Laufzeit des Vertrages für den Versicherten kein Kapital akkumuliert und die vereinbarte Versicherungssumme nur fällig, wenn der Versicherte während der Laufzeit des Vertrages stirbt. Die Versicherungslaufzeiten der Risikolebensversicherungen sind im Durchschnitt deutlich geringer als die der anderen Versicherungslaufzeiten, oft nur zwischen 5 und 10 Jahre. Daraus ergibt sich auch, daß der Anteil der Risikolebensversicherungen am gesamten Lebensversicherungsgeschäft im Neugeschäft deutlich höher ausfällt als im Bestand. Während die Risikolebensversicherungen früher ausschließlich der Hinterbliebenenvorsorge diente, sind inzwischen auf breiter Front weitere Anwendungsfälle zu beobachten.
Risikolebensversicherungen mit Empfangen der Versicherungssumme werden in Verbindung mit Sparprogrammen, Krediten und Leasingverträgen angeboten. Diese Art von Versicherungen dient dem Kreditgeber als Absicherung, so daß seine Forderung gegenüber dem Kreditnehmer durch dessen Tod nicht gefährdet ist. Höhere Bedeutung haben die sogenannte Restschuldversicherung und die Bausparrisikoversicherung.
Die Restschuldversicherung wird bei der Absicherung von Teilzahlungskrediten angewandt und wird regelmäßig mit monatlich fallender Summe gegen einen Einmalbeitrag abgeschlossen. Weil es sich hier um ein Mengengeschäft handelt, hat sich bei der Restschuldversicherung gegenüber den übrigen Versicherungsformen eine vereinfachte Abwicklung herauskristallisiert. Die Einzelheiten sind in einem Rahmenvertrag zwischen dem Versicherungsunternehmen und der jeweiligen Bank festgelegt. Der Inhalt dieser Vereinbarung bezieht sich auf die Kombination des Kreditantrages mit dem Versicherungsantrag sowie auf eine vereinbarte Risikoprüfung.
Fast alle Bausparkassen sichern Bauspardarlehen mit einer Bausparrisikoversicherung ab. Im Gegensatz zur Restschuldversicherung sind Bausparrisikoversicherungen Gruppenversicherungen, für die üblicherweise keine Gesundheitsprüfung notwendig ist. Die Bausparrisikolebensversicherung ist die Aneinanderreihung mehrerer einjähriger Risikolebensversicherungen. Je nach Darlehensstand wird die Versicherungssumme zu Beginn eines jeden Jahres neu festgesetzt und bleibt für die Dauer des Jahres konstant.

Marktvolumen/Marktwachstum

Das Marktvolumen auf Basis der Versicherungssummen stieg in diesem Segment von 1982 bis 1985 um jährlich 10,4 % von 21 Mrd. auf 28,3 Mrd. DM. Das Wachstum resultiert in dieser Zeit sowohl aus einer Zunahme der abgeschlossenen Verträge als auch aus einer Erhöhung der Versicherungssummen (vgl. Abb. 29).
Die Risikolebensversicherung ist die in den letzten Jahren am schnellsten gewachsene Versicherungsart, was insbesondere auf die vielfältigen Einsatzmöglichkeiten und auch auf verstärkte Marketinganstrengungen, besonders von kleineren Unternehmen, zurückzuführen ist.

Nachfrageveränderungen

Die Nachfrage nach Risikolebensversicherungen geschieht aus zwei grundsätzlichen unterschiedlichen Motiven: einmal einer möglichst preisgünstigen Hinterbliebenenvorsorge - eine Risikolebensversicherung ist naturgemäß wesentlich billiger als eine kapitalbildende Lebensversicherung - und aus dem Motiv einer Kredit- und Darlehensabsicherung.

Vergleicht man Strukturunterschiede bei den abgeschlossenen Versicherungsverträgen für kapitalbildende und Risikolebensversicherungen, so sind relativ wenig Unterschiede auszumachen. Das deutet darauf hin ,daß beide Versicherungsarten zwar von denselben Personengruppen, jedoch für unterschiedliche Anwendungsgebiete abgeschlossen werden.
Der Anteil der Versicherungsabschlüsse aus dem Motiv der Darlehensabsicherung hat durch die Sparpläne der Banken sowie der Bausparrisikoversicherung der Bausparkassen erheblich zugenommen.

Abb.29
Marktentwicklung
- Risikoversicherung -

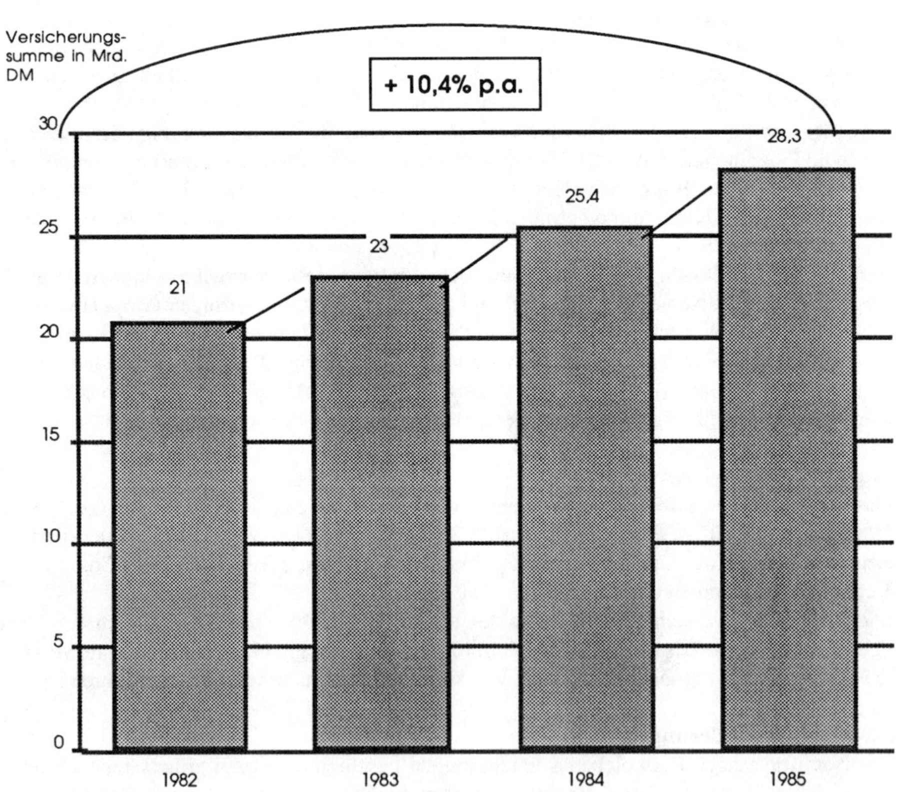

Quelle: FWU-Datenbank

Wettbewerbsanalyse

Beim Marktanteil am Bestand führt die Berlinische Lebensversicherungs AG im Jahr 1985 mit 15,6 % vor der Vita Lebensversicherung (13,6 %), im Neugeschäft ist der Vorteil der beiden sogar noch größer, mit 21,4 % für die Berlinische und 17,5 % für die Vita. Abgeschlagen auf Platz 3 findet man im Bestand die Hannoversche Versicherung mit 5,5 % und im Neugeschäft Equity & Law mit 4,0 % (vgl. Abb. 30 und 31).

Betrachtet man die Marktanteilsentwicklung im Neugeschäft für die einzelnen Unternehmen, so sind, ähnlich wie bei der vermögensbildenden Lebensversicherung, sehr große Schwankungen zu verzeichnen. Dafür ist die Marktanteilsentwicklung bei der Berlinischen von 1982 bis 1985 von 27 % über 23,2 % auf 21,4 % zurückgegangen, was einem durchschnittlichen Marktanteilsverlust von 0,4 % über die Jahre entspricht.

Die Vita fiel im gleichen Zeitraum von 21,5% über 18,4% auf 17,3% bzw. 17,5% im Jahre 1985. Ähnlich kontinuierlich verlief ihr Marktanteilsverlust im Bestand mit durchschnittlich 6% pro Jahr von 14,4% auf 13,6%. Wettbewerbspolitisch interessant ist auch die Entwicklung der Hannoverschen Lebensversicherung nachzuvollziehen. Sie stieg im Neugeschäft von 1982 (2,8%) um rund 4% auf 2,9%. Im Jahre 1984 machte sie einen Sprung um 20% auf 3,5% Marktanteil, fiel jedoch im Jahre 1985 um knapp 3,4%. Derartige große Sprünge in der Entwicklung der Marktanteile sind nur mit speziellen Vertriebsaktivitäten in den jeweiligen Jahren zu erklären, die dann auch zu entsprechenden Marktanteilsveränderungen führten.

Wettbewerbspolitisch noch interessanter ist der Verlauf des Marktanteils des englischen Versicherers Equity & Law, der, von 2,5% Marktanteil im Jahre 1982 ausgehend, seinen Marktanteil um fast 76% im Jahr 1983 steigern konnte, weitere 14% im Jahre 1984 zulegte, um dann im Jahre 1985 um 22% zu fallen.

Wie in den Abbildungen 32 bis 35 zu ersehen ist, führen die großen jährlichen Marktanteilsveränderungen auch zu hohen Werten bei den Abweichungsindikatoren zwischen Bestands- und Neugeschäftsmarktanteil. So reicht die Spanne im Jahre 1985 von 73,6% Differenz beim Gerling-Konzern (Platz 19) bis zu minus 56,3% bei der Gothaer Lebensversicherung (Platz 12). Andere Extremwerte findet man im Jahre 1982 mit plus 45% bei der Berlinischen Lebensversicherung (Platz 1), bei der DBV mit 65% (Platz 25). Die großen jährlichen Abweichungen im positiven wie im negativen Sinn mit gleichzeitig stark veränderten Werten bei jedem Unternehmen deuten auf sehr starke Wettbewerbsprozesse in diesem Segment der Lebensversicherung hin.

Abb. 30:

Marktentwicklung Neugeschäft -Risikolebensversicherungen-

Rangfolge	LVU	Marktanteil 1982 in %	Marktanteil 1983 in %	Marktanteil 1984 in %	Marktanteil 1985 in %	Durchschnittl. Marktanteilswachstum p.a. 1982-1985 in %
1	Berlinische	26,98	23,17	24,25	21,39	-7,44
2	Vita	21,5	18,38	17,27	17,5	-6,63
3	Hannoversche	2,84	2,95	3,54	3,46	6,8
4	E & L	2,52	4,42	5,04	3,95	16,23
5	Bayern-Vers.	2,21	2,94	2,92	3,18	12,89
6	LV-AG HUK-Cob	1,14	1,83	1,68	2,23	24,93
7	R+V Leben	2,53	2,69	2,52	2,87	4,33
8	Allianz Leben	2,72	3,04	3,02	3,45	1,11
9	Prov-Leb. Rhein	3,34	3,04	3,02	3,45	1,11
10	Verein. Post	1,11	1,52	0,16	1,76	16,73
11	Prov-Leb. Han	1,75	2,14	2,18	2,44	11,64
12	Gothaer	1,04	1,05	0,89	1,02	-0,57
13	Colonia Leben	3,12	2,72	2,19	1,76	-17,4
14	Winterthur	3,27	3,57	3,6	2,75	-5,64
15	DEVK	1,19	1,37	1,09	1,38	4,97
16	Nürnberger	1,57	1,48	1,41	1,46	-2,51
17	Westf. Prov-Leb.	1,24	1,34	1,42	1,67	10,27
18	Karlsruher	1,26	1,23	1,13	1,21	-1,35
19	Gerling	2,94	2,74	2,79	2,69	-2,95
20	Schweiz. LV+RA	1,49	1,69	1,89	2,06	11,36
21	Volksfürsorge	0,74	0,81	0,79	0,75	0,46
22	Sparkassen-Vers.	0,79	0,8	0,94	1,02	8,83
23	HM Leben	0,65	0,72	0,69	0,69	2,15
24	AM Leben	0,53	0,82	1,17	1,14	28,94
25	DBV	0,08	1,16	1,4	1,16	144,9

Quelle: FWU -Datenbank

Abb. 31:

Marktentwicklung Bestand -Risikolebensversicherungen-

Rang-folge	LVU	Markt-anteil 1982 in %	Markt-anteil 1983 in %	Markt-anteil 1984 in %	Markt-anteil 1985 in %	Durchschnittl. jährl. Marktanteils-wachstum 82-85 in %
1	Berlinische	18,60	16,86	16,48	15,60	-5,7
2	Vita	16,37	15,17	14,31	13,61	-6,0
3	Hannoversche	4,49	4,86	5,29	5,55	7,3
4	E & L	1,68	3,07	4,39	4,95	43,4
5	Bayern-Versich.	3,64	3,92	4,09	4,25	5,3
6	LV-AG HUK-Coburg	2,26	2,61	2,79	3,07	10,7
7	R + V Leben	2,94	2,88	2,80	2,82	-1,4
8	Allianz Leben	2,63	2,73	2,80	2,73	1,3
9	Prov-Leb Rhein	2,48	2,34	2,26	2,39	-1,2
10	Verein Post	1,40	1,76	2,09	2,36	19,0
11	Prov-Leb Hannover	1,86	2,05	2,18	2,36	8,3
12	Gothaer	2,44	2,30	2,06	2,34	-1,4
13	Colonia Leben	3,26	2,95	2,56	2,15	-13,0
14	Winterthur	2,44	2,42	2,38	2,09	-5,0
15	Devk	1,91	2,03	1,97	1,98	1,2
16	Nuernberger	1,99	2,00	1,95	1,89	-1,7
17	Westf. Prov-Leben	1,43	1,50	1,57	1,70	5,9
18	Karlsruher	2,05	1,96	1,83	1,69	-6,2
19	Gerling	2,10	1,85	1,67	1,55	-9,6
20	Schweiz. LV + Ra	1,17	1,31	1,38	1,45	7,4
21	Volksfürsorge	1,19	1,26	1,25	1,44	6,6
22	Sparkassen-Vers.	1,44	1,41	1,42	1,37	-1,6
23	HM Leben	1,26	1,27	1,42	1,36	2,6
24	AM Leben	0,84	0,92	1,09	1,21	12,9
25	DBV	0,23	0,60	0,99	1,20	73,4

Quelle: FWU- Datenbank

Abb. 32:

Neugeschäfts- und Bestandsanteile 1985 -Risikolebensversicherungen-

Rang-folg	LVU	Marktanteil Neugeschäft in %	Marktanteil Bestand	Prozentuale Abweichung auf Basis Bestand
1	Berlinische	21,39	15,60	37,14
2	Vita	17,50	13,61	28,62
3	Hannoversche	3,46	5,55	-37,70
4	E & L	3,95	4,95	-20,24
5	Bayern-Versich.	3,18	4,25	-25,13
6	LV-AG HUK-Coburg	2,23	3,07	-27,54
7	R + V Leben	2,87	2,82	1,82
8	Allianz Leben	3,16	2,73	15,76
9	Prov-Leb Rhein	3,45	2,39	44,40
10	Verein Post	1,76	2,36	-25,34
11	Prov-Leb Hannover	2,44	2,36	3,31
12	Gothaer	1,02	2,34	-56,26
13	Colonia Leben	1,76	2,15	-18,24
14	Winterthur	2,75	2,09	31,22
15	Devk	1,38	1,98	-30,42
16	Nuernberger	1,46	1,90	-23,00
17	Westf. Prov-Leben	1,67	1,70	-1,92
18	Karlsruher	1,21	1,69	-28,55
19	Gerling	2,69	1,55	73,57
20	Schweiz. LV + Ra	2,06	1,45	41,90
21	Volksfürsorge	0,75	1,44	-48,30
22	Sparkassen-Vers.	1,02	1,37	-25,60
23	HM Leben	0,70	1,36	-49,26
24	AM Leben	1,14	1,21	-5,69
25	DBV	1,16	1,20	-4,00

Quelle: FWU- Datenbank

Abb. 33:

Neugeschäfts- und Bestandsanteile 1984 -Risikolebensversicherungen-

Rang- folge	LVU	Marktanteil Neugeschäft in %	Marktanteil Bestand	Prozentuale Abweichung auf Basis Bestand
1	Berlinische	24,25	16,48	47,14
2	Vita	17,27	14,31	20,73
3	Hannoversche	3,54	5,29	-33,09
4	E & L	5,04	4,39	14,82
5	Bayern-Versich.	2,92	4,09	-28,61
6	LV-AG HUK-Coburg	1,68	2,79	-39,78
7	R + V Leben	2,52	2,80	-10,00
8	Allianz Leben	3,23	2,80	15,18
9	Prov-Leb Rhein	3,02	2,26	33,29
10	Verein Post	0,16	2,09	-92,15
11	Prov-Leb Hannover	2,18	2,18	-0,16
12	Gothaer	0,89	2,06	-56,88
13	Colonia Leben	2,19	2,56	-14,20
14	Winterthur	3,60	2,38	51,25
15	Devk	1,09	1,97	-44,96
16	Nuernberger	1,41	1,95	-27,95
17	Westf. Prov-Leben	1,52	1,57	-10,07
18	Karlsruher	1,13	1,83	-38,19
19	Gerling	2,79	1,67	66,77
20	Schweiz. LV + Ra	1,89	1,38	36,35
21	Volksfürsorge	0,79	1,25	-36,82
22	Sparkassen-Vers.	0,94	1,42	-33,52
23	HM Leben	0,69	1,42	-51,54
24	AM Leben	1,17	1,09	7,61
25	DBV	1,40	0,99	41,43

Quelle: FWU- Datenbank

Abb. 34:

Neugeschäfts- und Bestandsanteile 1983 -Risikolebensversicherungen-

Rang-folge	LVU	Marktanteil Neugeschäft in %	Marktanteil Bestand	Prozentuale Abweichung auf Basis Bestand
1	Berlinische	23,17	16,86	37,45
2	Vita	18,38	15,17	21,17
3	Hannoversche	2,95	4,86	-39,36
4	E & L	4,42	3,07	44,03
5	Bayern-Versich.	2,94	3,92	-24,97
6	LV-AG HUK-Coburg	1,83	2,61	-29,69
7	R + V Leben	2,69	2,88	-6,59
8	Allianz Leben	3,15	2,73	15,57
9	Prov-Leb Rhein	3,04	2,34	29,72
10	Verein Post	1,52	1,76	-13,91
11	Prov-Leb Hannover	2,14	2,05	4,55
12	Gothaer	1,05	2,30	-54,24
13	Colonia Leben	2,72	2,95	-7,66
14	Winterthur	3,57	2,42	47,57
15	Devk	1,37	2,03	-32,42
16	Nuernberger	1,48	2,00	-25,95
17	Westf. Prov-Leben	1,34	1,50	-10,78
18	Karlsruher	1,23	1,96	-37,03
19	Gerling	2,74	1,85	48,22
20	Schweiz. LV + Ra	1,69	1,31	28,85
21	Volksfürsorge	0,81	1,26	-35,67
22	Sparkassen-Vers.	0,80	1,41	-43,23
23	HM Leben	0,72	1,27	-42,98
24	AM Leben	0,81	0,92	-11,64
25	DBV	1,16	0,60	93,33

Quelle: FWU- Datenbank

Abb: 35:

Neugeschäfts- und Bestandsanteile 1982 - Risikolebensversicherungen -

Rang-folge	LVU	Marktanteil Neugeschäft in %	Marktanteil Bestand	Prozentuale Abweichung auf Basis Bestand
1	Berlinische	26,97	18,59	45,08
2	Vita	21,49	16,36	31,35
3	Hannoversche	2,83	4,49	-36,82
4	E & L	2,51	1,68	49,60
5	Bayern-Vers.	2,21	3,64	-39,29
6	LV-AG Huk-Cob.	1,14	2,26	-49,53
7	R + V Leben	2,52	2,93	-13,93
8	Allianz Leben	2,71	2,63	3,11
9	Prov-Leb Rhein	3,33	2,47	34,74
10	Verein. Post	1,10	1,40	-21,18
11	Prov-Leb Han	1,75	1,85	-5,81
12	Gothaer	1,03	2,43	-57,36
13	Colonia Leben	3,11	3,25	-4,37
14	Winterthur	3,26	2,44	33,94
15	Devk	1,19	1,91	-37,63
16	Nuernberger	1,57	1,98	-20,84
17	Westf. Prov-Leb	1,24	1,42	-12,92
18	Karlsruher	1,25	2,05	-38,76
19	Gerling	2,94	2,09	40,38
20	Schweiz.Lv + Ra	1,49	1,16	27,78
21	Volksfürsorge	0,73	1,18	-38,04
22	Sparkassen-Vers.	0,78	1,43	-45,09
23	HM-Leben	0,64	1,25	-48,36
24	AM-Leben	0,53	0,84	-36,84
25	DBV	0,07	0,22	-65,31

Quelle: FWU-Datenbank

2.2.5. Renten- und Pensionsversicherungen

Produktbeschreibung/Zielgruppen

Üblicherweise wird eine Kapitallebensversicherung einmalig bei Tod oder nach Ablauf der Versicherungsdauer fällig. Erfolgen bei einer Lebensversicherung wiederkehrende Zahlungen, spricht man von einer Rentenversicherung. Die Rentenzahlungen können monatlich, vierteljährlich, halbjährlich oder jährlich erfolgen.

Die häufigste Form dieser Versicherungsart ist die Leibrentenversicherung. Sie garantiert dem Versicherten bis zu seinem Tode ein zusätzliches Einkommen. In verschiedenen Varianten kann diese Versicherung zur Altersvorsorge des Versicherten oder auch gleichzeitig zur Hinterbliebenenvorsorge für seine Familie angewandt werden. In dem zweiten Fall spricht man von einer Leibrentenversicherung auf ein Leben mit aufgeschobenen Rentenzahlungen, Rentengarantie und Beitragsrückgewähr.

In einer weiteren Variante, der Pensionsversicherung, werden in einem Vertrag kombiniert eine Altersrente, eine Invaliditätsrente und eine Hinterbliebenenrente angeboten.

Marktvolumen/Marktwachstum

Die Versicherungssummen des Neugeschäfts sind bei den Renten- und Pensionsversicherungen im Beobachtungszeitraum jährlich im Durchschnitt um 16,4 % gestiegen (vgl. Abb. 36). Nach einer starken Steigerung von 1982 auf 1983 um 27,3 % flachte sich der Anstieg bis zur Erreichung von 5,2 % Mrd. DM im Jahre 1985 ab. Als Gründe für die starke Erhöhung dieser Versicherungsart ist die verstärkte Motivation der Bevölkerung nach zusätzlicher Alters- und Hinterbliebenenvorsorge zu sehen.

Nachfrageveränderung

Renten- und Pensionsversicherungen werden ausschließlich aus dem Motiv der Alters- und Hinterbliebenenvorsorge abgeschlossen. Neben der traditionellen Form der Leibrentenversicherung hat die Berufsunfähigkeitszusatzversicherung in den letzten Jahren an ständiger Bedeutung gewonnen. Sie ist mit allen anderen Versicherungsformen, ausgenommen der vermögensbildenden Versicherung, kombinierbar. Eine weitere Form, die in letzter Zeit an Bedeutung gewonnen hat, ist die Selbständigenberufsunfähigkeitsversicherung, deren Bedeutung durch die große Anzahl von Selbständigen zugenommen hat, die eine solche Versicherung ohne eine andere Versicherungsart abschließen können.

Diese beiden Arten der Rentenversicherung haben zu einer Erhöhung der Nachfrage und somit zu einem leichten Wachstum auf Versicherungssummenbasis in den letzten Jahren geführt.

Wettbewerbsanalyse

Größte Versicherung in diesem Segment war im Jahre 1985 (nach Bestandsmarktanteil) die Hamburg-Mannheimer mit 17,7% vor der Karlsruher Lebensversicherung mit 9,6% (vgl. Abb. 37 u. 38). Auf den nächsten Plätzen findet man die DBV, Allianz Leben, den Deutschen Ring und die Equity & Law. Der Vergleich zu 1982 zeigt, daß die ersten fünf damals schon diese Position besetzten. Der erfolgreiche Newcomer auf diesem Markt war die englische Versicherung Equity & Law, die ihren Bestandsmarktanteil von 0,4% im Jahre 1982 auf knapp 5% im Jahre 1985 steigern konnte.

Der Vergleich der Marktanteilswachstumsraten im Neugeschäft läßt eine starke Wettbewerbsdynamik in diesem Segment erkennen. So fiel der Marktanteil der Hamburg- Mannheimer von

Abb. 36:

Marktentwicklung - Rentenversicherung -

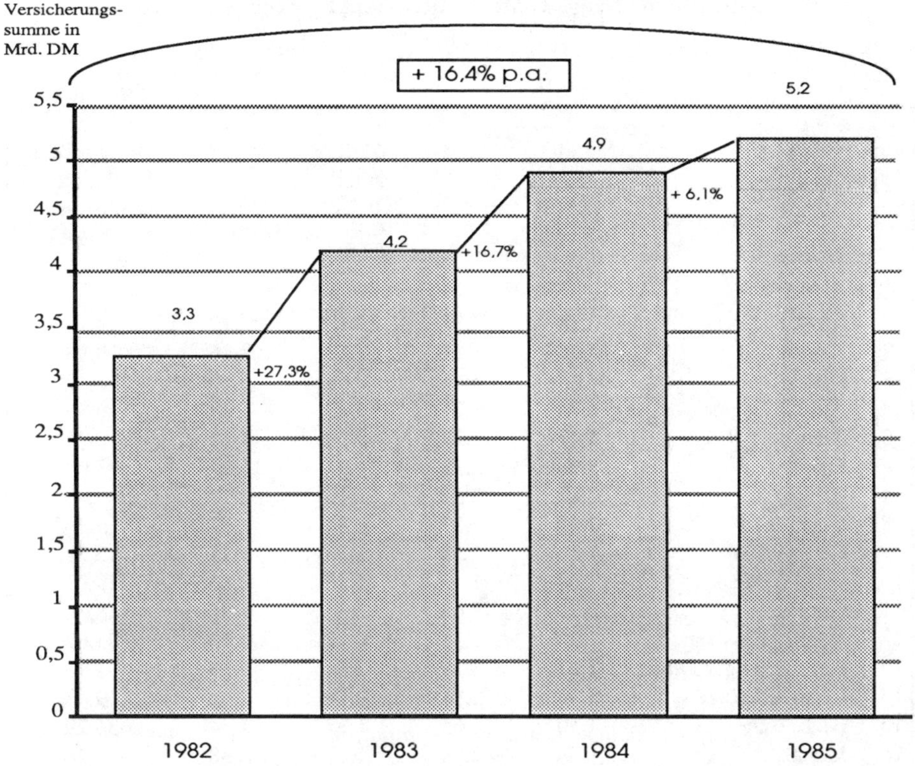

Quelle: FWU-Datenbank

1982/83 um knapp 14%, stieg im Jahre 1983/84 um 56%, um dann im Jahre 1984/85 wieder um 16% zu fallen.
Der extreme Geschäftserfolg der Equity & Law in diesem Segment läßt sich auch an der Höhe der Wachstumsraten erkennen. So begann die Gesellschaft im Jahre 1983 im Neugeschäft mit 3,0% Marktanteil, erreichte im Jahr 1983 gleich 5,3%, stieg im Jahre 1984 auf 14,1% und lag im Jahr 1985 mit 16,2% Marktanteil auf dem 2. Platz. Die durchschnittliche Wachstumsrate über diesen Zeitraum betrug jährlich plus 218%.
In den Abbildungen 39-42 sind wieder die Bestands- und die Neugeschäftsmarktanteile gegenübergestellt. An der Höhe der Abweichungen kann man die Intensität der Wettbewerbsprozesse ablesen. So reichte die Spanne im Jahre 1985 von den plus 228% der Equity & Law bis zu den minus 76% der Vereinigten EOS-Isar. Im Jahre 1982 reichte die Spanne von plus 593% (Equity & Law) bis zu minus 68% (Gerling).
Wie bei der vermögensbildenden und der Risikolebensversicherung reagiert nach Expertenmeinung auch hier der Markt sehr sensibel auf Marketing- und Vertriebsaktivitäten. Kein Unternehmen kann sicher sein, einen einmal erreichten Neugeschäftsanteil leicht halten zu können.

Abb. 37:

Marktentwicklung Neugeschäft -Renten- und Pensionsversicherungen-

Rangfolge	LVU	Marktanteil 1982 in %	Marktanteil 1983 in %	Marktanteil 1984 in%	Marktanteil 1985 in%	Durchschnittl. Marktanteilswachstum 1982/1985 in %
1	HM Leben	20,18	17,37	27,13	22,79	4,14
2	Karlsruher	15,22	9,61	9,22	8,16	-18,88
3	DBV	7,43	5,84	6,68	6,70	-3,39
4	Allianz Leben	6,74	8,71	4,92	5,43	-6,95
5	Deutscher Ring	4,47	4,23	3,39	4,44	-0,21
6	E & L	3,03	5,33	14,09	16,24	75,00
7	Gerling	2,88	2,37	2,16	2,14	-9,45
8	Viktoria	2,80	3,89	2,51	2,37	-5,46
9	Gerling FW	1,36	1,55	1,36	1,11	-6,57
10	Penska Baecker	1,68	1,45	1,23	0,86	-19,97
11	Gothaer	3,11	2,63	2,33	2,36	-8,84
12	Verein. Eos-Isar	2,40	1,11	0,72	0,70	-33,69
13	Alte Leipziger Leben	2,67	3,19	2,24	2,53	-1,75
14	Colonia Leben	1,54	1,81	0,71	2,62	19,43
15	Berlinische	1,50	1,65	1,37	1,34	-36,79
16	Iduna	1,68	2,74	1,19	0,88	-19,56
17	Bayern Versicherung	0,89	1,33	0,91	1,11	7,86
18	Schweiz. LV + RA	1,55	1,57	1,45	2,47	16,98
19	Allg. Renten AG	1,01	1,24	0,51	0,39	-27,07
20	R + V Leben	0,87	1,35	1,18	1,21	11,76
21	WWK Leben	1,55	1,31	0,82	1,14	-9,84
22	Nuernberger	0,68	1,28	0,66	0,47	-11,79
23	Bayer. Beamten	0,92	0,76	0,54	0,42	-23,22
24	Partner-Gruppe	0,77	0,87	1,58	0,84	3,02
25	Winterthur	0,87	0,55	0,88	0,80	-2,61

Quelle: FWU-Datenbank

Abb. 38:

Marktentwicklung Bestand -Renten- und Pensionsversicherungen-

Rang-folge	LVU	Markt-anteil 1982 in %	Markt-anteil 1983 in %	Markt-anteil 1984 in %	Markt-anteil 1985 in %	Durchschnittl. Marktanteils-wachstum 82-85 in %
1	HM Leben	16,17	15,96	17,35	17,71	3,1
2	Karlsruher	9,93	9,56	9,84	9,56	-1,3
3	DBV	6,10	6,13	6,33	6,43	1,8
4	Allianz Leben	6,15	6,57	6,42	6,36	1,1
5	Deutscher Ring	6,47	6,04	5,47	5,25	-6,7
6	E & L	0,44	1,13	3,08	4,96	124,2
7	Gerling	5,26	4,95	4,55	4,27	-6,8
8	Viktoria	4,17	4,21	3,77	3,66	-4,3
9	Gerling FW	4,21	3,95	3,66	3,38	-7,1
10	Penska Baecker	3,86	3,69	3,48	3,26	-5,5
11	Gothaer	4,11	3,73	3,45	3,2	-8,0
12	Verein. Eos-Isar	4,08	3,65	3,24	2,88	-11,0
13	Alte Leipziger Leben	2,77	2,83	2,76	2,72	-0,6
14	Colonia Leben	2,47	2,44	2,19	2,29	-2,5
15	Berlinische	1,76	1,75	1,73	1,7	-1,7
16	Iduna	1,68	1,83	1,73	1,6	-1,6
17	Bayern Versicherung	1,60	1,63	1,54	1,5	-2,1
18	Schweiz. LV + RA	1,11	1,19	1,26	1,45	9,3
19	Allg. Renten AG	1,63	1,61	1,52	1,38	-5,4
20	R + V Leben	0,79	0,84	0,88	0,91	4,8
21	WWK Leben	0,80	0,85	0,85	0,89	3,6
22	Nuernberger	0,84	0,91	0,89	0,83	-0,4
23	Bayer. Beamten	0,93	0,90	0,85	0,8	-4,9
24	Partner-Gruppe	0,63	0,65	0,80	0,79	7,8
25	Winterthur	0,72	0,71	0,76	0,77	2,3

Quelle: FWU-Datenbank

Abb: 39:

Neugeschäfts- und Bestandsanteile 1985 - Renten- und Pensionsversicherungen -

Rang-folge	LVU	Marktanteil Neugeschäft in %	Marktanteil Bestand	Prozentuale Abweichung auf Basis Bestand
1	HM Leben	22,79	17,70	28,70
2	Karlsruher	8,13	9,56	-15,03
3	DBV	6,70	6,43	4,31
4	Allianz Leben	5,43	6,36	-14,66
5	Deutsch. Ring	4,44	5,25	-15,40
6	E & L	16,24	4,96	227,58
7	Gerling	2,14	4,27	-49,89
8	Victoria	2,37	3,66	-35,21
9	Gerling FW	1,11	3,38	-67,06
10	Penska Baecker	0,86	3,26	-73,50
11	Gothaer	2,36	3,20	-26,29
12	Verein. Eos-Isar	0,70	2,88	-75,72
13	Alte Leip. Leben	2,53	2,72	-6,71
14	Colonia Leben	2,62	2,29	14,36
15	Berlinische	1,34	1,70	-21,01
16	Iduna	0,87	1,60	-45,22
17	Bayern. Vers.	1,11	1,50	-25,93
18	Schweiz.LV + RA	2,47	1,45	70,78
19	Allg. Renten AG	0,39	1,38	-71,60
20	R + R Leben	1,21	0,91	32,07
21	WWK Leben	1,14	0,89	27,82
22	Nürnberger	0,45	0,83	-43,96
23	Bayr. Beamten	0,42	0,80	-47,89
24	Partner-Gruppe	0,85	0,79	6,64
25	Winterthur	0,80	0,77	3,33

Quelle: FWU-Datenbank

Abb. 40:

Neugeschäfts- und Bestandsanteile 1984 - Renten - und Pensionsversicherungen -

Rang-folge	LVU	Marktanteil Neugeschäft in%	Marktanteil Bestand	Prozentuale Abweichung auf Basis Bestand
1	HM Leben	27,13	17,35	56,42
2	Karlsruher	9,22	9,84	-6,34
3	DBV	6,68	6,33	5,57
4	Allianz Leben	4,92	6,42	-23,43
5	Deutsch Ring.	3,39	5,47	-38,13
6	E & L	14,09	3,08	357,81
7	Gerling	2,16	4,55	-52,43
8	Victoria	2,51	3,77	-33,49
9	Gerling FW	1,36	3,66	-62,75
10	Penska Baecker	1,13	3,48	-67,64
11	Gothaer	2,33	3,45	-32,50
12	Verein. Eos-Isar	0,72	3,24	-77,74
13	Alte Leip. Leben	2,24	2,76	-19,04
14	Colonia Leben	0,71	2,19	-67,36
15	Berlinische	1,37	1,73	-20,86
16	Iduna	1,19	1,73	-31,67
17	Bayern-Vers.	0,91	1,54	-40,90
18	Schweiz.LV + RA	1,45	1,26	15,18
19	Allg. Renten AG	0,51	1,52	-66,40
20	R + V Leben	1,18	0,88	34,58
21	WWK Leben	0,82	0,85	-3,86
22	Nürnberger	0,66	0,89	-25,18
23	Bayer. Beamten	0,54	0,85	-36,76
24	Partner-Gruppe	1,58	0,80	97,61
25	Winterthur	0,88	0,76	16,00

Quelle: FWU-Datenbank

Abb. 41:

Neugeschäfts- und Bestandsanteile 1983 - Renten - und Pensionsversicherungen -

Rang-folge	LVU	Marktanteil Neugeschäft in%	Marktanteil Bestand	Prozentuale Abweichung auf Basis Bestand
1	HM Leben	17,38	15,96	8,85
2	Karlsruher	9,61	9,86	-2,45
3	DBV	5,84	6,13	-4,66
4	Allianz Leben	8,70	6,57	32,49
5	Deutsch Ring.	4,23	6,04	-29,84
6	E & L	5,32	1,13	371,74
7	Gerling	2,37	4,95	-52,05
8	Victoria	3,89	4,21	-7,61
9	Gerling FW	1,55	3,95	-60,75
10	Penska Baecker	1,45	3,67	-60,78
11	Gothaer	2,63	3,73	-29,49
12	Verein. Eos-Isar	1,11	3,65	-69,44
13	Alte Leip. Leben	3,19	2,83	12,91
14	Colonia Leben	1,81	2,44	-25,68
15	Berlinische	1,65	1,75	-6,05
16	Iduna	2,74	1,83	50,11
17	Bayern-Vers.	1,33	1,63	-18,51
18	Schweiz.LV + RA	1,57	1,19	31,40
19	Allg. Renten AG	1,24	1,61	-23,10
20	R + V Leben	1,35	0,84	61,06
21	WWK Leben	1,31	0,85	53,75
22	Nürnberger	1,28	0,91	40,21
23	Bayer. Beamten	0,76	0,90	-16,24
24	Partner-Gruppe	0,87	0,65	33,64
25	Winterthur	0,54	0,71	-22,78

Quelle: FWU-Datenbank

Abb. 42:

Neugeschäfts- und Bestandsanteile 1982 - Renten - und Pensionsversicherungen -

Rang-folge	LVU	Marktanteil Neugeschäft in%	Marktanteil Bestand	Prozentuale Abweichung auf Basis Bestand
1	HM Leben	20,18	16,17	24,77
2	Karlsruher	15,22	9,93	53,28
3	DBV	7,43	6,10	21,82
4	Allianz Leben	6,74	6,15	9,61
5	Deutsch Ring.	4,47	6,48	-30,90
6	E & L	3,03	0,44	592,73
7	Gerling	2,88	5,26	-45,26
8	Victoria	2,80	4,17	-32,84
9	Gerling FW	1,36	4,21	-67,56
10	Penska Baecker	1,68	3,86	-56,37
11	Gothaer	3,11	4,11	-24,28
12	Verein. Eos-Isar	2,40	4,08	-41,05
13	Alte Leip. Leben	2,67	2,77	-3,63
14	Colonia Leben	1,54	2,47	-37,77
15	Berlinische	1,50	1,76	-14,68
16	Iduna	1,68	1,68	0,10
17	Bayern-Vers.	0,89	1,60	-44,45
18	Schweiz.LV + RA	1,55	1,11	39,13
19	Allg. Renten AG	1,01	1,63	-37,75
20	R + V Leben	0,87	0,79	10,24
21	WWK Leben	1,55	0,80	94,15
22	Nürnberger	0,68	0,84	-19,08
23	Bayer. Beamten	0,92	0,93	-1,75
24	Partner-Gruppe	0,77	0,63	22,04
25	Winterthur	0,87	0,72	20,39

Quelle: FWU-Datenbank

2.2.6 Gruppenversicherung nach Sondertarif

Produktbeschreibung/Zielgruppen

Aufgrund des Gleichbehandlungsgrundsatzes der Versicherungsnehmer oder versicherten Personen sind Sondervergütungen, wie Gewährung von Provisionen oder im Geschäftsplan nicht vorgesehenen Vorteilen an den Versicherungsnehmer sowie Begünstigungsverträge gesetzlich verboten. Ausnahmen werden vom BAV nur zugelassen, wenn Einsparungen auch eine Vergünstigung rechtfertigen. Nach den Richtlinien des BAV sind Sondertarife nur bei der Gruppen- und Sammelversicherung zulässig. Bei dieser Versicherungsart handelt es sich um die Zusammenfassung einer größeren Anzahl von Versicherungen, wodurch Verwaltungs-und Abschlußkosten eingespart werden, die dem Versicherten in Form einer Beitragsermäßigung zugute kommen können.
Bei dieser Versicherungsart werden Firmengruppen-, Vereinsgruppen und Sammelversicherungen unterschieden. Bei der Firmengruppenversicherung, die der Alters- und Hinterbliebenenvorsorge von Arbeitnehmern dient, können bei 50% Beteiligung der definierten Personengruppe sogenannte rabattierte Einzeltarife angeboten werden. Werden mindestens 90% des relevanten Personenkreises versichert, so können statt dessen noch beitragsgünstigere Sondertarife zur Anwendung kommen.

Marktvolumen/Marktwachstum

Das Marktvolumen der Gruppenversicherung stieg von 1982 auf 1983 um 12,1% und fiel dann in den Folgejahren von den erreichten 17,6 Mrd. um 4,5% bzw. 1,8% auf 16,5 Mrd. im Jahre 1985 (vgl. Abb. 43). Über den Beobachtungszeitraum ergibt das eine durchschnittliche Wachstumsrate von 1,7% pro Jahr.
Während bis zum Jahre 1983 die Gruppenversicherung aufgrund der Expansion der betrieblichen Altersversorgung zugenommen hat, ist diese Entwicklung in den letzten beiden Jahren ins Stocken geraten. Die rückläufige Tendenz der Gruppenversicherung in 1984/85 deutet an, daß die Unternehmen nicht mehr in gleichem Maße wie früher bereit sind, das Niveau der zusätzlichen betrieblichen Altersversorgung zu erhöhen.

Nachfrageveränderungen

Aufgrund des Angebots vieler Firmen an betrieblicher Altersvorsorge als Anreiz für Mitarbeiter zu einer längeren Verweildauer im Unternehmen, ist die Nachfrage nach dieser Versicherungsform bis 1983 stetig gewachsen. In den letzten Jahren hat sich seitens der Unternehmen die Präferenz für Anreizsysteme in Form von betrieblichen Altersversorgungen etwas vermindert, da bei Großunternehmen gewisse Sättigungserscheinungen festzustellen sind, kleinere und mittlere Unternehmen nicht im gleichen Maße diese Nachfragelücke ausfüllen können. Präferenzänderung hat sich in den letzten Jahren hin zur Direktversicherung ergeben, in denen die Beiträge voll von den Arbeitnehmern in Form von Gehaltsumwandlungen aufgebracht werden. Die steigende Anzahl besser verdienender leitender Mitarbeiter führt zu einer Nachfrageverschiebung nach diesem Versicherungsprodukt. Für die Zukunft wird hier mit wachsender Nachfrage gerechnet.

Abb. 43:
Marktentwicklung
- Gruppenversicherung -

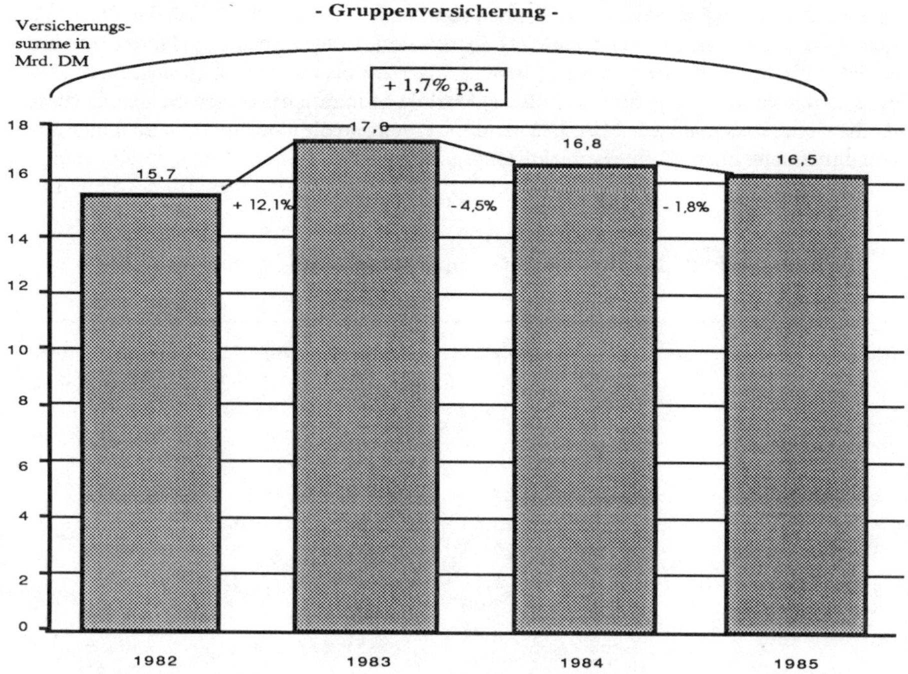

Quelle: FWU-Datenbank

Wettbewerbsanalyse

In diesem Segment sind stärkere Marktkonzentrationen zu erkennen als in den zuvor genannten Marktsegmenten. Im Jahre 1985 hatte die DBV den höchsten Bestandsmarktanteil mit 22,1% vor der R+V Leben mit 16,7%, Wüstenrot mit 9,6%, Allianz mit 8,1% (vgl. Abb. 44 u. 45).

Auch im Jahre 1982 waren diese vier Gesellschaften an der Spitze: DBV 25,3%, R+V 15,2%, Wüstenrot 10,5%, Allianz 7,9%.

Die durchschnittlichen jährlichen Veränderungsraten der Marktanteile sowohl im Bestand wie im Neugeschäft sind relativ gering und liegen bei den ersten 20 Unternehmen im Regelfall weit unter 10%.

Trotz dieser geringen durchschnittlichen jährlichen Veränderungsraten ergibt doch die Betrachtung des Einzelfalls, daß auch hier zyklische Schwankungen an der Tagesordnung sind. So stieg der Marktanteil im Neugeschäft bei DBV von 1982 auf 1983 um 12,7%, von 1983 auf 1984 um 13%, um dann im Jahre 1984/85 um 7,5% zu sinken. Die R+V hatte im ersten Jahr einen Rückgang von 3,4%, legte im nächsten Jahr 1,4% zu, mußte eine Reduzierung ihres Marktanteils in 1985 um 6,8% hinnehmen. Wüstenrot hatte zwei expansive Jahre mit 6,8% im ersten, 10,4% im zweiten, fiel im Neugeschäft dann jedoch im Jahre 1985 um 17,2% zurück und damit unter den Neugeschäftsmarktanteil von 1982.

Der Vergleich der Bestands- mit den Neugeschäftsmarktanteilen (vgl. Abb. 46-49) zeigt, daß bei den ersten 25 Unternehmen die Spannbreite in den letzten Jahren etwas zurückgegangen ist. Reichen die Extremwerte im Jahre 1982 noch von 110% (Westfälische Provinzial, Platz 11) bis minus 73% (Vereinigte EOS-Isar, Platz 21), so reduzierte sich die Spanne im Jahre 1985 auf den Bereich zwischen 93% (Bayern-Versicherung, Platz 24) bis minus 45% (Iduna, Platz 17). Diese Zahlen verdeutlichen trotz der höheren Marktkonzentration in diesem Segment, daß auch hier die Geschäftsanteile jedes Jahr neu verteilt werden und die einzelnen Unternehmen einem nicht unbeträchtlichen Wettbewerbsdruck ausgesetzt sind.

Abb. 44:
Marktentwicklung Bestand - Gruppenversicherung nach Sondertarif -

Rangfolge	LVU	Marktanteil 1982 in %	Marktanteil 1983 in %	Marktanteil 1984 in %	Marktanteil 1985 in %	Durchschnittl. jährl. Marktanteilswachstum 1982 - 1985 in %
1	DBV	21,92	24,7	21,48	19,85	-3,25
2	R + V Leben	16,42	15,85	16,08	14,98	-3
3	Wuestenrot	11,73	12,53	13,83	11,45	-0,8
4	Allianz Leben	6,18	5,41	6,55	7,11	4,79
5	Gerling	3,16	2,99	3,52	3,34	1,81
6	Victoria	3,89	4,68	2,11	4,87	7,71
7	Alte Leip. Leben	2,86	2,77	3,32	3,15	3,28
8	Schweiz. LV + RA	3,52	3,52	4,28	4,52	8,7
9	Allg. Renten AG	5,62	4,3	4,25	4,07	-10,23
10	Colonia Leben	1,94	1,73	1,93	2,03	1,4
11	Westf. Prov. - Leb.	4,1	4,39	4,07	3,73	-3,11
12	Prov. - Leb. Rhein	3,78	4,04	3,89	3,69	-0,81
13	Karlsruher	1,86	1,41	1,34	1,75	-1,98
14	Oeva	1,5	1,44	1,6	1,9	8,28
15	Gothaer	0,66	0,7	0,74	0,69	1,55
16	HM Leben	1,28	1	0,78	0,97	-9,04
17	Iduna	0,86	0,69	0,68	0,6	-11,36
18	Deutsch. Ring	0,81	0,68	0,61	0,56	-11,94
19	Volksfuersorge	0,68	0,6	0,59	0,73	2,33
20	AM Leben	0,71	0,52	0,62	0,64	-3,11
21	Verein. Eos.- Isar	0,14	0,13	0,22	0,27	23,91
22	Generali	0,33	0,59	0,51	0,83	35,76
23	Vita	0,28	0,24	0,26	0,54	24,55
24	Bayern-Vers.	0,18	0,18	0,41	0,79	64,34
25	Bayer. Beamten	0,37	0,25	0,28	0,27	-9,86

Quelle: FWU-Datenbank

Abb. 45:

Marktentwicklung Bestand - Gruppenversicherung nach Sondertarif -

Rang-folge	LVU	Markt-anteil 1982 in %	Markt-anteil 1983 in %	Markt-anteil 1984 in %	Markt-anteil 1985 in %	Durchschnittl. jährl. Marktanteilswachstum 1982 - 1985 in %
1	DBV	25,27	24,27	23,33	22,06	-4,42
2	R + V Leben	15,15	15,85	16,44	16,68	3,24
3	Wuestenrot	10,51	10,22	10,08	9,61	-2,95
4	Allianz Leben	7,85	7,76	7,91	8,15	1,25
5	Gerling	4,43	4,46	4,61	4,70	1,95
6	Victoria	3,89	4,14	3,66	4,11	1,85
7	Alte Leip. Leben	3,79	3,84	3,97	4,03	2,08
8	Schweiz. LV + RA	3,40	3,23	3,31	3,52	1,10
9	Allg. Renten AG	3,55	3,35	3,20	2,98	-5,63
10	Colonia Leben	2,91	2,91	2,94	2,97	0,58
11	Westf. Prov. - Leb.	1,95	2,34	2,55	2,66	10,81
12	Prov. - Leb. Rhein	1,81	2,10	2,32	2,45	10,74
13	Karlsruher	1,60	1,60	1,55	1,57	-0,57
14	Oeva	1,05	1,11	1,17	1,24	5,74
15	Gothaer	1,17	1,16	1,17	1,16	-0,28
16	HM Leben	1,36	1,29	1,20	1,15	-5,57
17	Iduna	1,30	1,23	1,16	1,08	-5,75
18	Deutsch. Ring	0,86	0,87	0,87	0,86	0,32
19	Volksfuersorge	0,58	0,63	0,60	0,64	3,16
20	AM Leben	0,46	0,47	0,48	0,50	2,78
21	Verein. Eos.- Isar	0,52	0,48	0,47	0,45	-4,18
22	Generali	0,26	0,31	0,36	0,45	20,69
23	Vita	0,41	0,40	0,40	0,43	1,62
24	Bayern-Vers.	0,32	0,31	0,34	0,41	8,78
25	Bayer. Beamten	0,35	0,35	0,36	0,36	0,87

Quelle: FWU-Datenbank

Abb. 46:

Neugeschäfts- und Bestandsanteile 1985 -Gruppenversicherung nach Sondertarif -

Rangfolge	LVU	Marktanteil Neugeschäft in%	Marktanteil Bestand	Prozentuale Abweichung auf Basis Bestand
1	DBV	19,85	22,06	-10,02
2	R + V Leben	14,98	16,68	-10,19
3	Wuestenrot	11,45	9,61	19,13
4	Allianz Leben	7,11	8,15	-12,71
5	Gerling	3,34	4,70	-28,98
6	Victoria	4,87	4,11	18,30
7	Alte Leip. Leben	3,15	4,03	-21,89
8	Schweiz.LV + RA	4,52	3,52	28,62
9	Allg. Renten AG	4,07	2,98	36,53
10	Colonia Leben	2,03	2,97	-31,63
11	Westf. Prov. -Leb.	3,73	2,66	40,18
12	Prov.-Leb. Rhein	3,69	2,45	50,30
13	Karlsruher	1,75	1,57	11,10
14	Oeva	1,90	1,24	53,46
15	Gothaer	0,69	1,16	-40,40
16	HM Leben.	0,97	1,15	-15,89
17	Iduna	0,60	1,08	-44,65
18	Deutsch Ring.	0,56	0,86	-35,83
19	Volksfuersorge	0,73	0,64	14,12
20	AM Leben.	0,64	0,50	29,83
21	Verein. Eos-Isar	0,27	0,45	-40,91
22	Generali	0,83	0,45	83,21
23	Vita	0,54	0,43	26,45
24	Bayern-Vers.	0,79	0,41	92,89
25	Bayer. Beamten	0,27	0,36	-25,31

Quelle: FWU-Datenbank

Abb. 47:

Neugeschäfts- und Bestandsanteile 1984 - Gruppenversicherung nach Sondertarif -

Rangfolge	LVU	Marktanteil Neugeschäft in %	Marktanteil Bestand	Prozentuale Abweichung auf Basis Bestand
1	DBV	21,48	23,32	-7,94
2	R + V Leben	16,08	16,44	-2,20
3	Wuestenrot	13,83	10,08	37,27
4	Allianz Leben	6,55	7,91	-17,21
5	Gerling	3,52	4,61	-23,58
6	Victoria	2,11	3,66	-42,32
7	Alte Leipz. Leben	3,32	3,97	-16,40
8	Schweizer LV+RA	4,28	3,31	29,41
9	Allg. Renten AG	4,25	3,19	33,30
10	Colonia Leben	1,93	2,94	-34,15
11	Westf. Prov.-Leben	4,07	2,55	59,80
12	Prov.-Leben Rhein	3,89	2,32	67,77
13	Karlsruher	1,34	1,55	-13,23
14	Oeva	1,60	1,17	37,19
15	Gothaer	0,73	1,16	-36,78
16	HM Leben	0,78	1,20	-34,94
17	Iduna	0,68	1,16	-41,22
18	Deutsch. Ring	0,61	0,87	-29,99
19	Volksfürsorge	0,59	0,60	-1,58
20	AM Leben	0,63	0,48	30,01
21	Verein. EOS-Isar	0,22	0,48	-54,55
22	Generali	0,51	0,36	42,09
23	Vita	0,26	0,40	-36,12
24	Bayern-Versicherung	0,41	0,34	21,09
25	Bayer. Beamten	0,28	0,36	-22,40

Quelle: FWU-Datenbank

Abb. 48:

Neugeschäfts- und Bestandsanteile 1983 - Gruppenversicherung nach Sondertarif-

Rang-folge	LVU	Marktanteil Neugeschäft in %	Marktanteil Bestand	Prozentuale Abweichung auf Basis Bestand
1	DBV	24,7	24,27	1,77
2	R + V Leben	15,85	15,85	0,04
3	Wuestenrot	12,53	10,22	22,6
4	Allianz Leben	5,41	7,76	-30,27
5	Gerling	2,99	4,46	-33,07
6	Victoria	4,68	4,14	13
7	Alte Leipz. Leben	2,77	3,84	-27,81
8	Schweizer LV+RA	3,52	3,23	9,15
9	Allg. Renten AG	4,3	3,35	28,28
10	Colonia Leben	1,73	2,91	-40,65
11	Westf. Prov.-Leben	4,39	2,34	87,41
12	Prov.-Leben Rhein	4,04	2,19	1,85
13	Karlsruher	1,41	1,6	-12,2
14	Oeva	1,44	1,11	30,14
15	Gothaer	0,7	1,16	-39,52
16	HM Leben	1,01	1,29	-21,83
17	Iduna	0,69	1,23	-43,71
18	Deutsch. Ring	0,69	0,87	-21,02
19	Volksfürsorge	0,6	0,62	-4,5
20	AM Leben	0,52	0,47	11,68
21	Verein. EOS-Isar	0,13	0,48	-73,08
22	Generali	0,59	0,31	88,66
23	Vita	0,24	0,4	-41,16
24	Bayern-Versicherung	0,18	0,31	-42,3
25	Bayer. Beamten	0,25	0,35	-29,13

Quelle: FWU-Datenbank

Abb. 49:

Neugeschäfts- und Bestandsanteile 1982 - Gruppenversicherung nach Sondertarif-

Rang-folge	LVU	Marktanteil Neugeschäft in %	Marktanteil Bestand	Prozentuale Abweichung auf Basis Bestand
1	DBV	21,92	25,27	-13,27
2	R + V Leben	16,42	15,15	8,32
3	Wuestenrot	11,73	10,51	11,57
4	Allianz Leben	6,18	7,85	-21,25
5	Gerling	3,16	4,43	-28,68
6	Victoria	3,90	3,89	0,03
7	Alte Leipz. Leben	2,86	3,79	-24,48
8	Schweizer LV+RA	3,52	3,40	3,49
9	Allg. Renten AG	5,62	3,55	58,62
10	Colonia Leben	1,94	2,92	-33,28
11	Westf. Prov.-Leben	4,10	1,95	109,67
12	Prov.-Leben Rhein	3,78	1,81	109,16
13	Karlsruher	1,86	1,60	15,95
14	Oeva	1,50	1,05	42,89
15	Gothaer	0,66	1,17	-43,55
16	HM Leben	1,28	1,36	-5,87
17	Iduna	0,86	1,30	-33,46
18	Deutsch. Ring	0,81	0,86	-5,14
19	Volksfürsorge	0,68	0,58	16,95
20	AM Leben	0,71	0,46	54,97
21	Verein. EOS-Isar	0,14	0,52	-72,67
22	Generali	0,33	0,26	28,73
23	Vita	0,27	0,41	-31,31
24	Bayern-Versicherung	0,18	0,32	-44,06
25	Bayer. Beamten	0,37	0,35	4,66

Quelle: FWU-Datenbank

2.2.7 Marktstrukturveränderung und Wettbewerbsintensität in der Lebensversicherung

In der Zusammenfassung der segmentspezifischen Ausführung, die verstärkt Einzelunternehmensphänomene berücksichtigt, wird nachfolgend eine Gesamtbewertung der Marktstrukturveränderung in der Lebensversicherung sowie der dadurch indizierten Wettbewerbsintensität unternommen.

Vergleich Bestand/Neugeschäft

Der Vergleich der durchschnittlichen Marktanteilsverhältnisse im Bestand und im Neugeschäft (in Abb. 50) unterstreicht eindrucksvoll die Untauglichkeit der Bestandsmerkmale als Indikator von Wettbewerbsaktivität in der Lebensversicherung. Bezogen auf den Gesamtmarkt liegen die durchschnittlichen Veränderungsraten des Neugeschäfts zwischen 260-300% über dem des Bestands.

Wettbewerbsintensität im Neugeschäft

Eine Beurteilung der Wettbewerbsintensität verlangt nach einer Bewertung des Bedrohungspotentials, das sich aus den typischen Marktanteilsschwankungen für die einzelnen Versicherungsunternehmen ableiten läßt.

Wie in Tabelle 50 dargestellt, muß ein Versicherungsunternehmen im Neugeschäft je nach zugehöriger Größengruppe im Untersuchungszeitraum 1982-84 mit einer durchschnittlichen jährlichen Veränderung der eigenen Marktanteilsposition von +/- 5,6 - 9,1% rechnen. Da die Kalkulation auf Marktanteilen beruht, sind Gesamtmarkteffekte ohne Einfluß. Der sich ergebende Unsicherheitsbereich aus der Marktneuverteilung von 6 - 9 % in der Spitzengruppe (also insgesamt ein Schwankungsbereich von 12 - 18 % bezogen auf die Ausgangsgeschäftsposition) ist somit direkt auf unterschiedliche Wettbewerbserfolge zurückzuführen.

Diese durchschnittliche jährliche Veränderung von 6 - 9 % dürfte für den Geschäftserfolg der Unternehmen durchaus bedrohlicher Natur sein, vor allem, wenn man bedenkt, daß Erfolg bzw. Mißerfolg eines Jahres sich über 20 Jahre fortschreibt, d.h. in dieser Zeit nicht mehr korrigierbar ist. Die Ursachen dieser Veränderungen sind daher für die beteiligten Unternehmen Faktoren von erheblichem strategischem Gewicht.

Um diese Marktanteilsveränderungen im Branchenvergleich würdigen zu können, wird als Vergleichsmarkt der gerade in den letzten Jahren unter starkem Wettbewerbsdruck stehende PKW-Markt herangezogen, der zudem von exogenen Faktoren (z.B. Wechselkursänderungen) stark beeinflußt wird und damit eher überdurchschnittliche Schwankungen aufweisen sollte. Hier zeigt sich in der VDA-Statistik, daß das Bedrohungspotential für den mittleren Vergleichszeitraum 1982/83 mit einer Marktanteilsschwankung von +/- 7,6 % für die ersten zehn Unternehmen durchaus ähnlich dimensioniert ist wie im Bereich der Lebensversicherung.

Betrachtet man neben der kapitalbildenden Lebensversicherung die anderen kleinen Segmente, so zeigt sich, daß dort die Bedrohungspotentiale noch weit größer sind. Dies gilt für Gruppen-, Renten/Pensionsversicherungen und auch für vermögensbildende Versicherungen, wo die Marktanteilsschwankung doppelt bis dreifach den Wert der Kapitallebensversicherungen überscheren (vgl. Abb. 52 - 56).

Noch übertroffen werden diese Werte bei der Risikolebensversicherung. Durchschnittliche Schwankungsbreiten von 100 % und darüber indizieren einen besonders intensiven Wettbewerbsaustausch im Neugeschäft, der branchenspezifisch noch dadurch aufgewertet wird, daß hier die durchschnittlichen Laufzeiten mit 6 - 8 Jahren besonders groß sind.

Abb. 50: Vergleich von Marktanteilsveränderungen Bestand / Neugeschäft -Gesamte Lebensversicherung-

Unternehmens-größenklasse (Basis Bestand 1985)	Durchschnittliche Marktanteilsveränderung im Bestand in %				Durchschnittliche Marktanteilsveränderung im Neugeschäft in %				Neugeschäft-*) Multiplikator
	82/83	83/84	84/85	im ø	82/83	83/84	84/85	im ø	
1-10	± 4,5	± 1,7	± 1,7	± 2,6	± 7,2	± 9,1	± 7,2	± 7,8	3,0 fach
11-25	± 2,7	± 2,1	± 2,1	± 2,3	± 7,4	± 6,1	± 5,6	± 6,4	2,8 fach
1-25	± 3,4	± 2,0	± 1,9	± 2,4	± 7,3	± 6,1	± 5,6	± 6,3	2,6 fach

*) Definition = Durchschnittliche Marktanteilsveränderung im Neugeschäft im Durchschnitt / Durchschnittlichliche Marktanteilsveränderung im Bestand im Durchschnitt

Quelle : FWU-Datenbank

Abb. 51: Marktanteilsveränderung als Bedrohungspotential von Unternehmungen - Gesamte Lebensversicherungen -

Unternehmensgrößenklasse	durchschnittl. Marktanteil im Neugeschäft in %				durchschnittl. Marktanteilsveränderung in % d. Vorjahresmarktanteils			Unsicherheitsbereich d. Geschäftsneuverteilung in % des Vorjahresmarktanteils		
	1982	1983	1984	1985	82/83	83/84	84/85	82/83	83/84	84/85
1 - 10	4,2	4,3	4,1	4,0	± 7,2	± 9,1	± 7,2	14,4	18,2	14,4
11 - 25	2,2	2,1	2,1	2,2	± 7,4	± 6,1	± 5,6	14,8	12,2	11,2
1 - 25	3,0	3,0	2,9	2,9	± 7,3	± 8,1	± 6,3	14,6	16,2	12,6
	Marktvolumen in Mrd. DM				**Marktwachstum in %**					
	1982	1983	1984	1985	82/83	83/84	84/85			
zum Vergleich	113,4	127,3	128,7	133,0	12,3	1,1	3,3			

Quelle: FWU-Datenbank

Abb. 52: Marktanteilsveränderung als Bedrohungspotential von Unternehmungen - Kapitallebensversicherungen -

Unternehmens-größenklasse	durchschnittl. Marktanteil im Neugeschäft in %				durchschnittl. Marktanteilsveränderung in % d. Vorjahresmarktanteils			Unsicherheitsbereich der Geschäftsneuverteilung in % des Vorjahresmarktanteils		
	1982	1983	1984	1985	82/83	83/84	84/85	82/83	83/84	84/85
1 - 10	4,7	4,7	4,6	4,5	± 7,0	± 7,6	± 7,9	14,0	15,2	15,8
11 - 25	1,7	1,6	1,7	1,7	± 9,2	± 7,5	± 5,5	18,2	15,0	11,0
1 - 25	2,9	2,9	2,8	2,8	± 8,4	± 7,5	± 6,5	16,8	15,0	13,0
	Marktvolumen in Mrd. DM				**Marktwachstum in %**					
	1982	1983	1984	1985	82/83	83/84	84/85			
zum Vergleich	68,6	76,2	73,3	76,5	11,0	-3,8	4,4			

Quelle: FWU-Datenbank

Abb. 53: Marktanteilsveränderung als Bedrohungspotential von Unternehmungen - Vermögensbildende Lebensversicherungen -

Unternehmens-größenklasse	durchschnittl. Marktanteil im Neugeschäft in %				durchschnittl. Marktanteilsveränderung in % d. Vorjahresmarktanteils			Unsicherheitsbereich der Geschäftsneuverteilung in % d. Vorjahresmarktanteils		
	1982	1983	1984	1985	82/83	83/84	84/85	82/83	83/84	84/85
1 - 10	7,2	6,8	7,2	6,6	± 17,4	± 25,4	± 17,8	34,8	50,8	35,6
11 - 25	1,0	1,2	1,1	1,4	± 28,1	± 19,2	± 37,0	56,1	38,4	74,0
1 - 25	3,5	3,4	3,5	3,5	± 23,9	± 21,7	± 29,4	47,8	43,4	58,8
	Marktvolumen in Mrd. DM				**Marktwachstum in %**					
	1982	1983	1984	1985	82/83	83/84	84/85			
zum Vergleich	5,1	6,5	8,2	6,8	12,7	12,6	-17,1			

Quelle: FWU-Datenbank

Abb. 54: Marktanteilsveränderung als Bedrohungspotential von Unternehmungen - Risikolebensversicherungen -

Unternehmens-größenklasse	durchschnittl. Marktanteil im Neugeschäft in %				durchschnittl. Marktanteilsveränderung in % d. Vorjahresmarktanteils			Unsicherheitsbereich d. Geschäftsneuverteilung in % d. Vorjahresmarktanteils		
	1982	1983	1984	1985	82/83	83/84	84/85	82/83	83/84	84/85
1 - 10	6,7	6,4	6,4	6,3	± 27,0	±15,2	± 108,3	54,0	30,4	212,6
11 - 25	1,4	1,6	1,6	1,5	± 103,0	± 12,1	± 11,4	206,0	24,2	22,8
1 - 25	3,5	3,5	3,5	3,4	± 72,6	±13,3	± 50,2	145,2	26,6	100,4
	Marktvolumen in Mrd. DM				**Marktwachstum in %**					
	1982	1983	1984	1985	82/83	83/84	84/85			
zum Vergleich	21,0	23,0	25,4	28,3	9,5	10,4	11,4			

Quelle: FWU-Datenbank

Abb. 55: Marktanteilsveränderung als Bedrohungspotential von Unternehmungen - Renten - und Pensionsversicherungen -

Unternehmens-größenklasse	durchschnittl. Marktanteil im Neugeschäft in %				durchschnittl. Marktanteilsveränderung in % d. Vorjahresmarktanteils			Unsicherheitsbereich d. Geschäftsneuverteilung in % d. Vorjahresmarktanteils		
	1982	1983	1984	1985	82/83	83/84	84/85	82/83	83/84	84/85
1 - 10	6,6	6,0	7,3	7,0	± 26,6	±38,1	± 13,4	53,2	76,2	26,4
11 - 25	1,5	1,6	1,1	1,3	± 31,9	± 38,4	±38,4	33,8	76,8	76,8
1 - 25	3,5	3,3	3,6	3,6	± 29,8	±38,3	±28,4	59,6	76,6	56,8
	Marktvolumen in Mrd. DM				**Marktwachstum in %**					
	1982	1983	1984	1985	82/83	83/84	84/85			
zum Vergleich	3,3	4,2	4,9	5,2	27,3	16,7	6,1			

Quelle: FWU-Datenbank

Abb. 56: Marktanteilsveränderung als Bedrohungspotential von Unternehmungen
- Gruppenversicherungen nach Sondertarif -

Unternehmens-größenklasse	durchschnittl. Marktanteil im Neugeschäft in %				durchschnittl. Marktanteilsveränderung in % d. Vorjahresmarktanteils			Unsicherheitsbereich d. Geschäftsneuverteilung in % d. Vorjahresmarktanteils		
	1982	1983	1984	1985	82/83	83/84	84/85	82/83	83/84	84/85
1 - 10	7,7	7,8	7,7	7,5	± 9,9	±17,3	± 19,6	18,8	34,6	39,2
11 - 25	1,2	1,1	1,1	1,2	± 18,7	± 21,0	±28,7	37,4	42,0	57,4
1 - 25	3,8	3,8	3,8	3,7	± 15,2	±19,6	±25,0	30,4	39,2	50,0
	Marktvolumen in Mrd. DM				**Marktwachstum in %**					
	1982	1983	1984	1985	82/83	83/84	84/85			
zum Vergleich	15,7	17,6	16,8	16,5	12,1	-4,5	-1,8			

Quelle: FWU-Datenbank

2.2.8 Leistungsindikatoren der Lebensversicherung

Im vorangegangenen Abschnitt konnte belegt werden, daß bei Zugrundelegung der echten "Marktstrukturveränderungsindikatoren" der Wettbewerbsaustausch in der Lebensversicherung auch im Branchenvergleich durchaus rege ist.
Für die Bewertung der Wettbewerbsintensität kommt es jedoch vor allem darauf an, ob der Wettbewerbsprozeß auch entsprechende Wettbewerbsergebnisse produziert. Da die Prämienregelung einen Prämienwettbewerb ausschließt und nur einen Leistungswettbewerb zuläßt, ist für den Branchendurchschnitt zu prüfen, wie sich die wichtigsten Leistungsparameter im Untersuchungszeitraum verändert haben. Die wichtigsten Leistungsparameter sind

- die Anlageeffizienz (durchschnittliche Rendite der Branche nach Verbandsformel)
- die administrativen Kosten (in % des mittleren Versicherungsbestandes)
- die überrechnungsmäßigen Abschlußkosten in % der rechnungsmäßig gedeckten Abschlußkosten.

Während die Stornoquote häufig als Leistungsindikator herangezogen wird, wird auf diesen Indikator hier bewußt verzichtet, da er durch die verschiedensten strukturellen/konjunkturellen Effekte so überlagert wird, daß firmen - bzw. branchenspezifische Aussagen nicht möglich werden (vgl. hierzu auch die Ausführungen in 2.3).
Die anderen Qualitätsindikatoren bestimmen nachhaltig die Überschüsse der Prämienkalkulation, sie werden in dieser Form auch regelmäßig veröffentlicht, so daß sie ohne große Informationskosten von Nachfragern bewertet werden können.
Wie die beigefügte Tabelle ausweist, führt der Wettbewerbsprozeß im Untersuchungszeitraum nicht nur zum Austausch von Marktanteilen, er bewirkt auch tendenzielle Qualitätsverbesserungen bei Verwaltungskosten (vgl. Abb. 57a).
Im Gegensatz zu der stetigen Entwicklung bei den Verwaltungskosten sind bei den Vertriebskosten strukturell größere Schwankungen zu konstatieren. Externe Effekte auf der Nachfrageseite bzw. beim Substitutionswettbewerb der alternativen Anlageformen haben häufig periodisch erhöhte Marketing- und Vertriebsaufwendungen zur Folge, die sich dann als Marktphänomen niederschlagen. Vor diesem Hintergrund muß auch die Schwankungsbreite der überrechnungsmäßigen Vertriebskosten in Abb. 57a gesehen werden. Im Untersuchungszeitraum ergibt sich dabei auf jeden Fall eine Leistungskonstanz, aus unserer Sicht eine tendenzielle Qualitätsverbesserung.
Bei der Anlageeffizienz ist zu berücksichtigen, daß diese im gesamten Untersuchungszeitraum ansteigt, obwohl das allgemeine Zinsniveau ab 1983/84 bereits wieder rückläufig ist (vgl. Abb. 57 b). Entscheidend für die Wettbewerbsbewertung ist hier nicht nur die durchschnittliche Renditeentwicklung, sondern auch die Streuung um den Durchschnitt. Die konstante Streubreite indiziert, daß der Renditeanstieg offensichtlich im engen Branchengeleitzug erreicht wird. Ein verstärktes Auseinanderdriften oder eine zunehmend größer werdende Streubreite ist dem gegenüber nicht festzustellen.
Als Fazit bleibt somit festzuhalten, daß nicht nur ein intensiver Marktanteilsaustausch im Untersuchungszeitraum erfolgt, sondern daß daneben auch eine Verbesserung der wesentlichen Leistungsparameter branchenweit erzielt wird.

Abb. 57a:

Leistungsindikatoren der Lebensversicherung

(am Beispiel der 25 größten Lebensversicherungsunternehmen mit ca. 75% Marktanteil im Neugeschäft)

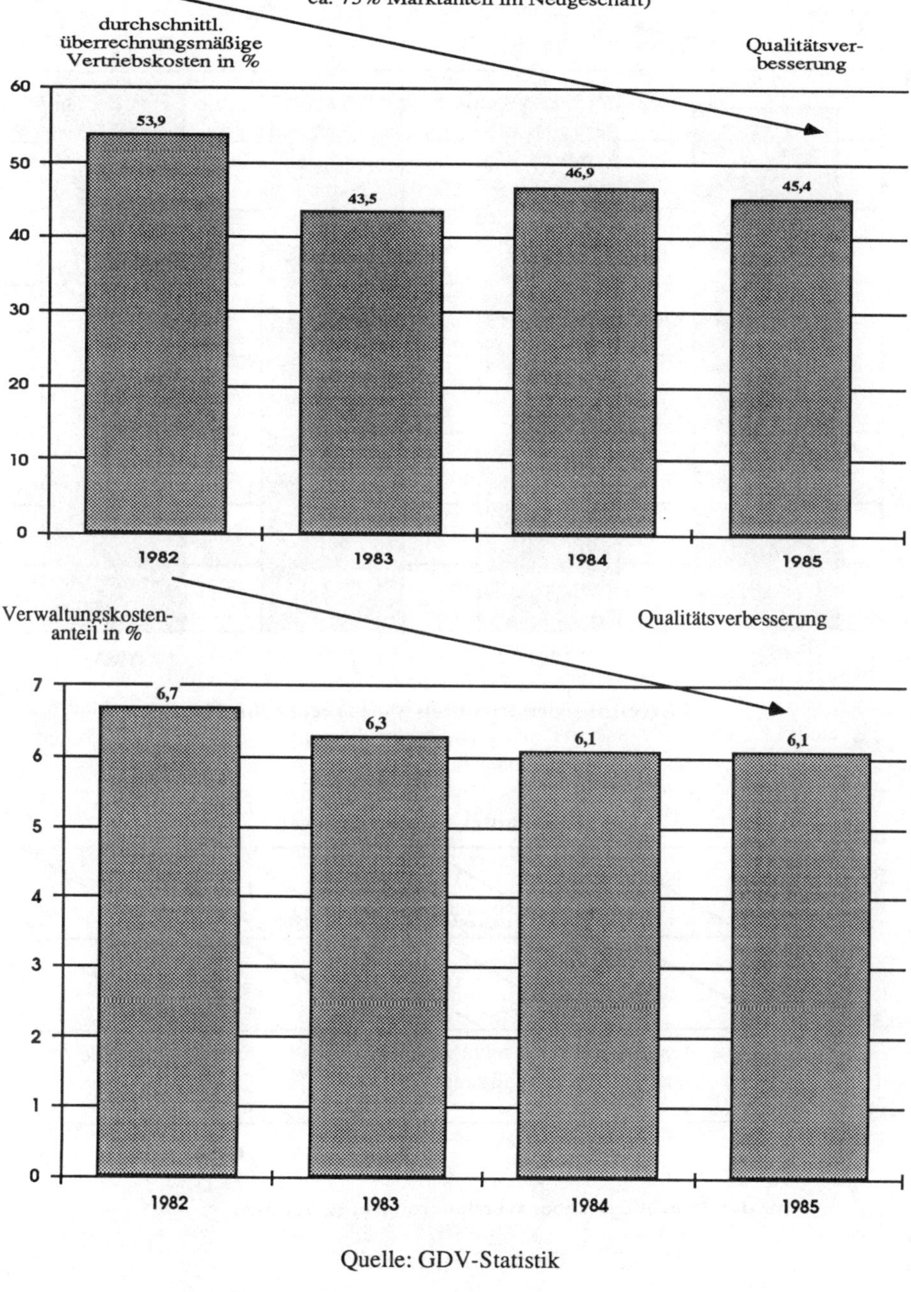

Quelle: GDV-Statistik

Abb. 57b:

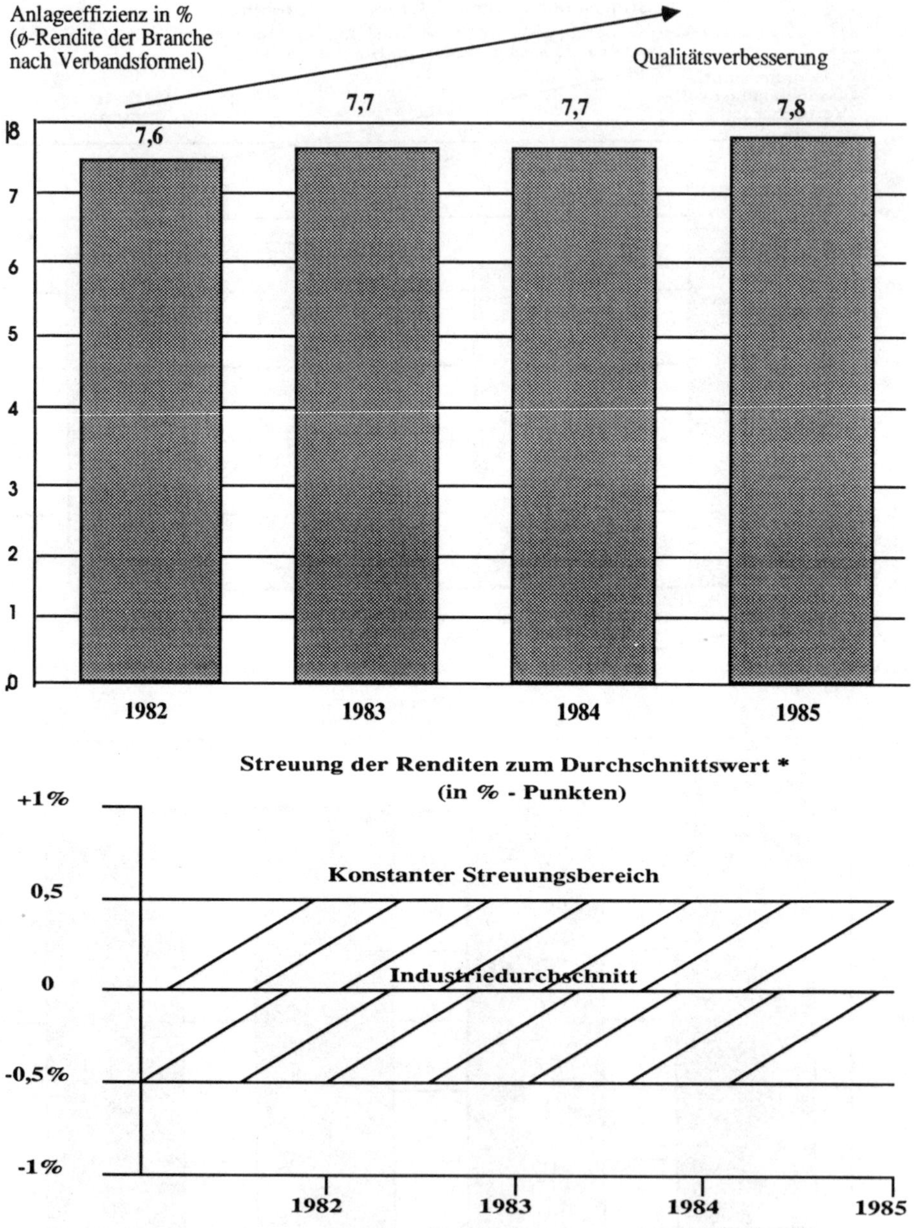

* für die 25 größten Lebensversicherungsunternehmen

Quelle: GDV-Statistik

2.3. Wirkungsanalyse der Marktstrukturveränderung der Kapitalversicherung

Die bisherigen Analysen der Marktstrukturveränderungen auf der Basis des tatsächlich abgeschlossenen Geschäfts je Untersuchungsperiode - aus dem sogenannten Neugeschäft - erbrachten deutliche Hinweise auf einen aktiven Wettbewerbsaustausch zwischen den Marktteilnehmern. In einem zweiten Untersuchungsschritt soll vor diesem Hintergrund untersucht werden, wie weit diese periodische Veränderung der Marktstruktureffizienz gesteuert ist.
Da der Preis- bzw. Prämienwettbewerb bei der Lebensversicherung qua Regulierung der Prämienkalkulation ausgeschlossen ist, kann sich diese Effizienzsteuerung ausschließlich auf den Leistungswettbewerb der Versicherungsunternehmen beziehen.
Grundlage der Untersuchung ist eine ökonometrische Wirkungsanalyse. Da das Neugeschäft über die Versicherungssumme erfaßt wird, konnte eine Zusammenfassung aller Lebensversicherungsformen nicht in Frage kommen, zu unterschiedlich sind die Laufzeiten sowie das Verhältnis Versicherungssumme/Beiträge. Die Analyse konzentriert sich daher auf den mit Abstand wichtigsten Bereich, die kapitalbildende Lebensversicherung.
Untersucht wird der Zeitraum 1982/83, d.h. die Veränderungen der Marktstruktur in diesem Zeitraum. Einbezogen sind die Einzelunternehmen, deren Marktanteil größer oder gleich 0,2 % ist.
Das Hinzuziehen weiterer Unternehmen hätte in Anbetracht der jährlichen Veränderungsgrößen, die als zu erklärende Variable herangezogen werden, zu statistischen Verzerrungen geführt und den Aussagegehalt nicht erhöht. Insgesamt sind damit über 90 % des Gesamtmarktes erfaßt.

Indikatoren für Marktstrukturveränderungen
Als Prämienindikator der Marktstrukturveränderung wurde die **Veränderung des Marktanteils** (Neugeschäftsanteil berechnet auf der Basis der abgeschlossenen Versicherungssumme) herangezogen.
Relativ veränderter Marktanteil: Die Marktanteilsveränderung ist hier bezogen auf den Unternehmensmarktanteil. Das Unternehmen A hat 1982 beispielsweise einen Marktanteil von 10 % und 1983 von 20 %. Die relative Veränderung beträgt 100 %.
Absolut veränderter Marktanteil: Marktanteilsveränderung bezogen auf den Gesamtmarktanteil. Das Unternehmen A hat beispielsweise eine absolute Marktanteilsveränderung von 10%-Punkten erzielt.
Beide Indikatoren erfassen die Veränderung der Maßstruktur durch den aktuellen Geschäftszugang. Langfristige Verträge wie in der Lebensversicherung weisen selbstverständlich vorzeitig Abgänge auf, die sich mittel- bis langfristig ergeben können. Die Abgänge eines jeden Unternehmens kennzeichnen mit die Qualität der Bestandsstruktur eines jeden Unternehmens. Auch in Bezug auf diesen Marktaustritt ist die Effizienzfrage zu untersuchen. Im Wettbewerbsmodell müßte die Grenznachfrage vornehmlich beim Grenzangebot spürbar werden, d.h. bei Unternehmen mit unterdurchschnittlichem Leistungsangebot sollte von einer höheren Stornoquote auszugehen sein. Beim Leistungsangebot sollten vor allem die mittelfristig wirksamen Parameter von besonderer Bedeutung sein.
Die **Stornoquote** (Jahrgang 1983) ist daher Ausdruck des Marktverhaltens von Kunden. Wie die Marktanteilsveränderung, ist sie ein Ergebnis eines abgeschlossenen Wettbewerbsprozesses. Die Stornoquote läßt sich somit als Indikator der Grenznachfrage interpretieren, d.h. einer dem Versicherungsprodukt besonders kritisch gegenüberstehenden Kundengruppe (z.B. infolge Veränderung eigener Vermögenssituation, Präferenzänderung über das Versicherungsprodukt, von nicht erfüllten Produkterwartungen, z.B. infolge von hard-selling durch den Versiche-

rungsaußendienst).
Mit diesem Ansatz, die Stornoquote als Indikator der Grenznachfrage einzuführen, umgeht man das Problem, die angeführten Stornomotive ex ante interpretieren zu müssen. Da davon ausgegangen werden kann, daß Stornierungen für beide Vertragspartner ein schlechtes Geschäft sind, müßten im Wettbewerbsfall tatsächlich Stornierungen, d.h. Grenznachfrager vor allem bei Grenzanbietern (den Versicherungsunternehmen mit relativ schlechtem Leistungsangebot), anzutreffen sein.
Stornoquote: Vorzeitige Abgänge, Rückkäufe und Umwandlungen in beitragsfreie Versicherungen in Prozent vom Bestand zu Jahresbeginn (ohne Gruppenversicherung nach Sondertarif).

Exogene Variable
Indikatoren der Unternehmenseffizienz
Hier werden die aus Publikationen gebräuchlichsten Indikatoren herangezogen, die infolgedessen im Akquisitionsgespräch dem Kunden gegenüber am besten einzusetzen sind und die die Kundenerwartung somit auch am stärksten prägen dürften, unabhängig davon, ob sie als Effizienzindikator tatsächlich richtige Meßergebnisse produzieren.
Anlageeffizienz der Unternehmen
(Vermögensrendite auf getätigte Anlagen)
Kosteneffizienz der Unternehmen
(Kosten für Verwaltung und Vertrieb im Verhältnis zu den Beitragseinnahmen)
Extrakosten des Vertriebs
(Überrechnungsfähige Abschlußkosten im Verhältnis zu den rechnungsmäßigen)

Unternehmensgrößenvariable
Inzwischen hat es sich in der Industrieökonomik eingebürgert, die Unternehmensgröße als unabhängige Variable in Schätzungsgleichungen einzuführen. Theoretischer Hintergrund sind marktmachtbezogene Argumente der Oligopoltheorie.
In unserem Untersuchungsansatz wird insbesondere zu beachten sein, ob die Größenvariable sowohl bei absoluten als auch bei relativen Marktanteilsveränderungen ähnliche Wirkung besitzt, d.h. ob die Unternehmensgröße über alle Größenklassen hinweg eine einheitliche, oder wie von der Oligopoltheorie unterstellt nur in der Spitzengruppe eine Wirkung zeigt. Die Unternehmensgröße wird gemessen als Strukturvariable des Bestands der Versicherungssummen.

Unternehmensrechtsformen
Um an die Finsinger-Argumentation anknüpfen zu können, wurden zwei Dummy-Variable für die beiden Rechtsformen
-Aktiengesellschaft
-Versicherungsverein auf Gegenseitigkeit
in die Untersuchung miteinbezogen.

Marketingparameter der Versicherungsunternehmen
Neben den allgemeinen Effizienzparametern besteht für Versicherungsunternehmen ein strategisches Differenzierungspotential in Form unterschiedlicher Marketing- und Vertriebsansätze. Der Versicherungsmarkt bietet unterschiedliche Vertriebskanäle, um die Produkte den Endverbrauchern anzubieten. Die einzelnen Kanäle beinhalten z.T. grundsätzlich unterschiedliche, nicht miteinander vereinbare Geschäftskonzepte mit ebenfalls unterschiedlichen Ver-

triebskosten.
Zwar ist nach wie vor das Agenturgeschäft das bread & butter-business. Daneben konnten sich zunehmend neue Vertriebsformen etablieren, die auch als Ausdruck von Strategieinnovation gewertet werden können.
(Anteile der Vertriebskanäle am Markt der privaten Lebensversicherung (Basis 1986, vgl. Abb. 58))
Während das Direktgeschäft im Lebensversicherungsbereich nur ein extrem kleines Nischengeschäft ist, hat sich der Markt des unabhängigen Finanzberaters/Brokers zunehmend entwickelt. Hier werden vor allem "Paketlösungen" angeboten und verkauft.
Unter Akquisitionsgesichtspunkten besonders effizient scheint das sogenannte bankbeeinflußte Geschäft zu sein. Formal wird es zwar häufig über den klassischen Außendienst abgewickelt, darüber hinaus haben sich jedoch einige Unternehmen spezielle Vertriebsverbindungen an Banken/Sparkassen geschaffen.
Ziel dieser Segmentierungsstrategie ist es, kostengünstiger Neukunden zu akquirieren, dadurch die Marketing- und Vertriebsaufwendungen zu senken und eigene Effizienz demonstrieren zu können.
Die Konzentration auf spezielle Kundengruppen (z.B. öffentlicher Dienst) oder auf besser überschaubare Regionalgebiete sind weitere Spielarten einer solchen Segmentierungsstrategie.
Für die folgenden Segmentierungsstrategien wurden Dummy-Variable in diese Untersuchung miteinbezogen.

Abb. 58:
Anteile der Vertriebskanäle am Markt der privaten Lebensversicherung (Basis 1986)

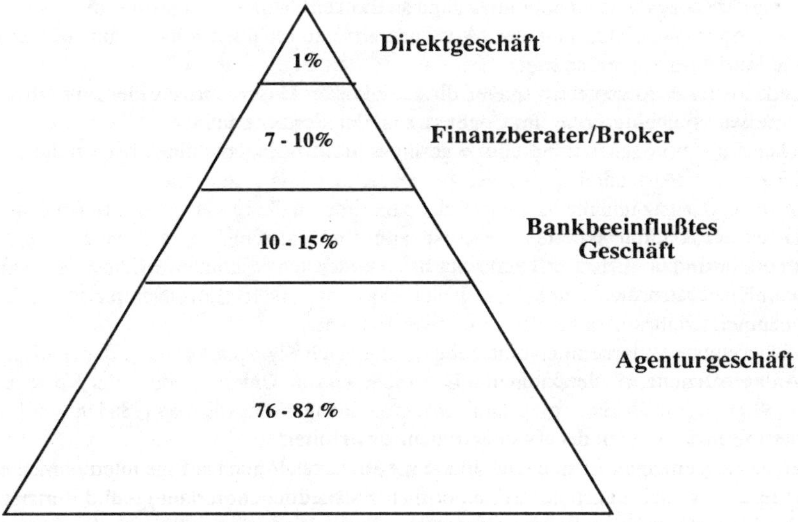

Quelle: Eigenerhebung der FWU (Experten- und Marktbefragung 1986)

Spezielle Vertriebsanbindung Banken/Sparkassen
Die Versicherungsprodukte dieser Unternehmen werden hauptsächlich von Banken und Sparkassen vertrieben.

Spezielle Kundengruppe öffentlicher Dienst
Das Unternehmen hat sich auf die Kundengruppe öffentlicher Dienst spezialisiert.

Unternehmen ist Regionalanbieter
Der Vertrieb ist auf eine begrenzte Region bezogen.

Spezieller Vertriebsweg/Direktvertrieb
Der Vertrieb der Versicherungsprodukte erfolgt ohne eigenen Außendienst und nicht über Broker/Finanzberater.
Alle oben benannten Dummy-Variablen erhalten den Wert 1 im Fall des Zutreffens, anderenfalls den Wert 0.

Untersuchungsdurchführung
Die abhängigen und unabhängigen Variablen wurden in der in Abb. 59 ausgewiesenen Kombination in Form einer linearen Kleinstquadrateschätzung zueinander in Beziehung gesetzt. Die Korrelationskoeffizienten der Variablen ließen keinen Schluß auf Multikollinearität. Die R2-Werte liegen im Rahmen üblicher Querschnittsuntersuchungen mit Veränderungsgrößen als endogenen Variablen. Alle Gleichungen haben auf dem 2,5 %-Niveau signifikante F-Werte. Die Schätzergebnisse selber sind in Abb. 59 wiedergegeben.

Wettbewerb beim Neugeschäft
Unternehmenseffizienzparameter spielen neben dem Einflußfaktor Unternehmensgröße und teilweise der speziellen Vertriebsanbindung an Banken/Sparkassen die dominierende Rolle bei der Veränderung von Marktanteilen. Alle anderen Faktoren üben keinen signifikanten Einfluß auf die Marktstrukturveränderung aus.
Unter den Effizienzparametern spielen die Extrakosten des Vertriebs weder im positiven noch im negativen Sinn eine Rolle. Im Gegensatz hierzu zeigt sich jedoch:
Je höher die Vermögensrendite und je geringer die Kostenquote eines Unternehmens, desto größer sind die Marktanteilszuwächse zu verzeichnen und vice versa.
Die Anlageeffizienz und die Kosteneffizienz bestimmen die Erwartungshaltung des potentiellen Lebensversicherungskunden. Dabei ist kaum ein Unterschied feststellbar zwischen der auf kurzfristiger und langfristiger Erfahrung basierenden Unternehmenseffizienz. In Anbetracht der ähnlichen Datensätze handelt es sich hierbei jedoch verstärkt um ein empirisches Phänomen als um einen Erfahrungsschatz des Kundenverhaltens.
Bei den größeren Unternehmen unterscheidet der Nachfrager stärker unter dem Gesichtspunkt der Anlageeffizienz, bei den kleineren Unternehmen sind Unterschiede in der Kosteneffizienz von größerem Gewicht. Dies mag damit zusammenhängen, daß die kleineren Unternehmen sich stärker in den Strukturen der Kosteneffizienz unterscheiden.
Unternehmensgröße wirkt sich sowohl auf die absolute als auch auf die relative Marktanteilsveränderung positiv aus. Dies legt einerseits die Interpretation nahe, daß die marktstarken Unternehmen per se bessere Voraussetzungen zum Marktanteilswachstum haben. Andererseits scheint diese Argumentation als reines Marktargument zu kurz gegriffen zu sein. Wenn sich nämlich kurz- und langfristige Effizienzorientierung datenmäßig und deshalb in der Wirkung

nicht unterscheidet, dann wachsen die effizienteren Unternehmen auf Dauer schneller, d.h, mittel- bis langfristig werden die effizienteren Unternehmen die größeren bleiben bzw. werden. Auf diese Weise läßt sich der Größeneinfluß marktmachtunabhängig als Unternehmenseffizienz-Effekt interpretieren. Dafür spricht auch, daß der Größeneinfluß sowohl bei relativer als auch bei absoluter Marktanteilsveränderung signifikant anzutreffen ist - also weitgehend unabhängig von der Größenklasse gesehen werden muß.

Die spezielle Vertriebsanbindung (Banken/Sparkassen) ist eine vergleichsweise schwächere, dennoch signifikant positive Einflußgröße vor allem bei den größeren Unternehmen des Marktes (vgl. die Gleichung 1 und 2 mit absoluter Marktanteilsveränderung).

Die Orientierung an der Berufsgruppe "Öffentlicher Dienst" beeinflußt die Chancen zur Marktanteilsveränderung im Untersuchungszeitraum nicht. Dieses Ergebnis mag auch durch den Untersuchungszeitraum beeinflußt sein. Die großen Zuwachsraten des öffentlichen Dienstes lagen zweifelsohne in den siebziger Jahren. Überproportionales Wachstum ist 1982/83 ganz sicherlich nicht mehr zu erwarten gewesen. Der strategische Wert dieses Segments ist damit gefallen.

Ohne Einfluß auf die Marktanteilsveränderung ist die spezifische Rechtsform des Lebensversicherers. Diese Ergebnisse unterstreichen die Kritik Rauhuts an den Ergebnissen Finsingers. Die Orientierung als Regionalanbieter allein bewirkt keine Impulse bei der Marktanteilsveränderung. Unternehmen mit Direktvertrieb unterscheiden sich in ihrer Marktanteilsveränderung nicht von Unternehmen ohne Direktvertrieb. Bei dieser Aussage ist die relativ kleine Anzahl an Direktvertreibern in der Untersuchung sowie das kleine Marktsegment als Unsicherheitsfaktor für die Sicherheit der Aussage zu beachten.

Abb. 59: Ökonometrische Analyse zur Marktstrukturveränderung im Markt der deutschen Lebensversicherung

Gleichungs-Nr.	Abhängige Variable	Vermögens-rendite 1982	Vermögens-rendite ø 78/82 1982	Extra-kosten d.Vertr. ø 78/82	Extra-kosten d.Vertr.	Kosten-quote 1982	Kosten-quote ø 78/82	Proxy für Unter-nehmens-größe	Spez. Vertriebs-anbind. Öffentl. Spark.	Spez. Kunden-gruppe Regional Dienst	Unter-nehmen ist Anbieter	Gesell. form AG Verein	Gesell. form Vers. Direkt- auf Geg.-seitigk.	Spez. Vertriebs-weg Vertrieb	Konstante	$\overline{R2}$	R2
1	Absolut	0,18 xxx		0,00		-0,01 xx		0,76 xxx	0,16 x	0,001	-0,03				-1,75 xxx		
	verändert.	(2,81)		(1,12)		(-1,78)		(3,57)	(1,52)	(0,01)	(-0,22)				(-2,94)	0,41	0,31
	Marktanteil	0,01		0,27		0,08		0,001	0,14	1,0	0,83				0,01		
2	Absolut	0,19 xxx		0,001		-0,01		0,81 xxx	0,16 x	-0,004	-0,03	-0,04	-0,02	0,01	-1,80 xxx		
	verändert.	(2,73)		(1,03)		(-1,22)		(3,27)	(1,36)	(-0,04)	(-0,23)	(-0,50)	(-0,27)	(0,07)	(-2,76)	0,42	0,26
	Marktanteil	0,01		0,31		0,23		0,002	0,18	0,97	0,82	0,62	0,79	0,95	0,01		
3	Relativ	0,08 xx		0,001		-0,01 xxx		0,31 xx	0,07	0,003	-0,02				-0,66 x		
	verändert.	(1,92)		(0,05)		(-2,65)		(2,25)	(0,97)	(0,053)	(-0,18)				(-1,69)	0,36	0,25
	Marktanteil	0,06		0,96		0,01		0,03	0,34	0,96	0,86				0,10		
4	Relativ	0,08 xx		-0,001		-0,01 xxx		0,30 xx	0,05	-0,01	-0,01	0,001	-0,002	-0,06	-0,60 x		
	verändert.	(1,77)		(-0,00)		(-2,26)		(1,87)	(0,70)	(-0,16)	(-0,12)	(0,03)	(-0,05)	(-0,51)	(-1,40)	0,36	0,19
	Marktanteil	0,09		1,00		0,03		0,07	0,49	0,88	0,91	0,98	0,96	0,61	0,17		
5	Storno-	-0,85 x		0,01		0,24 xxx		-1,0	-0,55	-0,08	-0,80				7,94 x		
	quote **83**	(-1,40)		(-0,70)		(5,69)		(-0,50)	(-0,56)	(-0,11)	(-0,64)				(1,44)	0,57	0,49
		0,17		0,49		0,00		0,62	0,58	0,92	0,53				0,16		
6	Storno-	-1,01 x		-0,01		0,21 xxx		-2,64	-0,72	0,14	-0,97	0,54	-0,45	-1,52	10,78 xx		
	quote **83**	(-1,66)		(-0,68)		(3,89)		(-1,21)	(0,70)	(0,16)	(-0,77)	(0,85)	(-0,69)	(-1,04)	(1,88)	0,61	0,51
		0,11		0,50		0,00		0,24	0,49	0,88	0,45	0,40	0,50	0,31	0,07		
7	Storno-		-0,30		-0,01		0,24 xxx	0,37	-0,92	-0,16	-0,84				1,85		
	quote **83**		(-0,35)		(-0,86)		(6,93)	(0,23)	(-1,13)	(-0,25)	(-0,82)				(0,28)	0,66	0,60
			0,73		0,39		0,00	0,82	0,27	0,81	0,42				0,78		
8	Storno-		-0,37		-0,01		0,22 xxx	-0,09	-1,13	-0,29	-0,81	0,08	-0,07	-1,00	3,26		
	quote **83**		(-0,39)		(-0,89)		(4,54)	(-0,05)	(-1,25)	(-0,38)	(-0,75)	(0,15)	(-0,11)	(-0,76)	(0,43)	0,66	0,57
			0,70		-0,38		0,00	0,96	0,22	0,71	0,46	0,88	0,91	0,45	0,67		

Quelle: FWU-Berechnung

t-Werte in Klammern, darunter Signifikanzniveau

2.3.1. Wettbewerb beim Versicherungsabgang

Wenn man unterstellt, daß stornierende Nachfrager dem Versicherungsprodukt besonders kritisch gegenüberstehen (sei es wegen veränderter individueller, wirtschaftlicher Ausgangssituation, sei es wegen Präferenzänderung oder enttäuschter Erwartung infolge Vertreter-hard- sellings), dann müßten die Einflußfaktoren der Marktanteilsveränderung für die Stornoquote genauso - vielleicht sogar noch stärker - bestimmend sein.
Gleichzeitig weiß man, daß Unternehmen mit einer hohen Stornoquote auch ungünstige Kostenstrukturen aufweisen. Um Probleme der Kausalität zu vermeiden, wurde hier auf einer lag-Struktur gearbeitet, d.h. in unserem Fall wurde die Stornoquote des Jahres 1983 in Bezug gesetzt zu den Effizienzparametern der Vorjahre, unabhängig davon, welche Ursachen z.B. zu den Effizienzwerten geführt haben, denn das dürfte in der Regel für den Kunden und dessen Kaufentscheidung ebenfalls nicht erkennbar sein.
Der hohe Erklärungsgehalt von 61 % bzw. 66 % für die Schätzgleichungen der Jahre 1983 und 1982 bestätigen diese Vermutung. Als erklärende Faktoren treten dabei die Kosteneffizienz und abgeschwächt die Anlageeffizienz und damit **ausschließlich** Effizienzindikatoren auf.
Alle übrigen Faktoren sind für die Höhe der Stornoquote bedeutungslos, d. h., sie ist weder rechtsform- noch größenabhängig, sie wird nicht durch Vertriebsform, Region und Kundengruppe geprägt.
Je höher die Kostenquote und je geringer die Anlageeffizienz des Unternehmens, desto eher ist der Nachfrager bereit, einen Vertrag zu stornieren. Dabei ist die Kostenquote mit ca. 50% Erklärungsgehalt der dominierende Einflußfaktor.
Da durchschnittlich ca. 50% des erwarteten Gesamtbetrages einer Lebensversicherung in der Höhe nicht vertraglich abgesichert, sondern durch die Kosten- und Anlageeffizienz der einzelnen Unternehmen bestimmt wird, spricht aus diesen Ergebnissen offensichtlich ein rationales Kundenverhalten im Wettbewerbsprozeß um den Marktaustritt, wonach die Grenznachfrage zunächst bei den Grenzanbietern wirksam wird.
Da Vertragsstornierungen jedoch nicht nur für die Versicherten, sondern auch für die Versicherungsunternehmen eine Kostenbelastung sind und darüber hinaus nicht gerade zur Imageförderung beitragen, ist der wettbewerbsdisziplinierende Effekt dieser Ergebnisse ebenfalls als gegeben anzusehen.
Marktversagen läßt sich somit aus den bestehenden Leistungsunterschieden der Versicherungsunternehmen nicht ablesen. Sie stellen vielmehr einen ganz normalen Wettbewerbszustand dar, vor allem dann, wenn der Preis-/Prämienwettbewerb faktisch ausgeschaltet ist. Marktversagen läge lediglich dann vor, wenn die Leistungsunterschiede ohne Konsequenz für das Marktergebnis blieben.
Der zur Sicherung des Vertrauensschutzes formulierte rechtliche Rahmen der Lebensversicherung, der infolge einheitlicher Prämienkalkulation zum Ausschluß von Preis-, d.h. Prämienwettbewerb und zum Entstehen eines einheitlichen Produktdesigns führt, verhindert dadurch nicht die Existenz effizienter Wettbewerbsprozesse.
Diese Existenz stützt sich vor allem auf die Orientierung der Kunden an diesen Effizienzkriterien. Die Orientierung wird möglich einerseits durch die relativ geringen Informationskosten der Kunden sowie den nur zu vermutenden Einsatz dieser Kriterien durch erfolgreiche Unternehmen im Akquisitionsgespräch.
Wirtschaftspolitisch wichtig ist demnach, den kostengünstigen Zugang zu den entscheidungsrelevanten Informationen für die Nachfrage zu gewährleisten. Da jedoch die Nachfrager auf diese Information reagieren, wird es schon im eigenen Interesse der Unternehmen liegen, eige-

ne Vorteile herauszustellen.
Die vorliegenden Ergebnisse unterstützen nicht die Rufe nach einer Deregulierung in Form einer Freigabe der Versicherungstarife. Die daraus resultierende Produktdifferenzierung würde eher den Schluß erhöhter Informationskosten beim Angebotsvergleich nahelegen. Eine wesentliche Triebkraft der Wettbewerbsdynamik würde somit eher geschwächt denn gestärkt.

2.4. Fazit Teil II

Bei einer korrekteren Erfassung des aktuellen Wettbewerbsverhaltens der Privaten Lebensversicherung in Form von Neugeschäftsanteilen und nicht von Bestandsanteilen zeigt sich wesentlich mehr Bewegung in der Marktstruktur als es die statischen Bestandsbetrachtungen vermuten lassen.
Bei einem Vergleich der Entwicklung der verschiedenen Formen der Lebensversicherungen zeigt sich sehr deutlich, daß die jährlichen Veränderungen im Neugeschäft wesentlich größer sind als die im Bestand. Die Tendenz, ob Anteilszuwächse oder -verluste erzielt werden, geht zwar bei beiden Betrachtungsweisen in die gleiche Richtung, jedoch kommen die Trends auf Grundlage des Neugeschäfts wesentlich klarer heraus. In der Tendenz gibt die kapitalbildende (incl. der vermögensbildenden) Lebensversicherung im Untersuchungszeitraum leicht nach, ebenso ist der Trend bei Gruppenversicherungen nach unten gerichtet. Die Risikolebensversicherungen haben die größten Anteilszuwächse zu verzeichnen, bei Renten- und Pensionsversicherungen ist eine leichte Anteilssteigerung festzustellen.
In der Wettbewerbsanalyse ergeben sich bei Betrachtung der Neugeschäftsmarktanteile relativ große Marktanteilsveränderungen. Am intensivsten findet ein Marktanteilsaustausch bei vermögensbildenden und Risikolebensversicherungen, aber auch bei Renten- und Pensionsversicherungen statt, bei Kapitallebensversicherungen und Gruppenversicherungen sind nicht ganz so starke, aber immer noch deutliche Marktanteilsveränderungen bei den einzelnen Unternehmen zu beobachten.
Der jährliche Marktanteilssaustausch stellt für die Marktteilnehmer ein echtes Bedrohungspotential dar, wodurch die Ursachen der Marktanteilsveränderungen zu primären Aktionsparametern des Wettbewerbsverhaltens werden.
Die durchgeführte ökonometrische Untersuchung belegt, daß Nachfrager offensichtlich sehr wohl nach Leistungsmerkmalen der Anbieter diskriminieren. Neben Effizienzkriterien zahlten sich für Unternehmen auch innovatives Verhalten im Marketing- und Vertriebsbereich aus. Wettbewerbsprozesse in der Privaten Lebensversicherung führen damit zu effizienzorientierten Wettbewerbsergebnissen. Leistungsunterschiede sind damit ein Differenzierungspotential des einzelnen Versicherungsunternehmens, das sich im direkten Wettbewerbsvergleich durchaus rechnet. Unternehmen für sich und der Markt insgesamt werden somit gezwungen, ihr Leistungsangebot zu verbessern. Im Untersuchungsbereich konnte dies anhand der Entwicklung der Leistungsparameter auch dokumentiert werden.

3. Die deutsche Versicherungswirtschaft im internationalen Vergleich

3.1. Vorbemerkung

Die deutsche Versicherungswirtschaft unterscheidet sich im internationalen Vergleich vor allem mit dem anglo-amerikanischen Bereich sowohl durch den institutionellen Rahmen, unter dem sie arbeitet, als auch durch die vor allem in jüngster Zeit heftig diskutierten Prämienunterschiede für gleiche bzw. vermutlich gleiche Leistungen.
Auch wenn dieser Untersuchungsteil nicht expliziter Bestandteil des Gutachtenauftrages ist, sei er dennoch angefügt, um die positiven wettbewerbspolitischen Ergebnisse der Teile 1 und 2 zumindest in einem Exkurs an der internationalen - hier englischen - Meßlatte ausrichten zu können.

3.2. Leitbild des deutschen Versicherungsrechts

Das Versicherungsrecht setzt sich zusammen aus dem Versicherungsvertragsrecht (VVG, AVB, Pflichtversicherungsgesetz für Kfz) und dem Versicherungsaufsichtsrecht (BAG, VAG). Die wesentlichen Grundlagen des heutigen Versicherungsrechts wurden Anfang dieses Jahrhunderts gelegt. Wie die Rechtsgeschichte zeigt, fanden grundsätzliche Neuorientierungen nicht statt.
So veranlaßte ein gewichtiger Insolvenzfall im Jahre 1931 lediglich eine Erweiterung des 1901 bereits verabschiedeten VAGs. Weitere Änderungen wurden notwendig durch die Anpassung an die Richtlinien des Rats der Europäischen Wirtschaftsgemeinschaft. Eine grundlegende Änderung der Zielsetzung fand dabei nicht statt, lediglich eine Anpassung an veränderte Umfeldsituationen.
Die Begründung für die damalige Gesetzgebung kann auch heute noch als für die Ausprägung des Leitbilds maßgeblich angesehen werden. Danach liegt dem Versicherungsrecht die Auffassung zugrunde, daß das öffentliche Interesse an einer gedeihlichen und soliden Entwicklung des Versicherungswesens in besonders hohem Grade geben ist und daß dies dem Staat die Pflicht zu besonderer Fürsorge auf diesem Gebiet auferlegt. Maßgebend hierfür ist insbesondere "einerseits die Rücksicht auf die große, wirtschaftliche, soziale und ethische Bedeutung des Versicherungswesens, andererseits die Gefahr schwerster Schädigung des Volkswohls, die bei einem Mißbrauch durch das Versicherungswesen droht, und um so näher liegt, als auf diesem Gebiet des Wirtschafts- und Verkehrslebens selbst der sorgsame und verständige Bürger ohne Hilfe von anderer Seite zu eigener zuverlässiger Beurteilung der Anstalten, denen er sich anvertrauen muß, regelmäßig nicht in der Lage ist".
Neben einer wirtschaftlichen Zielsetzung enthält das Versicherungsrecht - und hier vor allem das Versicherungsaufsichtsrecht - somit eine starke sozialpolitische Zielrichtung, nämlich dem Bedürfnis der individuellen Wirtschaftsakteure nach Sicherheit und Absicherung gerecht zu werden. Realisiert wird diese Zielsetzung über die Gewährleistung des **Vertrauensschutzes** der wirtschaftlichen Akteure in die von der Versicherungswirtschaft entwickelten "Produkte". Eine funktionierende Versicherungswirtschaft ist aus Sicht des Gesetzgebers nur dann gegeben, wenn das in sie gesetzte Vertrauen nicht erschüttert wird. Um dieses Ziel zu erreichen, wurde die Schaffung einer Aufsicht für das adäquate Mittel gehalten.
Da man das Vertrauen der Konsumenten in die langfristig angelegte Leistung der Versicherungswirtschaft durch mögliche Insolvenzen als besonders gefährdet ansah, entschloß man sich - anders als z. B. bei den mehr kurz- bis mittelfristig angelegten Leistungen der Kreditwirtschaft

- für den Konsumenten nicht nur die negativen Folgen von eventuellen Insolvenzen auszuschließen, sondern die Vermeidung von Insolvenzen so weit wie möglich zu fördern.
Entsprechend setzt das Versicherungsrecht, verteilt über die einzelnen Regelungsbündel und in den einzelnen Versicherungsbereichen, zum Teil abweichend voneinander drei Schwerpunkte:
1. Schaffung von Zulassungsvoraussetzungen für Marktteilnehmer
2. Verhaltens- und Kalkulationsvorschriften für die Versicherungsunternehmen
3. Regelungen für eine Produktstandardisierung und -entwicklung unter dem Gesichtspunkt der Markttransparenz.

3.3. Alternative Konzeption des britischen Bereiches

Schon seit Beginn des 17. Jahrhunderts wurden in England die Grundlagen des modernen Versicherungswesens gelegt. Der britische Versicherungsmarkt gehört somit zu den ältesten Versicherungsmärkten. Der Markt zeichnet sich durch eine große Flexibilität und einer Vielzahl von Marktteilnehmern aus, die in beträchtlichem Maße internationale Geschäfte machen.
Die Versicherungsgesellschaften unterliegen einer Aufsicht, die ihre Grundlage im sogenannten "Insurance Company Act" hat. Dieses Gesetz wurde 1974, nach dem Zusammenbruch der Vehicle and General Insurance Company, mit dem Ziel einer Verbesserung der Versicherungsaufsicht verabschiedet. Im "Policy Holder´s Protection Act" 1975 wurde ein gesetzlicher Sicherungsfond für Versicherungsnehmer errichtet, der durch eine Umlage der Versicherungswirtschaft bedient wird und den Versicherungsnehmern bis zu 90% der vertraglichen Leistungen garantiert. Im Jahre 1977 wurde durch den "Insurance Brokers (Registration) Act" der Beruf des Versicherungsmaklers gesetzlich eingegrenzt.
Es ist offensichtlich, daß eine Versicherungsaufsicht im deutschen Sinne in England wesentlich jüngeren Datums ist. Um das Gesamtziel des Anlegerschutzes zu verbessern, wurde im Jahre 1985 dem Parlament ein Gesetzentwurf zugeleitet, dessen Inkrafttreten für das Jahr 1987 geplant ist. Ziele dieser Reformen sind:
1. Die Leistungsfähigkeit der Märkte und der Institutionen zu verbessern (efficiency)
2. Den Wettbewerb anzuregen und Innovationen zu fördern, sowie die Wettbewerbsfähigkeit der Institutionen zu stärken (competitiveness)
3. Das Vertrauen von Anlegern und Emittenten weiter zu stärken (confidence)
4. Ein Aufsichtssystem einzuführen, das sich veränderten Anforderungen beweglich anpaßt und nicht von Ereignissen überrollt wird (flexibility)

Das Grundkonzept sieht vor, daß Angebot und Vertrieb von Vermögensdienstleistungen aller Art, falls sie nicht schon nach den geltenden Gesetzen erlaubnispflichtig sind, künftig einer Erlaubnis zum Geschäftsbetrieb bedürfen. Zuständig für die Erlaubnis ist der Minister für Handel und Industrie, der jedoch seine Erlaubnisbefugnis auf eine privatrechtlich organisierte Stelle übertragen soll.
Zunächst waren zwei Aufsichtsgremien in Aussicht genommen, ein Wertpapier- und Vermögensanlage-Ausschuß (Securities & Investment Board - SIB) und ein Ausschuß für den Vertrieb von Vermögensanlagen (Marketing of Investments Boards - MIBOC). Beide Gremien sollen jedoch zu einem gemeinsamen Ausschuß vereint werden und unter Mitwirkung der Bank of England aus den Kreisen der Anbieter und Nachfrager von Finanzdienstleistungen bestellt werden. Dieses Gremium hat bereits begonnen, gemeinsame Richtlinien zu erarbeiten.
Erlaubnis zum Geschäftsbetrieb kann unmittelbar erteilt oder an die Mitgliedschaft in einer berufsständischen Einrichtung (self-regulating-organization - SRO) geknüpft werden. Solche Einrichtungen müssen nachweisen, daß sie nur Bewerber zur Mitgliedschaft zulassen, die ein

hinreichendes Maß an Seriosität, beruflicher Qualität und Verpflichtung zur Einhaltung bestimmter Regeln mitbringen.
Die Erlaubnis wird für einen durch den Geschäftsplan spezifizierten Bereich und nicht generell zum Geschäftsbetrieb erteilt. Grenzen der Geschäftstätigkeiten müssen eingehalten werden. Die Aufsicht erstreckt sich auf die Kontrolle, ob angemessene Vermögenswerte in Großbritannien gehalten werden sowie die Einsetzung von Treuhändern zur Überwachung der Geschäftsaktivitäten.
Von den Aufsichtsgremien kann der Minister eine Rücknahme von Richtlinien oder die Rücknahme der Anerkennnung einer berufsständischen Einrichtung verlangen, wenn sie mit gesetzlichen Regeln nicht im Einklang stehen.
Die Richtlinien der Aufsichtsgremien unterliegen nicht den Gesetzen gegen Wettbewerbsbeschränkungen (Restrictive Trade Practises Act, Competition Act, Fair Trading Act, Fair Credit Act), jedoch wird der Minister Richtlinien der Kartellaufsicht (Director General of Fair Trading) zur Stellungnahme vorlegen, bevor er von seinem Delegations- und Interventionsrecht Gebrauch macht.
Obwohl in den letzten Jahren der britische Versicherungsmarkt stärkeren Regulierungen und größerer Aufsicht unterstellt wurde, reichen die formalen Kontrollmechanismen nicht an die des deutschen Versicherungsmarktes heran. Es ist jedoch zu vermerken, daß aus Gründen des Anlegerschutzes, stärkere Sicherung der Vermögensanlagen der Versicherten sowie eine Überwachung der Seriosität und Qualifikation der Marktteilnehmer nach deutschem Muster Platz gegriffen hat.

3.4. Vergleich wichtiger Leistungs- und Bewertungsparameter

In letzter Zeit sind häufiger Leistungsvergleiche im Lebensversicherungsbereich zwischen deutschen und englischen Anbietern veröffentlicht worden (vgl. Zeitschrift "Capital" 1/87 und auch 4/87). Ergebnis dieser Leistungsvergleiche war, daß Versicherungsnehmer in England für die gleiche Leistung geringere Prämien zu zahlen haben. Verglichen werden bei diesen Veröffentlichungen aber ausschließlich Risikolebensversicherungen.
Expertenbefragungen bei deutschen Versicherungsunternehmen haben ergeben, daß Prämienunterschiede zwischen deutschen und englischen Tarifen auf Unterschiede in verschiedenen Kalkulations- und Leistungskriterien zurückzuführen sind:

1. In England und in Deutschland gehen unterschiedliche **Sterbetafeln** in die Kalkulation ein. Die Sterberate in England ist in der Altersgruppe zwischen 20 und 45 Jahren deutlich niedriger als in Deutschland, was u.a. in einer deutlich niedrigeren Rate an Verkehrstoten in England begründet liegt. So stehen bei etwa gleicher Bevölkerungsquote rund 4000 englischen Unfalltoten 11000 in Deutschland gegenüber. Die Statistik der Vereinten Nationen, veröffentlicht in "United Nations Demographic Yearbook", weist bei den nicht krankheitsbedingten Todesursachen in Deutschland einen 1,7-fach höheren Wert als in England aus. Da gerade das Todesfallrisiko der dominierende Kostenfaktor bei der reinen Risikoversicherung ist, gewinnt dieses Faktum besonderes Gewicht.
2. Eine in England beobachtete höhere **Anlageeffizienz** führt zu einer höheren Zinsgewinnbeteiligung des Versicherungsnehmers auf Basis des englischen Pfundes. Erklärung hierfür sind die höheren Zinsen auf dem englischen Kapitalmarkt bei gleichzeitig höherer Inflationsrate in Großbritannien. Berücksichtigt man die Wechselkursentwicklung in den letzten Jahren, ist der Versicherungsnehmer einer deutschen Police real besser gestellt.

3. Nach Auskunft der befragten Experten zeigt ein Vergleich der **Kostenstruktur** englischer und deutscher Versicherungsnehmer, daß für die Lebensversicherung insgesamt gleiche Größenordnungen bestehen. Als Folge des Steuersystems ergibt sich jedoch eine entsprechende Belastung bei kapitalbildenden Versicherungen. Von verschiedenen Unternehmen wird dieser Steuereffekt bei der Kostenkalkulation sehr weit interpretiert, so daß die interne Subventionierung der Risikopolicen zu äußerst geringen Kostenkalkulationen in diesem Bereich führt.
4. Die Struktur der Versicherungsaufsicht in England ermöglicht größere Kalkulationsfreiheiten und ebenso eine breitere Möglichkeit der Anlagepolitik. Die Vergleichbarkeit des Versicherungsangebotes anhand der Prämien setzt dabei eine Bewertung des Kalkulationsmoduls sowie der Risikostruktur des investierten Kapitals seitens des potentiellen Versicherungsnehmers voraus. Die dadurch erschwerte Markttransparenz führt in England zu großen Prämienunterschieden bei gleicher Leistung bzw. Leistungsunterschieden bei gleicher Prämie. So liegt der teuerste Beitrag für eine Risikolebensversicherung beim fünffachen des preiswertesten Wertes.

Sollten die von uns erfragten Expertenergebnisse einer kritischen Nachprüfung im Detail standhalten, so ist zusammenfassend festzustellen, daß die niedrigen Prämien für englische im Vergleich zu deutschen Risikolebensversicherungen in erster Linie auf die unterschiedlichen Sterbetafeln zurückzuführen sind. Ein Auftreten englischer Anbieter auf dem deutschen Markt würde eindeutig zu Wettbewerbsverzerrungen führen, da deutsche Unternehmen keinen Einfluß auf die Sterblichkeitsentwicklung haben. Englische Lebensversicherer können andererseits in Deutschland langfristig nur bestehen, wenn sie Quersubventionierung betreiben, was nach deutschem Versicherungsrecht wiederum untersagt ist und damit einen weiteren Anlaß zur Wettbewerbsverzerrung bietet.

Die angesprochenen Kriterien gelten ebenso für den Vergleich bei den kapitalbildenden Lebensversicherungen, wobei aufgrund der größeren Kombinationsmöglichkeiten die Marktintransparenz hier noch erhöht wird. Dies gewinnt insofern besonderes wettbewerbspolitisches Gewicht, als sich die Sicherungssysteme der Anlegerinteressen von der Philosophie bei beiden Systemen grundsätzlich unterscheiden.

Im englischen Bereich wird ein Sicherungspool eingesetzt bei einem möglichen Marktaustritt der Unternehmen. In Anbetracht der größeren Marktintransparenz ist dies marktstrukturell nicht ungefährlich, da Poolsysteme nur dann gut funktionieren, wenn sie nicht gravierend in Anspruch genommen werden müssen.

Das deutsche Versicherungsrecht arbeitet mit einer größeren Markttransparenz und engeren Aufsichtsvorschriften bei der Geschäftstätigkeit und ebenfalls mit einem Ausschluß des konkursbedingten Marktaustritts eines Unternehmens.

Wie die vorangehende Untersuchung zeigte, werden dadurch weder substitutive noch aktuelle Wettbewerbsprozesse behindert, noch wird Leistungswettbewerb sowohl im Inland als auch im internationalen Vergleich erkennbar eingeschränkt.

4. Exkurs

Das hier vorgestellte Kapitel 3 wurde in dieser Form als Auftragsgutachten der Monopolkommission im Sommer 1987 abgegeben. Parallel war von der Monopolkommission ein weiteres Gutachten vergeben worden. Dem Parallelgutachter Finsinger war von der Monopolkommission auch das FWU-Gutachten zur Verfügung gestellt worden.
Finsinger geht in seinem Gutachten kritisch auf das FWU-Gutachten ein.[1] Dieser Kritik soll hier außerhalb des offiziellen Gutachtentextes begegnet werden, um dem Leser die Möglichkeit zu bieten, die Berechtigung von Kritik und Entgegnung nachvollziehen zu können.
Zur Kritik Finsingers im Einzelnen:

I) Nach Finsinger kann der Variable "Extrakosten" (d.h. das Verhältnis der überrechnungsmäßigen zu den rechnungsmäßigen Abschlußkosten) keine nachfragesteuernde Funktion zukommen. [2] Finsinger empfiehlt die Verwendung einer Abschlußkostenvariable, die rechnungsmäßige und überrechnungsmäßige Abschlußkosten zusammen erfaßt. Darüber hinaus mahnt er die Verwendung von "verzögerten", d.h. periodenverschobenen Variablen an, um auf diese Weise eine Konsumentenreaktion überhaupt erfahrbar machen zu können. [3]

Hierzu ist anzumerken, daß bei allen nachfragesteuernden Variablen des FWU-Gleichungsmodells die Definition so erfolgte, daß sie für Nachfrager erfahrbar sind. Dem aufmerksamen Leser hätte es daher nicht entgehen dürfen, daß die FWU-Studie selbstverständlich periodenverschobene Variablen für z. B. Anlagerendite, Gesamtkostenstruktur und überrechnungsmäßigen Abschlußkostenanteil verwendet (die Marktanteilsveränderung des Jahres 1983 wurde durch die Variablen aus 1982 bzw. einem Durchschnitt von 1978 bis 1982 erklärt).
Gerade um die Konsumentenreaktion in geeigneter Weise abbilden zu können, wurde die Spezifikation für die Abschlußkosten in der hier gewählten Form vorgenommen; denn in den Konsumentenzeitschriften wird dieser Indikator am häufigsten als Orientierungshilfe für die Bewertung der Vertriebseffizienz von Lebensversicherungsunternehmen angeboten.
Selbst Variablen mit objektiv besseren Meßqualitäten, die der Öffentlichkeit jedoch weniger zugänglich sind, müßten daher aus eben diesem Grunde als nachfragesteuerende Faktoren zurückstehen. Dies ist eine in der Konsumentenforschung bewährte Begründung für den Variableneinsatz wie er in unserem Modell erfolgte.
Im übrigen ist diese Variable "Extrakosten" auch inhaltlich nicht so schlecht wie dies von Finsinger Glauben gemacht wird. Da die rechnungsmäßigen Vertriebskosten aufgrund der Tarifkalkulation langfristig fixiert sind, kommen Schwankungen der Vertriebsaktivitäten durch den Quotienten sehr gut zum Ausdruck, zumahl da die Branche insgesamt mit den kalkulierten Vertriebskosten bei weitem nicht auskommt (vgl. Abb. 60). So wurden z. B. im Jahr 1985 die rechnungsmäßigen Abschlußkosten branchenweit um 46% überschritten.

---

[1] Vgl. Finsinger "Verbraucherschutz auf Versicherungsmärkten", Lüneburg 1987, hier die Seiten 106-108. Der Leser wird möglicherweise durch Finsingers Zitierweise irritiert, denn es fehlen Hinweise auf die FWU-Arbeit als Parallelgutachten. Als Autor wird lediglich einer der Mitverfasser (Dirrheimer) und nicht die FWU angegeben. Darüberhinaus wird die FWU fälschlicherweise als "private Forschungsgesellschaft für Wettbewerb und Unternehmensentscheidungen" angeführt; dennoch handelt es sich, bei der von Finsinger zitierten Arbeit um das hier vorgestellte FWU-Gutachten im Auftrag der Monopolkommission.

[2] Vgl. Finsinger a.a.O., Seite 107.

[3] Vgl. Finsinger a.a.O., Fußnote 28 Seite 108

Abb. 60:

Gesamtkostenstruktur der deutschen Lebensversicherungsunternehmen (1985)

1	Rechnungsmäßig gedeckte Abschluß-Kosten	3,381 Mio	49,4%
2	Überrechnungsmäßige Abschlußkosten	1,541 Mio	22,5% (in % von (1) = 45,6%)
3	Sonstige administrative Kosten	1,924 Mio	28,1%
4	Summe 1-3	6,846 Mio	100%

Zeilen 1–3: im Verhältnis zu den Beitrags-einnahmen = Schätzgröße KOST

Zeilen 1 und 2: Das Verhältnis entspricht der Schätzgröße EXTRA

Quelle: BAV-Bericht

II) Finsinger kritisiert die gleichzeitige Verwendung von überrechnungsmäßigen Abschlußkostenquoten und der Gesamtkostenquote, da hier zweimal dasselbe empirische Phänomen in die Gleichung einfließt und nimmt dies zum Anlaß, den FWU-Ergebnissen ihren Erklärungsgehalt abzusprechen. Auf die Analyse des Marktabgangs geht Finsinger gar nicht ein.

Die empirisch/statistische Folge von Finsingers Vorwurf müßte in einem hohen Korrelationskoeffizienten der beiden Variablen Gesamtkostenquote und überrechnungsmäßige Vertriebskostenquote sichtbar werden. Faktisch liegt der Meßwert von +0,37 dagegen in dem statistischen Unbedenklichkeitsbereich.

Dies ist auch nicht weiter überraschend, wenn man sich in Abb. 60 verdeutlicht, daß zwar die Summe aus rechnungsmäßigen und überrechnungsmäßigen Abschlußkosten als Teil der Gesamtkosten anzusehen ist, für die Quote der beiden Abschlußkostenarten gilt dieser enge mathematische Bezug jedoch keinesfalls.

Darüber hinaus gibt es einen weiteren wichtigen inhaltlichen Aspekt für die gleichzeitige Verwendung der hier definierten Gesamtkostenquote und der überrechnungsmäßigen Vertriebskostenquote.

So würde der Vorschlag Finsingers, lediglich die gesamten Abschlußkosten zu integrieren, die administrativen Kosten unberücksichtigt lassen. Dies würde jedoch bedeuten, daß 28,1% der Gesamtkosten nicht erfaßt würden. Im Vergleich dazu betragen die überrechnungsmäßigen Abschlußkosten jedoch nur 22,5% (vgl. Abb. 60).

Es ist zu unterstellen, daß für den Konsumenten unter Leistungsgesichtspunkten vor allem die langfristige Entwicklung der Gesamtkosteneffizienz entscheidend sein müßte, da diese ganz wesentlich den Leistungsunterschied zwischen den Versicherungsunternehmen bestimmt. Genau dies belegt auch die FWU-Analyse. Die Schätzgleichungen zeigen jedoch auch, daß Unterschiede in der überrechnungsmäßigen Kostenquote des Vorjahres offensichtlich keinen Einfluß auf das Konsumentenverhalten des Folgejahres haben.

Finsinger glaubt aus diesen Ergebnissen folgern zu können, daß "außerordentliche Vertriebskosten kein zusätzliches Geschäft brächten"[4], um dann zu unterstellen, die Autoren der FWU-Studie hätten diese Aussage bewußt nicht machen "wollen". Tatsache ist jedoch, daß eine solche Aussage aufgrund der periodenverschobenen Daten gar nicht ableitbar ist.

Aufgrund der kurzen Wirkungszyklen der Werbeausgaben in der Versicherungsbranche und der periodengebundenen Wirkung sonstiger akquisitorischer Instrumente ist davon auszugehen, daß der Haupteffekt dieser Variablen, wenn überhaupt, in der gleichen Periode wirksam werden müßte. Daraus ergibt sich dann zwangsläufig, daß eine periodenverschobene Struktur zu der oben genannten Fragestellung keine Aussage machen kann.

In der Tat war dies auch gar nicht die Testhypothese. Hier war vielmehr zu untersuchen, auf welche Effizienzparameter die Kunden reagieren; dabei wird erkennbar, daß sie offensichtlich nicht durch überrechnungsmäßige Vertriebskosten des Vorjahres beeinflußt werden. Diese Feststellung erlaubt jedoch eine zielgerichtetere Interpretation, warum die Gesamtkostenquote, d.h. rechnungs- und überrechnungsmäßge Abschlußkosten plus administrative Kosten, so einen deutlichen Effekt hat. Da Unterschiede bei den Extrakosten nicht entscheidungsrelevant

---

[4] Vgl. Finsinger a.a.O. Seite 108

scheinen, die kalkulierten Abschlußkosten bis auf Zillmerungsunterschiede kaum strukturelle Differenzen zwischen den Unternehmen aufweisen, verbleiben als wesentliche Ursache für Kostenunterschiede administrative Kosten.
Für den Branchenkenner kann dieses Ergebnis nicht überraschend sein, obwohl es im übrigen bei Eingehen auf Finsingers Vorschlag, nämlich nur die gesamten Abschlußkosten zu verwenden, empirisch gar nicht erkennbar geworden wäre. Wenn man weiß, wie stark im Lebensversicherungsbereich, gerade in den 80-iger Jahren, in Organisationsinnovationen investiert worden ist, vor allem im DV-Bereich, welche großen Anstrengungen unternommen wurden und werden, um ein durchgehendes einheitliches Informationsnetzwerk zu erstellen von der Angebotserstellung über Abschlußvorgang , Antragsprüfung, administrative Bearbeitung bis hin zur Leistung, dann wird deutlich, daß relative Kostenunterschiede in diesem Bereich in der Regel auch mit Leistungsunterschieden im Servicebereich verbunden sind, und dazu gehört ja wohl auch der sogenannte after sales-Service, selbst wenn er unter dem Etikett administrativer Kosten verbucht wird.
Der Kunde hat somit doppelt Grund auf diesen Bereich, der mit 28,1% der Gesamtkosten nicht gerade klein ist, sensibel zu reagieren.

1. Wegen der sich daraus ergebenden besseren Betreuung
2. Wegen mittel- und langfristig höherer Ablaufleistung

Daß Finsinger die "relativen" Variablen der FWU-Studie immer wieder als "absolute" Größen bezeichnet, dafür aber einen wichtigen Teil der Gesamtanalyse, nämlich den Teil der sich mit dem Austrittswettbewerb befaßt, gar nicht zur Kenntnis nimmt, ist vor allem deshalb schade, weil Finsinger mit dieser selektiven Wahrnehmung sich selbst den Blick verstellt für die sachliche wissenschaftliche Diskussion dieser wichtigen empirischen Phänomene.
Auch nach Durchsicht der Kritik Finsingers gibt es an den hier präsentierten Ergebnissen nichts abzuändern oder einzuschränken. Diese Ergebnisse lassen sich wie folgt auf einen Punkt bringen.

> Die Wettbewerbsverschiebungen in der Lebensversicherung sind sehr ausgeprägt und sowohl beim Wettbewerb um Marktein- und Marktaustritt durch die Variablen "Renditeunterschiede "und "Gesamtkostenquote" eindeutig effizienzgesteuert. Die Kritik von Finsinger ist sachlich nicht zutreffend.

Kapitel 4

Wettbewerbsanalyse des Marktes der Kraftfahrt-Haftpflichtversicherungen

von
Dr. Manfred J. Dirrheimer
und
Dr. Hendrik Junghanns

FWU Forschungsgesellschaft für Wettbewerb und Unternehmensorganisation m.b.H.

1. Wettbewerbspotential in der Kraftfahrtversicherung

Im Rahmen der Schadens- und Unfallversicherung liegt die Kraftfahrtversicherung vom Umfang her mit über 40% der Beitragseinnahmen auf dem ersten Platz. Sie wird damit neben der Lebens- und Krankenversicherung zu den wichtigsten Umsatzträgern der Versicherungsbranche.
In der Kraftfahrtversicherung werden Tarife zur Kraftfahrzeug-Haftpflichtversicherung, der Fahrzeugversicherung (Teil- und Vollkasko) und der Kraftfahrtunfallversicherung von den Versicherungsunternehmen angeboten. Innerhalb dieser Versicherungssparte hat die Kraftfahrzeug-Haftpflichtversicherung den mit Abstand größten Anteil (ca. 70%).
Gerade die Kraftfahrt-Haftpflichtversicherung ist Gegenstand der Untersuchung, da ihre Kalkulation als Pflichtversicherung einem gesetzlich vorgeschriebenen Rahmen unterworfen ist. In der "Verordnung über die Tarife in der Kraftfahrtversicherung" sind die Struktur des Tarifs (z.B. KW-Klassen, Regionalklassen, etc.), die Schadenstatistik, die Art der Kalkulation und die Überschußverwendung geregelt. Im übrigen ist der Leistungsumfang durch die allgemeinen Versicherungsbedingungen festgelegt. Vor dem Hintergrund dieser Situation wurde verschiedentlich in Frage gestellt, inwieweit Wettbewerb in einem Markt möglich ist, in dem derartige aufsichtsrechtliche Bedingungen gegeben sind. Vor dem gegebenen aufsichtsrechtlichen Rahmen stellt sich der Markt heute als homogener Produktmarkt mit einer bestehenden Preisvielfalt dar.
Bereits 1962 wurde der Einheitstarif abgeschafft. An seine Stelle kam die Kalkulation nach der "Verordnung über Tarife in der Kraftfahrtversicherung", durch die sichergestellt ist, daß die Versicherungsprämien schaden- und kostendeckend kalkuliert werden und Überschüsse durch Rückerstattung den Versicherungsnehmern wieder zukommen. 1982 bzw. 1985 entfiel die Genehmigungspflicht für die Vollkasko- und die Teilkaskoversicherung. Geblieben sind jedoch die genehmigungspflichtigen Versicherungsbedingungen.
Vor dem Hintergrund der ausführlichen gegenwärtigen Diskussionen, in welchem Umfang heutzutage ein Wettbewerb in der Kraftfahrtversicherung herrscht oder durch Veränderung bzw. Wegfall der aufsichtsrechtlichen Regelungen weiter intensiviert werden kann, sollen Verhaltensparameter diskutiert werden, die über den Wettbewerb in der Versicherungsbranche Auskunft geben können. Nach dem Marktstruktur-Verhalten-Ergebnis-Modell sind starke Marktanteilsveränderungen der einzelnen Unternehmen in einem Markt Indikator für einen starken Wettbewerb. Zu vermuten ist, daß in der Kraftfahrtversicherung in noch stärkerem Maße als in der Lebens- und Krankenversicherung Marktanteilsverschiebungen vorkommen können, da der Versicherungsnehmer viel stärker als in den anderen Sparten Gelegenheit hat, seinen Versicherer zu wechseln. Hier sind also bereits bei Bestandsmarktanteilen relativ große Marktanteilsveränderungen im Zeitablauf zu erwarten. Im Teil 3 wird auf diese Frage ausführlich eingegangen werden.
Ein weiterer Einflußfaktor für das Marktverhalten ist die Höhe der Marktzutritts- und -austrittsbarrieren, die in der Anzahl der "Newcomer" sowie der ausscheidenden Unternehmen beurteilt werden können. Im Markt der Kraftfahrtversicherung von 1975 - 1985 ist bei ungefähr gleicher Zahl von Versicherungsunternehmen (ca. 110) eine nicht geringe Anzahl von Marktein- und -austritten feststellbar. Dies ist ein typisches Charakteristikum von Märkten mit funktionsfähigem Wettbewerb.
Markttransparenz ist für den Versicherungsnehmer aufgrund der einheitlichen Tarifgestaltung in hohem Maße gegeben, das Produkt als solches ist homogen, Differenzierungsmöglichkeiten gibt es über den Preis und die Serviceleistungen des Versicherungsunternehmens.

Bei den Parametern des Marktverhaltens ist auch unter den gegebenen aufsichtsrechtlichen Bedingungen zu vermuten, daß es zu unternehmensindividuellen Entscheidungen kommt, die gegenüber dem Kunden auch als unternehmensindividuelle Stärke kommuniziert werden. So zeigt ein interessanter Vergleich eines führenden Versicherungsunternehmens die Gegenüberstellung von Zugängen und Abgängen in der sogenannten Wechselstatistik. In dieser Wechselstatistik, die jedes größere Unternehmen für sich selber auswertet, werden jeweils die Zugänge von anderen bzw. Abgänge an andere Versicherungsunternehmen gegenübergestellt und eine Differenz gebildet. In dem hier beschriebenen Fall wird die Wechselstatistik eines einzelnen Unternehmens mit dessen Preisposition im Vergleich zum Mitbewerb kombiniert. Die Versichererwechsel werden aufgeteilt in zwei Kategorien, einmal in eine Kategorie mit solchen Unternehmen, die teurer sind als der betrachtete Versicherer und in eine andere Kategorie von Unternehmen, die billiger sind. Unterstellt man einen monokausalen Einfluß von Preisdifferenzen auf das Kundenverhalten, so müßte bei den teureren Unternehmen die Anzahl der Zugänge die der Abgänge übertreffen, und zwar umso mehr, je stärker der Preis nach oben abweicht. Das gleiche gilt mit umgekehrten Vorzeichen für die billigeren Unternehmen. Der Wechselsaldo aus Zugängen minus Abgängen müßte daher gegenüber den teureren Unternehmen durchweg positiv und der gegenüber den billigeren Versicherern müßte negativ sein. Bereits ein kurzer Blick auf die Abb. 1 genügt, um diese Hypothese zu widerlegen. Im unteren Teil der Abbildung wird diese Hypothese noch bestätigt, da das Unternehmen in überwiegendem Maße Kunden an billigere Konkurrenten abgibt. Im oberen Teil kommt es nicht zu den mehrheitlichen Ausschlägen auf die positive Wechselsaldoseite, wie es eigentlich zu erwarten gewesen wäre. Vielmehr gibt es selbst in der Kraftfahrt-Haftpflichtversicherung als einem standardisierten Produkt Einflußfaktoren, die den Konsumenten von einer Entscheidung unter reinen Preisgesichtspunkten abgehen lassen. So zeigt z.B. eine Marktforschungsstudie eines großen Versicherers, daß auf die Frage, wie man auf das Kfz-Versicherungsunternehmen aufmerksam wurde, als häufigste Antwort noch vor dem "Preisvergleiche angestellt", "Empfehlungen/Erfahrungen von Bekannten und Freunden" genannt wurden. So müssen zur Erklärung, warum bei wesentlich billigeren Konkurrenten mehr Kunden abgeworben als abgegeben wurden, noch andere Einflußfaktoren als der a priori vermutete Preis stehen. Wichtigstes Argument ist hier der Kundenservice des einzelnen Agenten sowie die gute Kundenbeziehung mit den entsprechend effektvollen Empfehlungen an Freunde und Bekannte. Dieses Ergebnis ist ein Hinweis darauf, daß der Wettbewerb im Kfz-Versicherungsmarkt nicht allein über den Preis geführt wird, sondern daß der Kundenservice ebenso einen großen Stellenwert einnimmt. Dieses Ergebnis relativiert auch den Einwand fehlenden Wettbewerbs in diesem Markt aufgrund verschiedener Aspekte des aufsichtsrechtlichen Rahmens in der Art, daß Unternehmen neben dem Preis über den Kundenservice zahlreiche Parameter zur Verfügung stehen, um sich erfolgreich vom Mitbewerb zu differenzieren, somit Wettbewerbsvorteile zu erringen, die sich auch signifikant in Marktanteilszuwächsen niederschlagen.

Das Aufsichtsrecht läßt neben der Berücksichtigung der unternehmensindividuellen Kosten und Gewinnansätze, insbesondere durch die Berücksichtigung des unternehmensindividuellen Schadenverlaufs, die Möglichkeit, daß genehmigte Versicherungsprämien für ein und dasselbe Wagnis bei verschiedenen Versicherern unterschiedlich hoch ausfallen. So kann ein Versicherer von der Möglichkeit unternehmensindividueller Kalkulationsabschläge Gebrauch machen, wenn durch die unternehmensindividuelle Berücksichtigung des Schadenverlaufs die Möglichkeit, daß genehmigte Versicherungsprämien für ein und dasselbe Wagnis bei verschiedenen Versicherern unterschiedlich hoch ausfallen. So kann ein Versicherer von dieser Möglichkeit Gebrauch machen, wenn er drei Jahre lang hintereinander unterdurchschnittliche Schadenver-

Abb. 1:
Wechselverhalten in Abhängigkeit von der Preisstellung

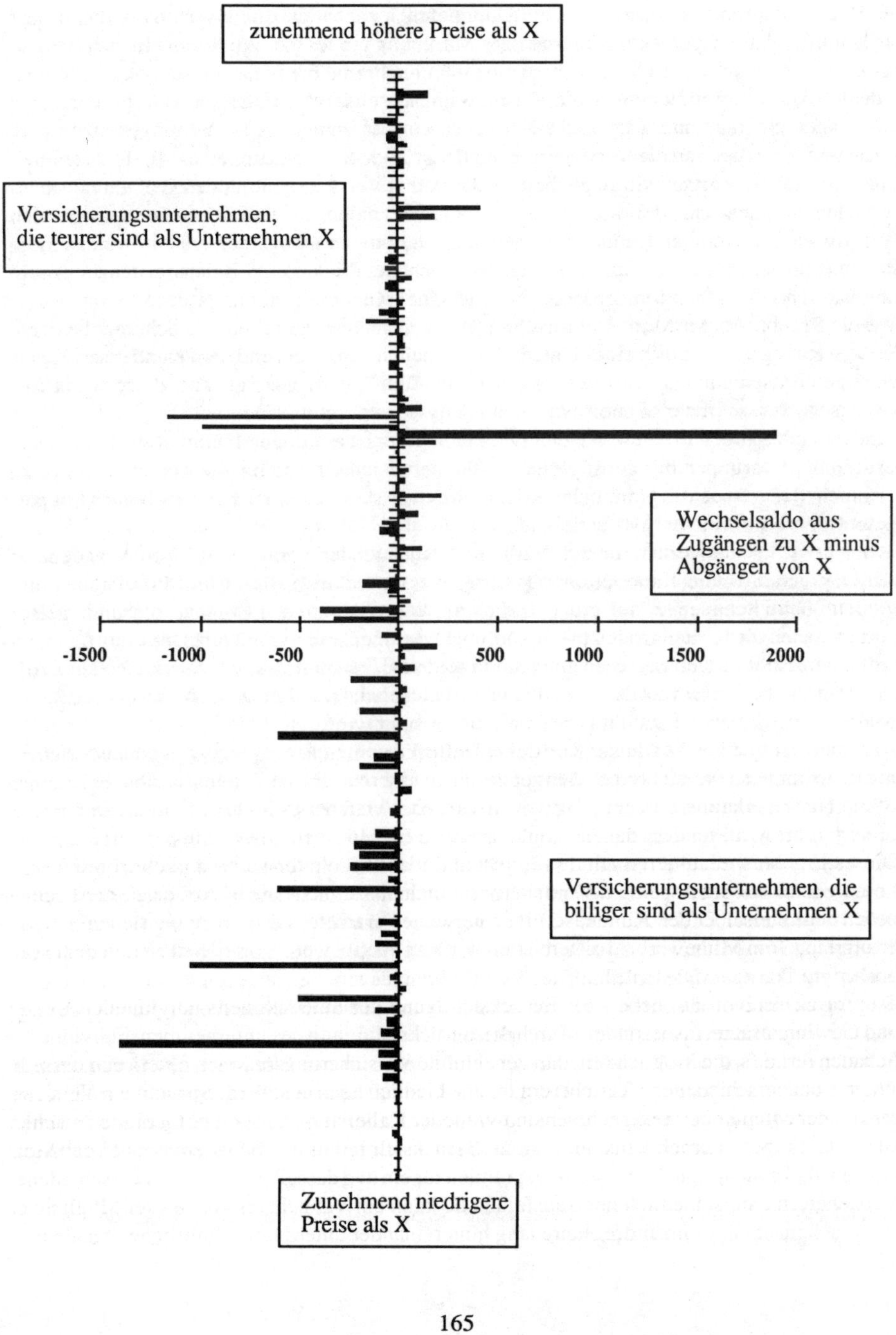

läufe im Vergleich zur gesamten Branche vorweisen kann. Die Auswertung einer Stichprobe unter allen deutschen Kraftfahrtversicherern zeigt, daß 25% der Unternehmen von der unternehmensindividuellen Schadenkalkulation Gebrauch machen.
Die Rückgewährpolitik wird von vielen Unternehmen nachweislich als bewußtes Instrument der Kommunikationspolitik im Rahmen des Marketing eingesetzt, um durch einen ständigen Rückzahlungsstrom an den Versicherten eine ständige Prämienreduzierung zu dokumentieren. In der Rückgewährpolitik können die Versicherungsgesellschaften unterschiedliche Strategien einschlagen. So kann man z.B. rund 60-70% der Kunden von den Ausschüttungen profitieren lassen und zahlt dabei an die Versicherten mit der größten Schadenfreiheit ca. 10-15% des Beitrages zurück. Eine andere Strategie besteht darin, den Versicherten mit den größten Schadenfreiheiten zwischen 30-35% als Spitzensatz auszubezahlen, insgesamt profitieren natürlich dann wesentlich weniger Kunden von den Ausschüttungen als bei der ersten Strategie. Die Strategie mit den geringeren Spitzensätzen dient mehr der Pflege des bestehenden Kundenstammes, während die hohen Spitzensätze eher Teil einer Kundengewinnungsstrategie sind.
Wie die Ergebnisse der Marketingforschung eines größeren deutschen Versicherers belegen, wird die Rückgewährpolitik eines Unternehmens neben dem Preis und dem Kundenservice als wichtiger Entscheidungsparameter gesehen. Im Teil 3 wird gezeigt, daß diese Marktforschungsergebnisse in der ökonometrischen Analyse bestätigt werden.
Durch neue Vertriebsformen - wie den Direktvertrieb - ist es einigen Unternehmen gelungen, bestimmte Zielgruppen mit günstigeren Preisen bei gleicher Leistung anzusprechen. Es ist zu vermuten, daß gerade die Unternehmen mit Direktvertrieb in den 80er Jahren hohe Marktanteilszuwächse im Neugeschäft erzielt haben.
Neben dem Schadenverlauf in der Vergangenheit und der voraussichtlichen Schadenentwicklung gehen in die Kalkulation der Tarife die Verwaltungskosten und Provisionen ein. Während beim Schadenverlauf grundsätzlich die Werte der ganzen Branche zugrunde gelegt werden, gehen die Kostengrößen in den Tarif unternehmensindividuell ein. Der Preis für einen Tarif kann also vom Unternehmen aktiv durch die Provisionspolitik sowie durch effiziente Administration beeinflußt werden. Erhebliche Preisdifferenzen auf dem Markt zeigen, daß von diesem Instrumentarium auch reger Gebrauch gemacht wird.
Die Nachfrage auf dem Markt der Kraftfahrt-Haftpflichtversicherung ist vergleichsweise starr, da die Anzahl der versicherten Fahrzeuge durch die Anzahl der zugelassenen Fahrzeuge definiert ist. Dies kann mit der homogenen Struktur des Marktes schnell zu aggressivem Einsatz der verbleibenden Preisparameter, möglicherweise bis hin zu ruinösen Preiskämpfen führen. Zum Schutz der Versicherten gibt es die §§8 und 9 des Pflichtversicherungsschutzgesetzes.
Diese Regelungen des deutschen Versicherungsaufsichtsrechts stehen immer wieder im Brennpunkt kontroverser Diskussionen. Kritiker verweisen darauf, daß in anderen Ländern (z.B. Frankreich, Großbritannien) keine in die Preisbildung eingreifende staatliche Tarifaufsicht vorhanden ist.[1] Die dauernde Erfüllung der Verpflichtungen aus Versicherungen wird nach dieser Meinung ausschließlich durch eine staatliche Solvabilitätskontrolle und/oder einen Garantiefond der Versicherungswirtschaft gewährleistet .
Vertreter der deutschen Versicherungswirtschaft sehen in der Bildung eines Garantiefonds ohne gleichzeitige staatliche Tarifaufsicht keine Lösung. Es sei ein Widerspruch in sich, wenn man auf der einen Seite uneingeschränkten Wettbewerb herstellen, gleichzeitig aber den Markt vor seinen Folgen dadurch schützen will, daß man das Ergebnis des Wettbewerbs neutralisiert.

---

[1] Vgl. Finsinger, J./Kraft, K., "Die Kraftverkehrsversicherung", in: Oberender, P. (Hrsg.), Marktstruktur und Wettbewerb, Band II, München 1988.

Es wäre falsch, wenn solide Versicherer und ihre Kunden gezwungen würden, die Resultate leichtfertiger Anbieter zu bezahlen. Durch die Regelung der Tarifverordnung wird eine schadensbedarfgerechte Prämie sichergestellt. Dies sei notwendig, da der Schadenbedarf vor allem durch die Kostenentwicklung der Schadensbeseitigung vorgegeben und damit ein fester Kalkulationsfaktor ist. Er kann also nicht, wie im Sachgütermarkt, durch Rationalisierungsmaßnahmen und durch Änderung der Produktionsmethoden beeinflußt werden. Besondere Schwierigkeiten ergeben sich in der Zukunftsorientierung der Schadenbedarfe. Durch eine einheitliche Grundlage wird diese Aufgabe für das einzelne Unternehmen erleichtert.
Ingesamt lassen sich in der Kraftfahrt-Haftpflichtversicherung folgende Einflußgrößen für ein Wettbewerbspotential in diesem Markt herauskristallisieren:

- Aufgrund der standardisierten Produkteigenschaften ist sicherlich der Preis ein wesentlicher Einflußfaktor auf die Kundenentscheidung für oder gegen ein Versicherungsunternehmen.
- In diesem Zusammenhang ist zugleich die Beitragsrückgewähr zu erwähnen, die ja faktisch zur Reduzierung der einmal bezahlten Beiträge führt, die aktiv von vielen Unternehmen als Marketinginstrument eingesetzt wird und - wie Marktforschungsergebnisse beweisen - auch von den Kunden als wichtiger Parameter gesehen wird.
- Der Kundenservice spielt, wie aufgrund der Versichererwechselstatistik nachgewiesen werden konnte, eine erhebliche Rolle bei der Entscheidung für oder gegen ein Versicherungsunternehmen. Hier besteht für ein Unternehmen die Möglichkeit, durch besonderen Kundendienst und die aktive Kommunizierung dieses Kundenvorteils, sich von anderen Wettbewerbern zu differenzieren.
- Die Marktaus- und -eintritte im Zeitraum 1975 bis 1985 deuten auf intensiven Wettbewerb hin.

2. Empirische Wettbewerbsanalysen in der Kraftfahrtversicherung

Empirische Arbeiten für den deutschen Markt der Kraftfahrtversicherung, die Wettbewerbsprozesse untersuchen, sind vergleichsweise selten anzutreffen. Neben den Strukturanalysen und Analysen zur Branchenentwicklung, die häufig von den entsprechenden Fachverbänden publiziert werden[2], gibt es zwei Arbeiten, die vermittels ökonometrischer Verfahren versuchen, den Einfluß von Wettbewerbsparametern auf den Wettbewerbsprozeß zu erfassen.
Beide Arbeiten stammen, bei verschiedener Co-Autorschaft, von Finsinger.[3] Sie kommen beide zu dem Ergebnis, daß das Insolvenzschutzprinzip der deutschen Aufsicht, schaden- und kostendeckend zu kalkulieren und anfallende Überschüsse auszuschütten, im Wettbewerb zu inferioren Ergebnissen führt, vor allem wegen eines nicht entsprechenden Einbezugs der Rückerstattungspolitik in die Kaufpreisentscheidungen der Konsumenten.
In einem Untergutachten für die Monopolkommission[4] hat Finsinger diese Ergebnisse erneut referiert mit den entsprechenden wettbewerbspolitischen Empfehlungen, die bei der Monopolkommission offensichtlich durchaus Gehör gefunden haben.[5]
Wegen dieses wettbewerbspolitischen Gewichts und auch im Hinblick auf das nachfolgende eigene empirische Untersuchungsdesign in Abschnitt 3.2, sollen die beiden empirischen Arbeiten von Finsinger hier kritisch auf ihren Aussagegehalt hin überprüft werden.
Die erste Arbeit untersucht 35 KH-Unternehmen für die Jahre 1969 bis 1973. Aus Mangel an veröffentlichten aktuelleren Daten wird nach Finsinger auf diesen Zeitraum zurückgegriffen.
In einer Querschnittsanalyse mit verzögerten unabhängigen Variablen (1969 bis 1973) wird der Marktanteil, erfaßt als Bestandsanteil an den Beitragseinnahmen, erklärt durch drei Gruppen von unabhängigen Variablen.
Eine unabhängige Variable stellt die individuelle Prämienabweichung von der Durchschnittsprämie im Markt dar, zum anderen kommt die Rückgewährquote zum Einsatz. Als Indikator zur Erfassung "der Absatz- und Werbungsaktivitäten" kommt die Provisionsquote zum Einsatz, allerdings nicht in dieser absoluten Form, d.h. bezogen auf die Prämieneinnahmen, sondern als Anteil an den gesamten Provisionsausgaben aller erfaßten Unternehmen.
Finsingers Ergebnisse weisen negativ signifikante Preisvariablen und positiv signifikante Provisionsvariablen, jedoch nicht signifikante Rückerstattungsquoten auf.
Finsingers Schlußfolgerung daraus lautet:

---

2 Vgl. z.B. GDV "Gesamtwirtschaftliche Einflüsse auf die Kraftfahrt-Versicherung", Schriftenreihe des Ausschusses Volkswirtschaft 7, Köln 1986.

3 Finsinger, J./Flötmann, E. J. "The Determinants of the Demand for Automobile Insurance, The Impact of Price and Sales Effort on Market Shares", hier zitiert nach der überarbeiteten Fassung des IIM/IP 82-36 Diskussionspapiers, wie es zur Veröffentlichung in den Geneva Papers on Risk and Insurance vorgesehen war. Finsinger, J., Kraft, K. "Die Kraftverkehrsversicherung", in: Oberender, P. (Hrsg.), "Marktstruktur und Wettbewerb", Band II, München 1987.

4 Finsinger, J., "Verbraucherschutz auf Versicherungsmärkten, Wettbewerbsbeschränkungen, staatliche Eingriffe und ihre Folgen", Gutachten im Auftrag der Monopolkommission

5 Monopolkommission: Hauptgutachten der Monopolkommission 7, Baden-Baden 1988

"This result leads to the question of why some firms persistently pay large rebates instead of reducing their premiums by equivalent amounts. One plausible candidate for an explanation is the regulatory premium approval procedure, which sets a lower limit for premiums. Perhaps some firms are prevented from charging premiums as low as is justified by their cost situation. The ensuing excess surpluses are then distributed through the mandatory profit sharing scheme."[6]

Diese kritischen Schlußfolgerungen erscheinen uns aufgrund der Ergebnisse und der Art, wie sie zustande kamen, nicht gerechtfertigt.
Da Finsinger nur einen Jahrgang bei der abhängigen Variablen untersucht und keine Veränderungsgröße und er außerdem diese Variable auf Bestandswerten und nicht auf Neugeschäftswerten, d.h. aktuellen Jahreswerten aufbaut, stellt sie lediglich eine Größenvariable für die verschiedenen Unternehmen im Markt dar.
Finsinger verwendet den von ihm berechneten Provisionsanteil des Einzelunternehmens an den Gesamtprovisionen der erfaßten Unternehmen als Indikator für Marketing- und Werbungskosten. Tatsächlich werden jedoch Marketing- und Werbeaufwendungen nicht durch die kalkulierten Provisionen, sondern in den Verwaltungskosten erfaßt. Provisionen sind demgegenüber reine Vertriebskosten.
Zwar sind die Provisionsquoten, gemessen als Beitragsanteil, zwischen Unternehmen durchaus unterschiedlich. Sie können insofern sehr wohl als Aktionsparameter eines Unternehmens im Wettbewerb wirken. Finsingers Definition dieser Variablen als Provisionsanteil an den Gesamtprovisionen des Marktes kommt jedoch eher der Erfassung einer Variablen für Unternehmensgröße gleich. Die positiv signifikante Wirkung dieser Variablen indiziert somit lediglich, daß Unternehmen mit einem hohen Beitragsanteil tendenziell auch einen hohen Provisionsanteil haben. Wettbewerbstheoretisch ist dieser Zusammenhang jedoch eher unwichtig.
Die Ergebnisse zeigen im übrigen, daß im Jahr 1983, bezogen auf die untersuchten 35 Unternehmen, große Unternehmen offensichtlich in der Lage sind, höhere Prämien am Markt durchzusetzen, und daß sie sich in ihrer Rückgewährpolitik nicht signifikant von den übrigen Unternehmen unterscheiden.
Ob hohe Preise mittelfristig zu Marktanteilsverlusten führen, ob sich in diesem empirischen Phänomen Markendifferenzierung oder gar Marktmacht ausdrückt, kann mit dieser statischen Betrachtungsweise von Finsinger garnicht in Erfahrung gebracht werden.
In einer späteren Arbeit, zusammen mit Kraft, setzt sich Finsinger ganz explizit das Untersuchungsziel, steigende und sinkende Marktanteilswirkungen in Abhängigkeit von z.B. Preis-/ Leistungsverhältnissen zu untersuchen.[7]
Diesmal wird die Untersuchung durchgeführt für das Jahr 1982 und 33 Unternehmen. Wiederum ist die abhängige Variable definiert als Marktanteil, der sich ebenfalls als Größenvariable, berechnet auf der Basis der Beitragseinnahmen des Neu-, Ersatz- und Bestandsgeschäftes, interpretieren läßt.

---

6 Vgl. Finsinger/Flötmann, a.a.O., S. 23.

7 Finsinger/Kraft a.a.O., hier zitiert nach der zur Veröffentlichung vorgesehenen Fassung des Diskussionspapiers IIM/IP 87,23, Berlin 1987, vgl. ebenfalls Finsinger (1988) a.a.O, S.88

Um zu differenzierteren Preisaussagen kommen zu können, schätzt Finsinger zunächst eine von ihm sogenannte Preis/Qualitätsfunktion. Die Qualität wurde über eine Befragung der Kundenzufriedenheit mit den Versicherungsunternehmen anhand verschiedener Kategorien erfaßt.
Ein solcher Ansatz ist vom Grundsätzlichen her ein methodischer Fortschritt, versucht Finsinger doch neben der Beitragsprämie einen leistungsbezogenen Preis zu schätzen, bei dem der Preis um diejenigen Bestandteile bereinigt wird, die auf hohe Leistungen zurückzuführen sind. Diese Differenz "tatsächlicher Preis (Prämie) minus leistungsbezogener Preisanteil" geht als bereinigter Preis in die weiteren Untersuchungsschritte ein.
Während dieser Grundansatz in die richtige Richtung zielt, muß jedoch die hier gewählte methodische und datentechnische Umsetzung zwangsläufig zu verzerrten und damit wettbewerbstheoretisch irreleitenden Ergebnissen führen. So ist beispielsweise in der Preis-/Qualitätsfunktion folgende Variable bei der Haftpflichtprämie der am höchsten signifikante Parameter:

> “der Prozentsatz der von der Versicherung anerkannten Ansprüche an den eingereichten Schadensrechnungen.”[8]

Dies, obwohl man bei der eigenen Haftpflicht höchst selten in die Lage versetzt wird, eigene Schäden geltend zu machen. Die durch diese sogenannte Preis-/Qualitätsfunktion geschätzte Prämienhöhe wird verglichen mit der aktuell geforderten Prämie. Die Abweichungen gehen zweifach in die Schätzgleichungen ein. Einmal als bereinigte Preis-Variable auf der Seite der unabhängigen Variablen, auf der anderen Seite dient sie auch zur Transformation der abhängigen Größenvariablen in eine sogenannte Absatz-Variable.Durch ein solches empirisches Vorgehen werden empirische Scheinphänomene aufgebaut.
Neben dieser bereinigten Preis-Variable sind weitere unabhängige Variablen die Unternehmensgröße der Vorperiode sowie die Rückerstattungsquote der laufenden Periode.
Auch hier zeigt sich ein negativ signifikanter Preisparameter. Die Rückerstattungsquote ist negativ signifikant in einer Gleichung. Der bei weitem überwiegende Erklärungsfaktor ist jedoch die Unternehmensgröße des Vorjahres (mit t-Werten von über 100).
Diese Ergebnisse finden sich identisch in Finsingers Monopolkommissions-Gutachten, das diesen Teil mit der weitreichenden wettbewerbspolitischen Schlußfolgerung schließt:

> “Dieses Ergebnis spricht gegen das Prinzip der deutschen Aufsicht, den Insolvenzschutz doch über erhobene Prämien verbunden mit einer Ausschüttung des indizierten Überschuß zu verwirklichen. Die Funktionsfähigkeit des Preiswettbewerbs wird durch diese Regulierung empfindlich gestört."

Nachfolgend wird zu belegen sein, daß die empirischen Ergebnisse von Finsinger diese Schlußfolgerungen keinesfalls zulassen:
Zunächst ist zur Definition der Preis-/Leistungsfunktion zu sagen, daß hier zwar einige, jedoch bei weitem nicht alle Leistungsgrößen erfaßt wurden. Unternehmen verfügen meist über weit mehr Aktionsparameter als hier angesprochen. Die ganze Thematik des “good-will”, der Markendifferenzierung, die gerade bei etablierten Branchenunternehmen von Bedeutung sein kann, ist hier vollkommen ausgeschlossen.[9]

---

[8] Vgl. Finsinger (1988), a.a.O., S.86.

[9] Die hohen t-Werte des Absolutgliedes in der Preis-/Leistungsfunktions (z.T. über 100) verweisen ebenfalls auf hier nicht erfaßte zusätzliche Leistungsgrößen.

Wenn jedoch davon auszugehen ist, daß nicht alle wichtigen Leistungsgrößen erfaßt wurden, drücken die Abweichungen der tatsächlichen von der Schätzprämie nicht nur Preis-, sondern möglicherweise auch Leistungsunterschiede aus. Die Preis-Variable wäre demnach in der später nachfolgenden Schätzgleichung zumindest ungenau spezifiziert. Diese Verzerrung überträgt sich durch Transformation der abhängigen Variablen auf die gesamte Gleichung.
In der eigentlichen wettbewerbstheoretisch relevanten Schätzgleichung mit der abhängigen Variable des Prämienabsatzes fragt man sich, wie eine Rückgewährquote der laufenden Periode zur Veränderung der Marktanteile in eben dieser Periode beitragen sollte. Es wäre hier naheliegend gewesen, wie in der Untersuchung des Jahres 1973, periodenverschobene Rückgewährquoten in die Untersuchung zu integrieren. Dies ist nicht geschehen. Da auf diese Weise ein wettbewerbstheoretischer Sachzusammenhang nicht zu erkennen ist, kann der Parameterwert in diesem Sinne auch gar nicht interpretiert werden.
Der empirisch dominierende Zusammenhang, nämlich der, daß Unternehmen mit großem Versicherungsbestand im Vorjahr auch im Folgejahr zu den großen Unternehmen gehören, wird von Finsinger zu recht inhaltlich nicht interpretiert; er ist in der Tat selbsterklärend und wettbewerbspolitisch belanglos. Es ist jedoch zu fragen, warum diese Variable überhaupt in alle Schätzgleichungen integriert wurde. Denn auch, wenn sie inhaltlich nicht zu großen wettbewerbstheoretischen Erkenntnissen beiträgt, ist die Integration empirisch nicht unproblematisch, denn derart dominierende Parameter sind durchaus in der Lage, die Vorzeichen anderer, weit weniger signifikanter Parameter, zu beeinflußen. Sie tragen damit dazu bei, die interpretatorische Unsicherheit bei der wettbewerbstheoretischen Beurteilung zu erhöhen.
So bleibt an empirischer Substanz die wettbewerbstheoretisch relevante Beobachtung, daß große Unternehmen größere Abweichungen der individuellen Prämie von der in der Preis-/Leistungsfunktion geschätzten Prämie haben. Da diese Unternehmen aber auch in der Regel über mehr Marketing-Parameter verfügen, ist selbst dieser empirische Zusammenhang wettbewerbstheoretisch nicht eindeutig zu interpretieren.
Vor diesem schwachen empirischen Hintergrund erscheinen Finsingers weitgehende Schlußfolgerungen nicht gerechtfertigt. Zusammengefaßt basieren diese Schlußfolgerungen auf einer Untersuchung, die lediglich 33 Unternehmen umfaßt, die überwiegend mit datentechnisch bearbeiteten Größen operiert, die über Marktanteile Wettbewerbsprozesse zu untersuchen vorgibt, tatsächlich jedoch nur Unternehmensgrößen-Variablen heranzieht.
Bei genauer Betrachtung stellt sich die empirische Untersuchung als statische Analyse von Größenunterschieden und nicht als Untersuchung von Wettbewerbsprozessen heraus.
Da letzteres jedoch auch nach Finsinger das eigentliche Untersuchungsziel war, drängt sich die Frage auf, warum in der Tat nicht Veränderungen von Marktanteilen als abhängige Variable herangezogen wurden, warum beispielsweise nicht die Rückgewährquoten der Vorjahre verwandt worden sind? Warum sind nicht auch Schätzgleichungen mit den echten Prämiengrößen zumindest als Referenzgröße herangezogen worden? Letzteres Verfahren hätte erlaubt, die Antworten auf diese Fragen sind sicherlich rein spekulativ. Es dürfte jedoch vor dem Hintergrund der weitreichenden wettbewerbstheoretischen Interpretation interessant sein, Finsingers Ergebnisse mit den Ergebnissen zu vergleichen, die bei einer entsprechend korrigierten empirischen Vorgehensweise zu erreichen sind. Gegenwärtig scheint es angebracht, den empirischen Ergebnissen die durch die weitreichenden wettbewerbstheoretischen Schlußfolgerungen erforderliche wettbewerbstheoretische Tragfähigkeit abzusprechen.

3. Eigene empirische Basis

3.1. Statische Analyse

Aufgrund der bereits in Teil 2 beschriebenen Informationsvoraussetzungen hinsichtlich der Geschäfts- und Unternehmensdaten hat die FWU mit freundlicher Unterstützung des HUK-Verbandes eine Befragung bei den größten Versicherungsunternehmen durchgeführt. Ziel der Befragung war es, für den Bereich der Haftpflichtversicherung insbesondere Unternehmenswerte zu erfassen, die eine Beurteilung des aktuellen Wettbewerbsgeschehens in der laufenden Untersuchungsperiode ermöglichen. Daneben wurden Informationen abgefragt zu den Handlungsparametern im Markt, nämlich der individuellen Schadenskalkulation, der administrativen Kosten sowie der Provisionskosten. Für entsprechende Referenzgrößen wurden auch die Preis- und Rückerstattungsquoten erfragt. Auch die Vertriebsform war Gegenstand der Unternehmensabfrage.

Basis der Erfassung des aktuellen Wettbewerbsgeschehens sind Bestandsmarktanteile (berechnet nach den in der Branche üblichen "Jahreseinheiten") sowie Marktanteile auf Grundlage der Verträge im sogenannten Neu- und Ersatzgeschäft.

Unter Neugeschäft fallen die Verträge, die mit diesen Kunden bei den betreffenden Unternehmen zum ersten Mal abgeschlossen werden, entweder weil es das erste Fahrzeug ist, oder weil von einem anderen Versicherer gewechselt wird. Das Ersatzgeschäft bezieht Versicherte ein, wenn sie das Fahrzeug wechseln und beim gleichen Versicherer verbleiben. Auch diese Verträge wurden zur Berechnung der aktuellen Geschäftsmarktanteile mit erfaßt, da ja der Kunde im Untersuchungszeitraum die Chance gehabt hätte, den Versicherer zu wechseln.

Als Ergebnis der Befragung haben 68 Unternehmen die entsprechenden Informationen an die FWU weitergeleitet. Diese Unternehmen repräsentieren 81% des Gesamtmarktes. Die hier dargestellten Ergebnisse lassen erstmals einen Vergleich des Bestands mit dem tatsächlich neu disponierten Wettbewerbspotential in der Kraftfahrt-Haftpflichtversicherung zu.

Die Wichtigkeit der Neugeschäftsbetrachtung wird durch die steigende Bedeutung des Neu- und Ersatzgeschäfts am Gesamtmarkt unterstrichen. In Abb.2 ist die Entwicklung dargestellt. So lag die Anzahl der Verträge in der Kraftfahrt-Haftpflichtversicherung 1986 insgesamt um 14% über dem Stand von 1980, während das Neu- und Ersatzgeschäft um 22% zugenommen hat. Das zeigt, daß auf dem Markt mehr Umschlag ist, als es dem Wachstum des Bestandes entspricht.

In der statischen Wettbewerbsanalyse wird für die Jahre 1980 bis 1986 zunächst die Entwicklung der Marktanteile auf Bestandsbasis betrachtet. Diese Analyse wird einmal für den Gesamtmarkt und für zwei Teilmärkte durchgeführt.

Auf dem Gesamtmarkt hat der Marktführer einen doppelt so großen Marktanteil wie der Zweite (vgl. Tab. 1). Allerdings reduzierte sich die Differenz zwischen beiden Unternehmen im Zeitablauf, da der Erste im Durchschnitt pro Jahr um 0,5% Marktanteile verlor, während der Zweite um 1,5% zulegte. Auch der Dritte und Vierte in der Reihenfolge konnte Marktanteilsgewinne verbuchen, so daß die Verfolger der Spitzengruppe näher an den Marktführer herangekommen sind.

Den spektakulärsten Wachstumserfolg erzielte der Achtplazierte, der seinen Marktanteil von 1% im Jahre 1980 auf 2,6% im Jahre 1986 steigern konnte, was eine durchschnittliche Steigerung von, unter den ersten 40 sonst unerreichten, 17,6% p.a. entspricht.

Am stärksten eingebüßt unter den ersten 40 Versicherungsunternehmen hat die Gesellschaft auf Platz 33, die im Zeitablauf sukzessive Marktanteile verlor und sich von Platz 28 (1980) mit

Abb. 2:
Bestandsentwicklung im Vergleich zur Neu- und Ersatzgeschäftsentwicklung

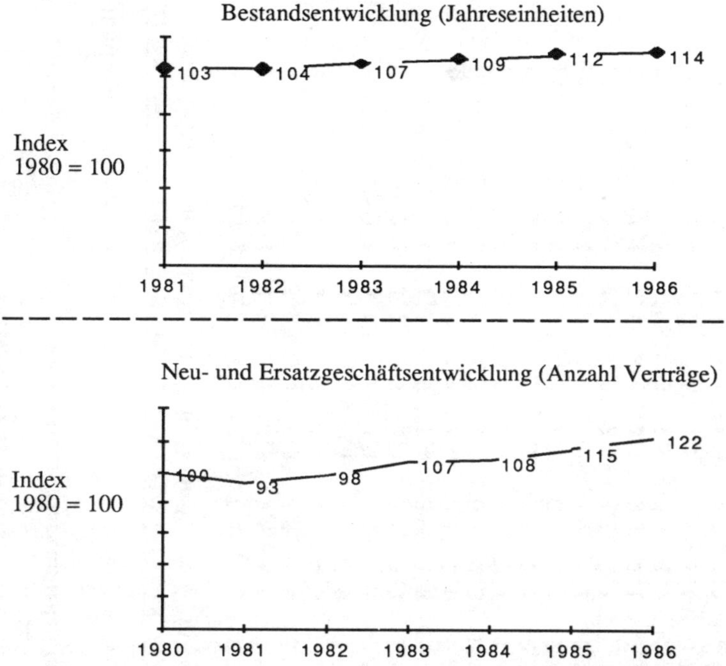

einer jährlichen Marktanteilverlustrate von 5,1% auf Platz 33 (1986) entwickelt hat.
Wettbewerbstheoretisch interessant ist nicht allein der durchschnittliche Zugewinn oder Verlust der Marktanteile, sondern auch die Untersuchung, ob es in den einzelnen Jahren Vorzeichenwechsel beim Marktanteilswachstum gegeben hat, was den vorstoßenden und nachstoßenden Wettbewerb anzeigen würde. Ein Blick auf Tabelle 1 bestätigt, daß bei vielen Unternehmen im Betrachtungszeitraum mindestens einmal, oftmals zweimal, ein Vorzeichenwechsel stattgefunden hat. So verlor der Marktführer von 1980 auf 81 an Marktanteil, gewann 81/82 wieder etwas hinzu, um dann ab 1983 stetig zurückzugehen. Der Zweite hatte im Jahr 1985 einen leichten Knick in der sonst stetig nach oben gerichteten Marktanteilsentwicklung. Der Fünftplazierte verlor zunächst Marktanteile, gewann sie bis zum Jahre 1982 wieder hinzu, um dann bis zum Jahre 1986 stetig zurückzugehen. Gleich zweimal wechselte der Versicherer auf Platz 14 die Richtung, Marktanteilsgewinn 1981, Verluste 1982 bis 85 und ein erneuter Gewinn im Jahre 1986.
Betrachtet man das Segment des PKW-Tarifs für Nicht-Beamte, so gelten hier die grundsätzlichen Aussagen wie beim Gesamtmarkt (vgl. Tab.2). Hervorzuheben ist, daß der Marktführer in diesem Segment eine stärkere Position besitzt, einmal aufgrund des absoluten Marktanteils und dann aufgrund des Vorsprungs vor dem nächsten Wettbewerber. Gerade in diesem Segment ist der dauernde Wechsel von Marktanteilsgewinn und Marktanteilsverlust beim Branchenersten zu dokumentieren.

Tab. 1: Marktanteilsentwicklung 1980 - 86
Gesamtmarkt Kraftfahrt-Haftpflichtversicherungen

Entwicklung Marktanteile/Marktwachstum

Bestandsentwicklung

Unternehmen (Reihenfolge 1986)	1980 in %	1981 in %	80/81 in %	1982 in %	81/82 in %	1983 in %	82/83 in %	1984 in %	83/84 in %	1985 in %	84/85 in %	1986 in %	85/86 in %	80/86 * in %
1	**17,2**	**17,2**	-0,2	**17,3**	0,4	**17,2**	-0,3	**17,2**	0	**16,9**	-2	**16,8**	-0,6	-0,5
2	**8,1**	**8,2**	2,2	**8,5**	2,6	**8,6**	1,8	**8,8**	2,3	**8,7**	-1	**8,8**	1,5	1,5
3	**5,2**	**5,1**	-1,4	**5,2**	1,8	**5,4**	3,2	**5,5**	3	**5,6**	0,9	**5,6**	0	1,2
4	**4,1**	**4,2**	2,2	**4,2**	1	**4,3**	1	**4,3**	2,3	**4,3**	-2,2	**4,2**	-1,4	0,5
5	**4**	**3,9**	-1,3	**4**	1,1	**3,9**	-1,9	**3,8**	-1,8	**3,8**	-1,7	**3,7**	-0,7	-1,1
6	**3,3**	**3,1**	-4	**3,1**	-2,4	**3**	-2,5	**3**	-0,6	**2,9**	-2,7	**2,9**	-2	-2,4
7	**2,2**	**2,1**	-5,8	**2,1**	2,1	**2,2**	3,1	**2,3**	5,1	**2,5**	7,7	**2,7**	11,7	3,8
8	**1**	**1,3**	26,9	**1,6**	23,9	**1,8**	17	**2,2**	17,4	**2,4**	11,8	**2,6**	9,3	17,6
9	**2,6**	**2,6**	-0,8	**2,6**	0,4	**2,6**	-0,6	**2,6**	-0,8	**2,6**	-1,3	**2,5**	-1,4	-0,8
10	**2,3**	**2,3**	0,5	**2,3**	0,6	**2,3**	0,4	**2,3**	1	**2,4**	1,1	**2,4**	-0,3	0,5
11	**2,1**	**2,1**	1,3	**2,1**	1,1	**2,1**	1,8	**2,1**	-0,5	**2,1**	0	**2,1**	-0,1	0,6
12	**2,2**	**2,2**	-2	**2,2**	-1,3	**2,1**	-0,6	**2,1**	-2	**2,1**	-1,1	**2**	-3,1	-1,5
13	**1,9**	**1,9**	2,3	**1,9**	0,5	**2**	2,7	**1,9**	-0,8	**2**	1,5	**2**	1,5	1,3
14	**2**	**2**	2,1	**2**	-1,9	**2**	-0,5	**2**	-1,4	**1,9**	-1,2	**2**	1,6	-0,2
15	**2**	**2,1**	2,9	**2,2**	4,2	**2,1**	-3	**2**	-4,6	**1,9**	-3,9	**1,9**	-2,3	-1,2
16	**2,1**	**2,1**	-0,6	**2,1**	-0,3	**2,1**	-1,3	**2**	-1,4	**2**	-2,7	**1,9**	-6,1	-2,1
17	**2**	**1,9**	-0,3	**1,9**	-0,6	**1,9**	-2,1	**1,8**	-1,5	**1,8**	-1,2	**1,8**	-0,1	-1
18	**1,4**	**1,5**	5,6	**1,5**	3,3	**1,6**	0,7	**1,6**	0,8	**1,6**	0,4	**1,6**	1,8	2,1
19	**1,3**	**1,4**	1	**1,4**	3,5	**1,5**	4,4	**1,5**	4,1	**1,6**	2,7	**1,6**	2,6	3,1
20	**1,4**	**1,4**	-1,9	**1,3**	-1,5	**1,3**	-0,6	**1,3**	-0,7	**1,3**	0,8	**1,3**	-2,9	-1,2

* Wachstumsrate p.a.

Quelle: HUK-Statistik, eigene Berechnungen

Tab. 1: Marktanteilsentwicklung 1980 - 86 (Forts.)
Gesamtmarkt Kraftfahrt-Haftpflichtversicherungen

Entwicklung Marktanteile/Marktwachstum

Bestandsentwicklung

Unternehmen (Reihenfolge 1986)	**1980** in %	**1981** in %	**80/81** in %	**1982** in %	**81/82** in %	**1983** in %	**82/83** in %	**1984** in %	**83/84** in %	**1985** in %	**84/85** in %	**1986** in %	**85/86** in %	**80/86** * in %
21	**1,42**	**1,43**	0,5	**1,35**	-5,4	**1,34**	-0,8	**1,31**	-1,8	**1,27**	-3,2	**1,25**	-1,8	-2,1
22	**1,33**	**1,30**	-2,2	**1,28**	-1,9	**1,28**	-0,3	**1,29**	1,1	**1,28**	-0,8	**1,24**	-2,8	-1,2
23	**1,31**	**1,29**	-1,9	**1,31**	1,8	**1,30**	-0,6	**1,27**	-2,7	**1,25**	-1,6	**1,23**	-1,5	-1,1
24	**1,39**	**1,34**	-3,5	**1,30**	-3,4	**1,30**	0,5	**1,29**	-1,1	**1,26**	-2,5	**1,23**	-2,1	-2
25	**1,11**	**1,10**	-0,1	**1,38**	24,7	**1,35**	-2,1	**1,31**	-2,8	**1,27**	-3,1	**1,20**	-5,3	1,4
26	**1,08**	**1,09**	1,1	**1,11**	2,1	**1,14**	2,6	**1,14**	0,1	**1,12**	-1,8	**1,12**	-0,6	0,6
27	**1,37**	**1,29**	-6,2	**1,24**	-3,4	**1,20**	-3,5	**1,15**	-4	**1,10**	-4,1	**1,08**	-1,9	-3,8
28	**1,23**	**1,17**	-5,1	**1,13**	-3,1	**1,11**	-1,5	**1,11**	-0,7	**1,09**	-1,7	**1,06**	-2,2	-2,4
29	**1,00**	**1,00**	-0,5	**0,99**	-1,1	**1,00**	1,9	**0,97**	-3,2	**0,95**	-2,7	**0,93**	-2,1	-1,3
30	**0,74**	**0,76**	2	**0,79**	3,9	**0,82**	4,2	**0,85**	3,4	**0,88**	4,1	**0,90**	1,5	3,2
31	**0,84**	**0,83**	-0,7	**0,83**	0,3	**0,83**	-0,1	**0,83**	-0,8	**0,82**	-0,3	**0,83**	1,3	0,1
32	**0,84**	**0,83**	-1,3	**0,82**	-1,2	**0,82**	0,3	**0,81**	-1,7	**0,79**	-2,9	**0,76**	-3,6	-1,7
33	**1,02**	**0,99**	-3,8	**0,96**	-2,9	**0,94**	-1,5	**0,94**	-0,7	**0,87**	-6,6	**0,75**	-14,1	-5,1
34	**0,92**	**0,87**	-5	**0,84**	-4,2	**0,81**	-2,6	**0,78**	-4,2	**0,75**	-3,6	**0,73**	-3	-3,8
35	**0,77**	**0,78**	0,5	**0,70**	-9,8	**0,66**	-5,8	**0,66**	-0,6	**0,63**	-3,3	**0,62**	-1,8	-3,5
36	**0,74**	**0,72**	-3,1	**0,72**	0,2	**0,72**	0,6	**0,72**	-0,3	**0,67**	-6,9	**0,62**	-7,9	-3
37	**0,64**	**0,62**	-2,2	**0,61**	-2,3	**0,59**	-2,7	**0,58**	-2,3	**0,59**	1,2	**0,60**	3	-0,9
38	**0,61**	**0,60**	-1,7	**0,60**	0,7	**0,60**	0,3	**0,00**	-100	**0,60**	0	**0,59**	-1,1	-0,5
39	**0,66**	**0,64**	-3,3	**0,62**	-2,8	**0,60**	-2,4	**0,59**	-1,9	**0,59**	-0,6	**0,59**	0,4	-1,8
40	**0,63**	**0,63**	-0,9	**0,61**	-3,5	**0,60**	-0,4	**0,60**	-1,1	**0,58**	-2,1	**0,57**	-2,1	-1,7

* Wachstumsrate p.a.
Quelle: HUK-Statistik, eigene Berechnungen

Tab.2 : Marktanteilsentwicklung 1980 - 86
Kraftfahrt-Haftpflichtversicherungen - PKW-Tarif WKZ 112 Nicht-Beamte

Entwicklung Marktanteile/Marktwachstum

Bestandsentwicklung

Unternehmen (Reihenfolge 1986)	1980 in %	1981 in %	80/81 in %	1982 in %	81/82 in %	1983 in %	82/83 in %	1984 in %	83/84 in %	1985 in %	84/85 in %	1986 in %	85/86 in %	80/86 * in %
1	**19,5**	**19,4**	-0,6	**19,4**	0,4	**19,4**	-0,1	**19,5**	0,3	**19,1**	-1,8	**19,1**	-0,2	0,4
2	**4,6**	**4,6**	0,1	**4,9**	4,6	**5,1**	5,1	**5,3**	4,4	**5,4**	0,8	**5,4**	0,8	2,6
3	**6**	**5,9**	-2,2	**5,9**	0,9	**5,8**	-2,4	**5,6**	-2,6	**5,5**	-2,8	**5,4**	-1,7	-1,8
4	**1,8**	**2,2**	22,8	**2,6**	20,7	**3**	15,4	**3,5**	16,9	**3,9**	11,6	**4,2**	8,6	15,9
5	**3,6**	**3,6**	0,3	**3,6**	0,3	**3,7**	1,9	**3,8**	3,8	**3,8**	-0,9	**3,8**	0,3	0,9
6	**2,8**	**2,7**	-4,8	**2,7**	1,6	**2,8**	2,5	**2,9**	4,5	**3,1**	7,2	**3,4**	11,1	3,6
7	**3,6**	**3,5**	-2,5	**3,5**	-1,9	**3,4**	-2	**3,4**	-0,6	**3,3**	-2,8	**3,2**	-1,9	-1,9
8	**2,9**	**2,9**	0,2	**2,9**	-1,3	**2,9**	-0,9	**2,8**	-0,9	**2,8**	-1,7	**2,8**	-1,3	-1
9	**2,5**	**2,5**	1,2	**2,5**	0,8	**2,6**	1,5	**2,6**	0,1	**2,6**	-0,1	**2,6**	0,2	0,6
10	**2,3**	**2,4**	1,9	**2,3**	-1	**2,3**	-0,4	**2,3**	-1,2	**2,3**	0	**2,3**	1,8	0,2
11	**2,4**	**2,5**	0,8	**2,5**	2,8	**2,5**	-1	**2,4**	-3,5	**2,3**	-3,6	**2,3**	-1,9	-1,1
12	**2,6**	**2,5**	-2	**2,5**	0	**2,5**	-0,8	**2,5**	-0,8	**2,4**	-3,1	**2,3**	-5,4	-2
13	**2,3**	**2,2**	-2,4	**2,2**	-1,1	**2,2**	-0,4	**2,2**	-0,5	**2,1**	-1,2	**2,1**	-1	-1,1
14	**1,9**	**1,9**	1,9	**1,9**	-0,4	**2**	3,3	**1,9**	-0,7	**2**	0,8	**2**	2,1	1,2
15	**2,1**	**2,1**	-1,3	**2,1**	-1	**2**	-1,6	**2**	-1,1	**2**	-1,6	**2**	-0,1	-1,1
16	**1,6**	**1,6**	4,7	**1,7**	4,7	**1,8**	4,8	**1,9**	4,4	**1,9**	1,8	**1,9**	1,7	3,7
17	**1,8**	**1,8**	0	**1,8**	0,8	**1,9**	0,7	**1,9**	1,2	**1,9**	0,6	**1,9**	-0,2	0,5
18	**1,7**	**1,8**	4,7	**1,8**	2,6	**1,8**	0,3	**1,8**	0,7	**1,8**	0,4	**1,9**	1,6	1,7
19	**1,6**	**1,5**	-1,5	**1,5**	-1	**1,6**	1,1	**1,6**	2,2	**1,6**	-1,5	**1,5**	-3,9	-0,8
20	**1,7**	**1,7**	-2,7	**1,6**	-3,2	**1,6**	0,5	**1,6**	1,7	**1,5**	-2,8	**1,5**	-2,9	-2,1

* Wachstumsrate p.a.
Quelle: HUK-Statistik, eigene Berechnungen

Tab.2 : Marktanteilsentwicklung 1980 - 86 (Forts.)
Kraftfahrt-Haftpflichtversicherungen - PKW-Tarif WKZ 112 Nicht-Beamte

Entwicklung Marktanteile/Marktwachstum

Bestandsentwicklung

Unternehmen (Reihenfolge 1986)	1980 in %	1981 in %	80/81 in %	1982 in %	81/82 in %	1983 in %	82/83 in %	1984 in %	83/84 in %	1985 in %	84/85 in %	1986 in %	85/86 in %	80/86 * in %
21	**1,52**	**1,49**	-1,6	**1,47**	-1,7	**1,46**	-0,6	**1,45**	-0,9	**1,44**	-0,4	**1,39**	-3,4	-1,4
22	**1,50**	**1,56**	3,5	**1,44**	-7,4	**1,42**	-1,2	**1,40**	-1,8	**1,37**	-2,4	**1,36**	-0,6	-1,7
23	**1,33**	**1,33**	-0,4	**1,33**	0,1	**1,32**	-0,8	**1,30**	-1,3	**1,27**	-2,6	**1,24**	-2,5	-1,3
24	**1,12**	**1,12**	0,5	**1,44**	28	**1,40**	-2,6	**1,35**	-3,6	**1,29**	-4,2	**1,22**	-5,7	1,5
25	**1,19**	**1,19**	0,1	**1,22**	1,8	**1,24**	2,3	**1,25**	0,2	**1,22**	-2,4	**1,20**	-1	0,2
26	**1,19**	**1,17**	-1,5	**1,20**	2,6	**1,19**	-1,1	**1,16**	-2,4	**1,14**	-1,9	**1,12**	-1,5	-1
27	**1,31**	**1,29**	-0,9	**1,27**	-1,7	**1,26**	-1	**1,26**	-0,1	**1,16**	-7,7	**0,98**	-15,7	-4,7
28	**0,99**	**0,97**	-1,7	**0,97**	-0,1	**0,97**	-0,1	**0,96**	-0,8	**0,96**	-0,2	**0,97**	0,4	-0,4
29	**1,00**	**1,01**	1,4	**1,00**	-0,5	**1,02**	1,1	**1,00**	-1,3	**0,96**	-3,8	**0,92**	-4,4	-1,3
30	**0,93**	**0,90**	-2,9	**0,89**	-0,6	**0,91**	2,1	**0,88**	-3,3	**0,86**	-2,2	**0,85**	-1,9	-1,5
31	**0,88**	**0,88**	-0,1	**0,86**	-2,1	**0,84**	-2,2	**0,82**	-2,5	**0,78**	-4	**0,77**	-2,1	-2,1
32	**0,93**	**0,92**	-0,1	**0,83**	-10,5	**0,78**	-5,5	**0,78**	-0,4	**0,77**	-1,3	**0,75**	-2,4	-3,4
33	**1,13**	**1,12**	-0,5	**1,10**	-2	**1,06**	-3	**0,97**	-8,7	**0,84**	-13,2	**0,75**	-11,4	-6,6
34	**0,88**	**0,87**	-1,4	**0,87**	0,4	**0,87**	0,2	**0,87**	-0,5	**0,81**	-6,5	**0,75**	-8,4	-2,8
35	**0,78**	**0,75**	-3,7	**0,74**	-1,8	**0,72**	-2,6	**0,70**	-2,4	**0,69**	-2,1	**0,69**	0,7	-2
36	**0,71**	**0,73**	1,8	**0,71**	-2,7	**0,71**	0,3	**0,71**	-0,4	**0,69**	-1,9	**0,68**	-1,7	-0,8
37	**0,70**	**0,69**	-1,2	**0,69**	1	**0,70**	0,7	**0,00**	-100	**0,68**	0	**0,68**	-0,8	-0,4
38	**0,70**	**0,66**	-5,8	**0,63**	-3,9	**0,62**	-2,3	**0,60**	-2,2	**0,60**	-0,3	**0,62**	3,2	-1,9
39	**0,69**	**0,69**	-0,3	**0,68**	-1,3	**0,66**	-2,2	**0,65**	-2	**0,63**	-3,1	**0,61**	-3,4	-2,1
40	**0,72**	**0,69**	-4,1	**0,69**	0,6	**0,66**	-2,2	**0,63**	-4,6	**0,61**	-3,9	**0,59**	-2,4	-3,1

* Wachstumsrate p.a.
Quelle: HUK-Statistik, eigene Berechnungen

"Shooting-Star" ist hier der Viertplazierte mit einem durchschnittlichen Marktanteilswachstum von knapp 16%. Es handelt sich dabei um dasselbe Unternehmen wie dem Achtplazierten im Gesamtmarkt.
Ganz anders stellt sich das Bild in dem Segment der PKW-Tarife für Beamte dar (vgl. Tab. 3). Hier gewann der Marktführer im Zeitablauf noch 1,6 %-Punkte hinzu und liegt mit knapp 39% Marktanteil unangefochten an der Spitze vor dem Zweiten mit 9%, der auch noch, besonders in den letzten Jahren, Marktanteilsverluste zu verzeichnen hatte. Beim Achtplazierten waren insbesondere in den letzten Jahren relativ starke Marktanteilsgewinne festzustellen (1985/86 = 11,6%).
Nach dieser Bestandsbetrachtung wollen wir uns nun dem Markt zuwenden, der für die Versicherungsunternehmen jedes Jahr erneut zur Disposition steht, der Markt des Neu- und Ersatzgeschäftes.
Interessante Rückschlüsse über die Wettbewerbsdynamik läßt eine sogenannte Rangziffernbetrachtung zu, in der im Zeitablauf die Stellung der einzelnen Unternehmen nach Marktanteil nachvollzogen wird (vgl. Abb.3). Die "unruhigen" Abschnitte der Abbildung 3 deuten in den jeweiligen Rangplatzregionen auf intensives Wettbewerbsgeschehen hin. Unberührt davon sind die größten drei Versicherer, die über die 6 Jahre hinweg im Neugeschäft ihre Rangposition gehalten haben. Darunter fallen folgende Entwicklungen besonders auf:
Kontinuierliche Positionierungsgewinne erzielte das Unternehmen Nr.11 (1980), das 1981 bereits auf Platz 7 und 1982 auf Rang 6 rangierte. Bis 1984 erreichte es Rang 5, um diese Position auf die nächsten 2 Jahre zu behalten. Eine ähnlich kontinuierliche Entwicklung - allerdings in die andere Richtung - vollzog sich für das Unternehmen Nr.6 (1980), das in verschiedenen Stufen bis zum Jahre 1985 auf Platz 10 abrutschte. Ähnliches widerfuhr Unternehmen Nr.8 (1980) das zunächst auf Platz 9 abfiel und 1984 wieder den ursprünglichen Rang 8 erreichte, worauf in den beiden folgenden Jahren 1985/86 ein Einbruch bis auf Rang 14 erfolgte. Auch Unternehmen Nr.15 (1980) konnte Anfang der 80er Jahre die Position mit einzelnen Platzwechseln noch halten, um dann aber 1985 in einem tiefen Sturz aus den top 20 herauszufallen. Einen ebenfalls wechselhaften Verlauf nahm das Unternehmen Nr.18 (1980), das 1983 und 84 aus der Spitzengruppe herausgefallen war, 1985 wieder auf Platz 20 erscheint, um dann im Folgejahr erneut die Spitzengruppe zu verlassen.
Die beiden Unternehmen mit den extremsten Ausschlägen sind einmal das Unternehmen Nr.9 (1980), das in der Rangliste 1981 um rund 20 Plätze gefallen war, um im Folgejahr 1982 wieder fast die ursprüngliche Position (Platz Nr.10) zu erreichen und nach kontinuierlichem Marktanteilszugewinn im Jahr 1986 wieder auf Platz 9 zu erscheinen. Das zweite extreme Unternehmen ist der "shooting star" des Marktes. Dieses Unternehmen war 1984 noch gar nicht in der Spitzengruppe vertreten und erzielte aus dem Stand heraus im Jahre 1985 Platz 4 im Neugeschäft, um allerdings 1986 bereits wieder 3 Plätze zu verlieren.
Aus dieser Rangziffernbetrachtung ist unter Wettbewerbsgesichtspunkten zu schließen, daß zum einen die Dynamik durch einige wenige besonders erfolgreiche und/oder aggressive Unternehmen bestimmt wird und anderseits einige Unternehmen kontinuierlich - besonders in den Jahren 1985 und 86 - Neugeschäftsmarktanteile verloren haben. Rund die Hälfte der 20 größten Unternehmen hat im betrachteten Zeitraum relativ geringe Rangplatzveränderungen erlebt. Dieses Bild der relativen Ruhe muß vor dem Hintergrund gesehen werden, daß gerade die führenden Unternehmen im Markt deutliche Marktanteilsunterschiede aufweisen. Infolgedessen führen selbst deutliche Marktanteilsbewegungen nicht immer zu Veränderungen der Rangfolge.

Tab. 3: Marktanteilsentwicklung 1980 - 86
Kraftfahrt-Haftpflichtversicherungen - PKW-Tarif WKZ 112 Beamte

Entwicklung Marktanteile/Marktwachstum

Bestandsentwicklung

Unternehmen (Reihenfolge 1986)	1980 in %	1981 in %	80/81 in %	1982 in %	81/82 in %	1983 in %	82/83 in %	1984 in %	83/84 in %	1985 in %	84/85 in %	1986 in %	85/86 in %	80/86 * in %
1	**37,4**	**37,5**	0,3	**38**	1,1	**38,3**	0,9	**38,9**	1,6	**38,9**	0	**39**	0,1	0,7
2	**9,8**	**9,8**	0,3	**9,8**	-0,3	**9,6**	-1,4	**9,5**	-1	**9,2**	-3,9	**9**	-1,7	-1,3
3	**4,9**	**4,8**	-3,5	**4,7**	-1,6	**4,6**	-1,3	**4,5**	-1,9	**4,6**	2,3	**4,5**	-2,7	-1,5
4	**3,3**	**3,4**	3,2	**3,5**	1,6	**3,6**	3,2	**3,7**	2,7	**3,7**	1,6	**3,8**	2,4	2,5
5	**3,3**	**3,3**	0	**3,4**	2,6	**3,5**	3,2	**3,6**	2,8	**3,7**	2,7	**3,8**	3,4	2,5
6	**2,7**	**2,8**	1,1	**2,8**	-0,4	**2,7**	-0,4	**2,7**	-0,3	**2,7**	-0,7	**2,7**	-0,6	-0,2
7	**2,2**	**2,3**	2,7	**2,3**	1,9	**2,3**	0,8	**2,3**	0,4	**2,3**	0,4	**2,4**	2,2	1,4
8	**1,8**	**1,6**	-7,7	**1,6**	0,7	**1,7**	2,4	**1,7**	3,5	**1,9**	6,3	**2,1**	11,6	2,6
9	**1,2**	**1,3**	9,9	**1,4**	5,6	**1,5**	5,1	**1,5**	3,8	**1,6**	2,2	**1,6**	2,5	4,8
10	**1,4**	**1,4**	-0,4	**1,4**	-1,6	**1,4**	1,9	**1,4**	0,5	**1,4**	0,8	**1,4**	1,2	0,4
11	**1,3**	**1,4**	0,6	**1,4**	2,2	**1,4**	1,9	**1,4**	0,4	**1,4**	0,2	**1,4**	0,9	1
12	**1,6**	**1,6**	-2,4	**1,6**	-2,5	**1,5**	-2,7	**1,5**	-2,6	**1,4**	-3,5	**1,4**	-3,1	-2,8
13	**1,5**	**1,4**	-2	**1,4**	-1,6	**1,4**	-1	**1,4**	-0,7	**1,4**	-0,7	**1,4**	0,1	-1
14	**1,3**	**1,4**	1,2	**1,3**	-0,3	**1,3**	-1,5	**1,3**	-1,2	**1,3**	-2,2	**1,3**	0,7	-0,4
15	**1,2**	**1,2**	2,5	**1,3**	3,5	**1,3**	0,2	**1,3**	-0,6	**1,3**	-0,6	**1,3**	-0,1	0,8
16	**1,1**	**1,2**	1,9	**1,2**	2,4	**1,2**	1,1	**1,2**	1,1	**1,2**	1,3	**1,3**	2,7	1,7
17	**1,3**	**1,3**	1,2	**1,3**	1,4	**1,3**	-0,1	**1,3**	-0,9	**1,3**	-1,3	**1,3**	-1,2	-0,2
18	**1,3**	**1,3**	2,6	**1,3**	-1	**1,3**	-1,4	**1,2**	-1,6	**1,2**	-0,6	**1,3**	1,6	-0,1
19	**1,1**	**1,1**	-1	**1,1**	-0,3	**1,1**	-0,3	**1,1**	-1,1	**1,1**	-2,3	**1,1**	-2,2	-1,2
20	**0,7**	**0,8**	3,4	**0,8**	3,8	**0,8**	5,5	**0,9**	6	**0,9**	3,9	**1**	8,2	5,1

* Wachstumsrate p.a.
Quelle: HUK-Statistik, eigene Berechnungen

Tab. 3: Marktanteilsentwicklung 1980 - 86 (Forts.)
Kraftfahrt-Haftpflichtversicherungen - PKW-Tarif WKZ 112 Beamte

Entwicklung Marktanteile/Marktwachstum

Bestandsentwicklung

Unternehmen (Reihenfolge 1986)	1980 in %	1981 in %	80/81 in %	1982 in %	81/82 in %	1983 in %	82/83 in %	1984 in %	83/84 in %	1985 in %	84/85 in %	1986 in %	85/86 in %	80/86 * in %
21	**1,10**	**1,10**	-0,1	**1,09**	-0,4	**1,08**	-1,5	**1,05**	-2,4	**1,01**	-3,5	**0,97**	-4,6	-2,1
22	**0,93**	**0,93**	0	**0,93**	-0,8	**0,93**	0,1	**0,92**	-0,3	**0,91**	-1,2	**0,92**	1,1	-0,2
23	**1,04**	**1,00**	-3,3	**0,98**	-2,5	**0,95**	-2,7	**0,91**	-3,8	**0,88**	-3,5	**0,86**	-2,9	-3,1
24	**0,98**	**0,97**	-1,1	**0,94**	-2,8	**0,91**	-2,8	**0,89**	-2,3	**0,86**	-3,6	**0,83**	-2,8	-2,6
25	**0,77**	**0,76**	-0,2	**0,77**	0,2	**0,77**	0,7	**0,77**	-0,2	**0,77**	0,3	**0,77**	0	0,1
26	**0,71**	**0,71**	0,7	**0,71**	0,1	**0,72**	0,4	**0,71**	-0,9	**0,69**	-3,1	**0,68**	-1,5	-0,7
27	**0,74**	**0,77**	4,5	**0,71**	-7,7	**0,70**	-2	**0,68**	-2,5	**0,66**	-2,4	**0,66**	-0,7	-1,9
28	**0,78**	**0,76**	-2,8	**0,73**	-4,3	**0,70**	-3,4	**0,68**	-4,1	**0,65**	-4	**0,63**	-3,4	-3,7
29	**0,55**	**0,55**	0,7	**0,67**	21,8	**0,66**	-2,5	**0,64**	-2,8	**0,62**	-3,7	**0,59**	-4,2	1,2
30	**0,61**	**0,61**	-0,6	**0,61**	-0,7	**0,60**	-0,5	**0,59**	-2,2	**0,58**	-1,1	**0,57**	-2,2	-1,2
31	**0,57**	**0,55**	-2	**0,56**	0,8	**0,56**	-0,2	**0,55**	-1,4	**0,55**	-0,2	**0,55**	-0,1	-0,5
32	**0,46**	**0,49**	6,1	**0,50**	2,5	**0,53**	4,4	**0,53**	0,2	**0,53**	0,9	**0,54**	1,3	2,5
33	**0,65**	**0,62**	-3,7	**0,60**	-4	**0,57**	-4,4	**0,55**	-4,3	**0,52**	-4,7	**0,50**	-4,1	-4,2
34	**0,59**	**0,56**	-4,6	**0,52**	-7,5	**0,49**	-4,6	**0,47**	-4	**0,46**	-1,8	**0,46**	-0,6	-3,9
35	**0,29**	**0,34**	16,3	**0,38**	14	**0,41**	7,9	**0,44**	5,7	**0,45**	2	**0,45**	0,6	7,6
36	**0,43**	**0,43**	-1,7	**0,42**	-1,1	**0,42**	-1,6	**0,41**	-2	**0,40**	-1,1	**0,40**	0,2	-1,2
37	**0,46**	**0,44**	-3,6	**0,43**	-3,4	**0,42**	-2,7	**0,40**	-3,2	**0,40**	-1,8	**0,40**	1,1	-2,3
38	**0,49**	**0,48**	-3,9	**0,46**	-3,7	**0,44**	-4,6	**0,41**	-6,8	**0,41**	0	**0,40**	-2,3	-3,6
39	**0,45**	**0,45**	-0,4	**0,42**	-6,9	**0,40**	-5,2	**0,39**	-1,1	**0,38**	-2,9	**0,37**	-3,1	-3,3
40	**0,43**	**0,43**	-1,8	**0,41**	-3,2	**0,40**	-2,6	**0,38**	-5	**0,37**	-4	**0,35**	-5,5	-3,7

* Wachstumsrate p.a.
Quelle: HUK-Statistik, eigene Berechnungen

Abb. 3:
Platzziffern beim Neugeschäft der wichtigsten Kraftfahrt-Haftpflichtversicherer

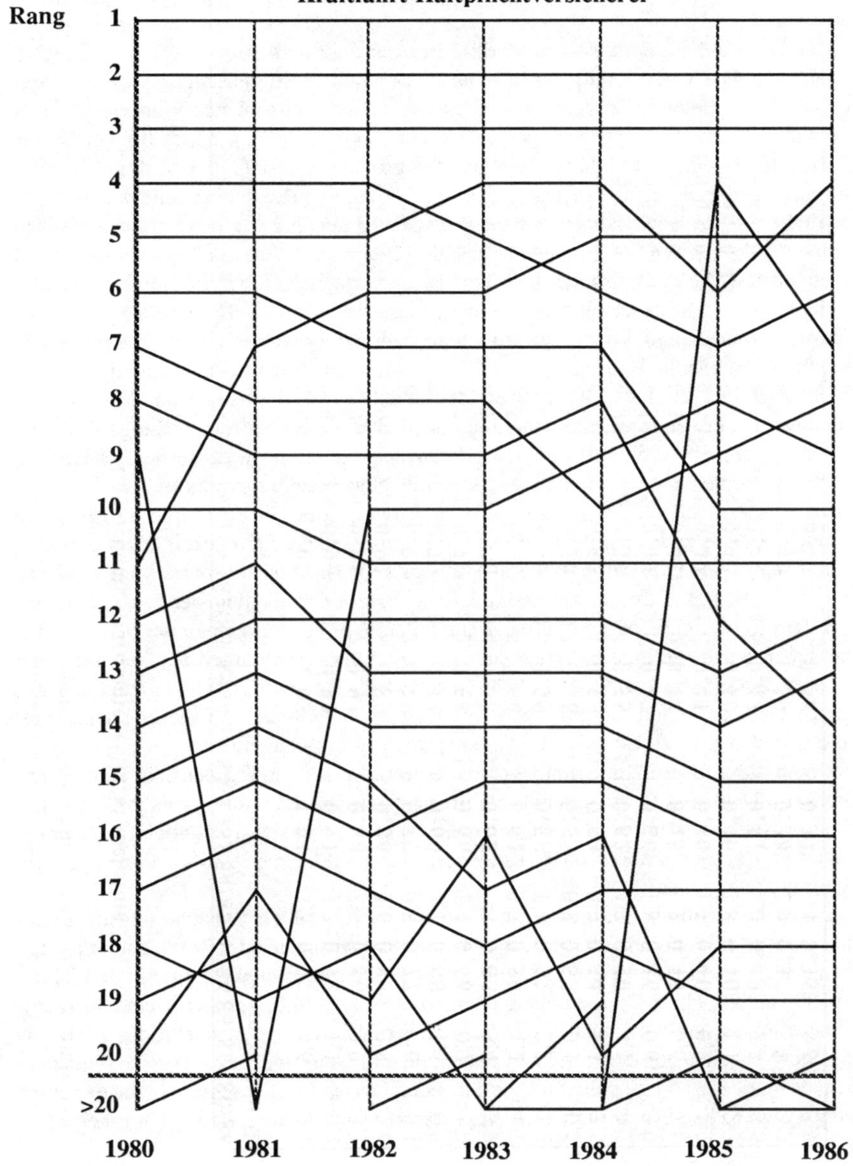

Basis: Anzahl der Verträge im Neu- und Ersatzgeschäft
Quelle: Unternehmensangaben, eigene Berechnungen

Über die reine Rangziffernbetrachtung hinaus gibt natürlich die Diskussion der Neu- und Ersatzgeschäftsmarktanteile ein noch exakteres Bild des Wettbewerbsgeschehens. In Tab. 4 sind die größten 40 der 65 Unternehmen, die uns mit Informationen versorgt haben, dargestellt. Erwartungsgemäß sind hierbei die Marktanteilsgewinne und -verluste wesentlich größer als im Bestand. Deutlich wird das bereits beim Marktführer, der im Zeitablauf von 25,7% auf 18,2% zurückgefallen ist. Die Veränderung der Bestandsmarktanteile bewegte sich hingegen nur von 17,2% auf 16,8% im gleichen Zeitraum. Der vorstoßende und nachstoßende Wettbewerb kann durch die vielen Vorzeichenwechsel besonders gut dokumentiert werden. So verlor der Erstplazierte zunächst ein paar Jahre hintereinander, gewann dann 1982/83, verlor wiederum 2 Jahre hintereinander und legte im letzten Jahr um 2% zu. Der Branchenzweite wechselte in den letzten Jahren sogar jedesmal das Vorzeichen, so daß dann über alle Jahre hinweg gesehen letztlich eine relativ geringe Steigerungsrate festzustellen war. Selbst das Unternehmen Nr. 5 mit dem schnellsten Marktanteilswachstum über die Jahre mußte in 84/85 im Neu- und Ersatzgeschäft einen leichten Rückschlag hinnehmen. Unternehmen Nr. 9 verlor im Jahr 80/81 fast seinen gesamten Marktanteil, konnte ihn jedoch im Jahr darauf wieder voll zurückgewinnen. Hier wird die permanente Bedrohung des Neu- und Ersatzgeschäftsmarktanteils für das einzelne Unternehmen durch den Wettbewerb deutlich. Die extremen jährlichen Marktanteilsaustausche werden bei dieser Betrachtung viel deutlicher als bei der reinen Rangzifferndarstellung. Selbst wenn es von einem Jahr zum anderen nicht zu einem Platzzifferntausch kommt, haben die Unternehmen doch permanent Marktanteile gewonnen und verloren.

Ein weiterer Hinweis auf die Wettbewerbsdynamik wurde mit Hilfe des nun dargestellten Marktanteilsvergleichs zwischen Bestand und Neu- und Ersatzgeschäft gezeigt. Der in Tab. 5 in der letzten Spalte genannte Differenzierungsfaktor ist ein Maß für die Abweichung des Neu- und Ersatzgeschäfts - vom Bestandsmarktanteil. Ist der Faktor negativ, liegt der Bestandsmarktanteil über dem Neu- und Ersatzgeschäftsmarktanteil, d.h. die Unternehmen der betreffenden Kategorie haben einen geringeren Neu- und Ersatzgeschäftsmarktanteil als das eigentlich aufgrund ihres Bestandsmarktanteils zu erwarten gewesen wäre. In diesem Fall hätten sie Neu- und Ersatzgeschäft an andere, aggressivere Wettbewerber verloren. Bei dieser Darstellung wurden die Unternehmen zu Gruppen à 5 Unternehmen zusammengefaßt. [10])

Betrachtet man die fünf größten Unternehmen, so erzielten sie Anfang der 80er Jahre mehr Marktanteile im Neu- und Ersatzgeschäft als im Bestand. Das läßt auf aggressives Wettbewerbsverhalten schließen. Interessant ist, daß diese Aggressivität sich 1984 abgeschwächt hat (Differenzierungsfaktor nur noch von 0,7) und in den Jahren 1985 und 1986 sogar in die andere Richtung umgeschlagen ist.

Gegenläufig zu dieser Entwicklung sind die Werte der 6 - 10 größten Versicherungsunternehmen in diesem Markt. Während von 1980 bis 1984 mit einer Ausnahme der Bestandsmarktanteil über dem des Neu- und Ersatzgeschäfts lag, legte diese Unternehmenskategorie in den Jahren 1985 und 1986 mit 28,9 bzw. 20,4% höheren Neu- und Ersatzgeschäfts- als Bestandsmarktanteil erhebliche Aggressivität an den Tag. Wesentlichen Einfluß daran dürfte das zuvor als "Shooting-Star" bezeichnete Unternehmen haben, das im Neu- und Ersatzgeschäft im Jahre 1985 erstmals unter die Top 20 gelangte und dabei den vierten Platz belegte. Solche extremen Marktanteilsgewinne haben natürlich auch Auswirkungen auf die betreffende Unternehmens-

[10] Es bleibt nicht verborgen, daß die hier aufgeführten Bestandsmarktanteile von den aus Tab. 1 addierten abweichen; das liegt daran, daß bei einem Marktanteilsvergleich von Bestands-, Neu- und Ersatzgeschäft natürlich nur die Unternehmen berück sichtigt werden konnten, die über unsere Unternehmensbefragung Daten bereitgestellt haben.

Tab. 4: Marktanteilsentwicklung 1980 - 86
Gesamtmarkt Kraftfahrt-Haftpflichtversicherungen

Entwicklung Marktanteile/Marktwachstum

Neu- und Ersatzgeschäftsentwicklung

Unternehmen (Reihenfolge 1986)	**1980 in %**	**1981 in %**	**80/81 in %**	**1982 in %**	**81/82 in %**	**1983 in %**	**82/83 in %**	**1984 in %**	**83/84 in %**	**1985 in %**	**84/85 in %**	**1986 in %**	**85/86 in %**	**80/86 * in %**
1	**25,7**	**20,8**	-19,1	**19,7**	-5,4	**20,9**	5,9	**19,3**	-7,8	**17,9**	-7,3	**18,2**	2	-5,6
2	**9,1**	**9,8**	8	**10,1**	3,4	**10**	-1,4	**10**	0,1	**9,4**	-6,2	**9,8**	4,8	1,3
3	**6,7**	**7,6**	12,7	**7,7**	2,3	**8**	3,2	**8,6**	7,8	**8,3**	-3,9	**8**	-2,8	3,1
4	**4,6**	**4,8**	4,7	**4,7**	-2,8	**4,7**	1,4	**4,8**	2,2	**4,6**	-5,4	**4,8**	5,4	0,8
5	**2,5**	**3,3**	28,2	**3,7**	12,9	**4**	8,9	**4,6**	15,1	**4,6**	-0,3	**4,8**	3,4	11
6	**5,4**	**5,7**	4,6	**5**	-11,4	**4,6**	-8,7	**4,6**	-0,9	**4**	-13,1	**3,9**	-2,3	-5,5
7	**0**	**0**	0	**0**	0	**0**	0	**0**	0	**5,2**	∞	**3,6**	-30,8	∞
8	**2,8**	**3,2**	12,2	**3,1**	-1,3	**3**	-3,1	**2,7**	-10,8	**2,6**	-2,8	**2,9**	10,1	0,4
9	**2,7**	**0,3**	-89,8	**2,7**	884,1	**2,7**	-0,2	**2,8**	3	**2,7**	-5,2	**2,7**	2,6	0,1
10	**3,2**	**3,9**	23,2	**3,7**	-6	**3,2**	-14,4	**3,1**	-3,3	**2,6**	-14,4	**2,6**	-2,4	-3,6
11	**2,6**	**2,8**	9,8	**2,7**	-4,8	**2,6**	-3,2	**2,7**	2,7	**2,5**	-6	**2,5**	0,5	-0,3
12	**2,4**	**2,6**	7,7	**2,5**	-1,8	**2,5**	-2,7	**2,5**	3	**2,4**	-6,1	**2,5**	4,8	0,7
13	**2,5**	**2,6**	4,2	**2,4**	-5,6	**2,4**	-0,8	**2,4**	-0,8	**2,3**	-5,6	**2,4**	5,4	-0,6
14	**2,7**	**3**	0,3	**2,8**	-4,5	**2,7**	-3,6	**2,9**	5,1	**2,4**	-16,2	**2,2**	-7,6	-3,3
15	**2**	**2,3**	12,3	**2,2**	-4,7	**2,1**	-4,3	**2,1**	4,2	**2**	-7,9	**2,2**	9,4	1,2
16	**2**	**1,9**	-4,3	**1,9**	-0,6	**1,9**	1,8	**1,9**	-2,7	**1,7**	-6,8	**1,7**	-0,3	-2,2
17	**1,8**	**1,8**	-1,7	**1,7**	-6,1	**1,6**	-3,4	**1,6**	-1,3	**1,5**	-5,3	**1,5**	-1,2	-3,2
18	**1,3**	**1,4**	11,5	**1,4**	0,3	**1,7**	18,8	**1,4**	-18,2	**1,2**	-11,5	**1,5**	18	2,1
19	**1,2**	**1,5**	19,9	**1,4**	-6,4	**1,3**	-2,2	**1,5**	10,7	**1,4**	-5,4	**1,3**	-9,7	0,6
20	**1,2**	**1,2**	4,5	**1,3**	1,6	**1,2**	-2,4	**1,4**	16,8	**1,4**	-4,3	**1,3**	-7,9	1,1

* Wachstumsrate p.a.
Quelle: HUK-Statistik, eigene Berechnungen

Tab. 4: Marktanteilsentwicklung 1980 - 86 (Forts.)
Gesamtmarkt Kraftfahrt-Haftpflichtversicherungen

Entwicklung Marktanteile/Marktwachstum

Neu- und Ersatzgeschäftsentwicklung

Unternehmen (Reihenfolge 1986)	1980 in %	1981 in %	80/81 in %	1982 in %	81/82 in %	1983 in %	82/83 in %	1984 in %	83/84 in %	1985 in %	84/85 in %	1986 in %	85/86	80/86
21	**2**	**2,2**	11,5	**1,9**	-13	**1,6**	-19,3	**1,6**	5,7	**1,3**	-21,9	**1,3**	-2,2	-7,4
22	**1,4**	**1,5**	1,7	**1,4**	-3,9	**1,3**	-9	**1,2**	-4	**1,3**	7,8	**1,2**	-8,8	-2,9
23	**0**	**0**	0	**0**	0	**0**	0	**0**	0	**1,1**	∞	**1,2**	12	∞
24	**0,9**	**0,9**	0,6	**0,8**	-8,8	**0,8**	-0,4	**0,8**	0,1	**0,9**	7,9	**1,1**	28,4	4
25	**1,1**	**1,3**	16	**1,2**	-6,8	**1,3**	10,9	**1,2**	-6,8	**1,2**	-7,6	**1,1**	-6,3	-0,5
26	**1,1**	**1,2**	5,4	**1,2**	-0,9	**1,1**	-4,5	**1,2**	3,8	**1,1**	-5	**1,1**	-4	-1
27	**0,8**	**0,9**	13,6	**0,8**	-1,4	**0,9**	7,5	**0,9**	-0,2	**0,9**	3,2	**1,1**	13	5,8
28	**0,8**	**0,8**	4,4	**0,8**	-4	**0,8**	-3,3	**0,8**	2,3	**0,7**	-5,8	**0,8**	4,6	-0,4
29	**0**	**1**	∞	**0,9**	-10,6	**0,7**	-24,3	**0,8**	10,2	**0,8**	-1,9	**0,7**	-2	∞
30	**0,7**	**0,7**	4,8	**0,6**	-13	**0,6**	1,8	**0,7**	7,5	**0,7**	-1,6	**0,7**	1,9	0
31	**0,5**	**0,5**	9	**0,5**	-5	**0,5**	1,1	**0,6**	21,1	**0,8**	34,9	**0,6**	-20,1	5,4
32	**0,4**	**0,4**	-4,6	**0,7**	55,5	**0,8**	23,1	**0,6**	-27	**0,3**	-42,6	**0,6**	74,1	4,9
33	**1,1**	**1,1**	2,2	**0,9**	-21,1	**0,8**	-14,9	**0,7**	-9,7	**0,6**	-19,2	**0,6**	-0,3	-10,9
34	**0,8**	**0,9**	1,3	**0,7**	-18,2	**0,7**	-4,8	**0,6**	-2,7	**0,6**	-9,1	**0,5**	-7,9	-7,1
35	**0,5**	**0,5**	4,3	**0,5**	-9,4	**0,5**	1,2	**0,5**	4,5	**0,5**	1,5	**0,5**	-1,9	-0,1
36	**0,8**	**0,9**	9,4	**0,9**	-7,8	**0,9**	1,9	**0,9**	1,1	**0,7**	-23,9	**0,5**	-25,4	-8,4
37	**0,4**	**0,4**	3,9	**0,4**	-7,4	**0,4**	-2	**0,4**	5,8	**0,4**	3,4	**0,5**	1,5	0,8
38	**0,1**	**0,1**	42	**0,2**	36,1	**0,2**	17,8	**0,3**	44,9	**0,4**	25,1	**0,5**	18,7	30,3
39	**0,4**	**0,5**	6,2	**0,4**	-5,9	**0,5**	1	**0,5**	3,2	**0,4**	-7,3	**0,4**	1,1	-0,4
40	**0,8**	**0,8**	8,1	**0,9**	5,5	**0,8**	-3	**0,6**	-31,4	**0,4**	-26,9	**0,4**	0,9	-9,2

* Wachstumsrate p.a.
Quelle: HUK-Statistik, eigene Berechnungen

Tab. 5: Marktanteilsvergleich Bestand / Neugeschäft 1980 - 86
Gesamtmarkt für Kraftfahrt-Haftpflichtversicherungen

Marktanteile			
Unternehmen	Neugeschäft in %	Best. in %	Diff. in %
		1980	
1 - 5	48,6	44,2	10,0
6 - 10	14,2	14,4	-1,9
11-15	12,2	11,9	2,2
16-20	7,5	8,9	-16,2
21-25	5,4	5,3	2,5
26-30	3,3	3,0	-16,7
31-35	3,3	3,1	9,2
36-40	2,5	3,0	-16,1
41-45	1,0	2,2	-51,6
46-50	1,0	1,3	-26,4
51-55	0,6	0,9	-31,9
56-60	0,3	0,4	-31,5
61-65	0,2	0,2	-29,4
		1981	
1 - 5	46,2	44,6	3,7
6 - 10	13,1	14,2	-8,1
11-15	13,2	12,0	10,0
16-20	7,8	8,8	-11,5
21-25	5,8	5,1	13,9
26-30	4,6	3,9	18,2
31-35	3,4	3,0	12,9
36-40	2,8	3,0	-8,1
41-45	1,1	2,2	-49,9
46-50	1,0	1,3	-26,3
51-55	0,6	1,0	-34,3
56-60	0,3	0,4	-23,9
61-65	0,2	0,2	-21,4

Tab. 5: Marktanteilsvergleich Bestand / Neugeschäft 1980 - 86 Gesamtmarkt für Kraftfahrt-Haftpflichtversicherungen (Forts.)

Marktanteile			
Unternehmen	Neugeschäft in %	Best. in %	Diff. in %
	1982		
1 - 5	45,9	45,3	1,2
6 - 10	14,6	14,1	3,7
11-15	12,7	12,1	5,0
16-20	7,6	8,8	-13,3
21-25	5,3	5,0	6,4
26-30	4,3	3,9	10,0
31-35	3,2	3,0	7,6
36-40	2,7	3,0	-9,0
41-45	1,8	2,2	-17,9
46-50	0,7	1,3	-46,9
51-55	0,6	0,9	-30,7
56-60	0,3	0,3	7,6
61-65	0,4	0,2	74,2
	1983		
1 - 5	47,5	45,9	3,5
6 - 10	13,5	13,8	-2,2
11-15	12,9	12,0	2,2
16-20	7,8	8,8	-11,8
21-25	5,0	5,0	-0,2
26-30	4,1	3,9	5,4
31-35	3,2	2,9	10,4
36-40	2,7	3,0	-8,0
41-45	1,7	1,9	-7,4
46-50	0,9	1,3	-28,4
51-55	0,6	0,9	-37,3
56-60	0,4	0,3	25,1
61-65	0,3	0,2	31,8

Tab. 5: Marktanteilsvergleich Bestand / Neugeschäft 1980 - 86 Gesamtmarkt für Kraftfahrt-Haftpflichtversicherungen (Forts.)

Marktanteile			
Unternehmen	Neugeschäft in %	Best. in %	Diff. in %
	1984		
1 - 5	47,3	46,9	0,7
6 - 10	13,1	13,6	-3,5
11-15	12,6	12,0	5,4
16-20	7,8	8,8	-11,6
21-25	4,9	4,9	0,2
26-30	4,3	3,9	11,0
31-35	3,0	2,1	44,2
36-40	2,6	2,9	-11,0
41-45	1,9	1,8	0,4
46-50	1,2	1,4	-11,1
51-55	0,6	0,9	-30,6
56-60	0,4	0,3	43,5
61-65	0,3	0,2	42,6
	1985		
1 - 5	44,6	46,5	-4,1
6 - 10	17,1	13,3	28,9
11-15	11,6	11,9	-3,3
16-20	7,2	8,7	-16,3
21-25	5,7	4,9	15,4
26-30	4,2	3,8	9,4
31-35	2,8	2,8	0,7
36-40	2,3	2,8	-17,4
41-45	1,8	2,1	-15,7
46-50	1,3	1,5	-14,1
51-55	0,8	0,9	-7,5
56-60	0,5	0,3	45,0
61-65	0,2	0,2	9,6

Tab. 5: Marktanteilsvergleich Bestand / Neugeschäft 1980 - 86
Gesamtmarkt für Kraftfahrt-Haftpflichtversicherungen (Forts.)

	Marktanteile		
Unternehmen	**Neugeschäft in %**	**Best. in %**	**Diff. in %**
	1986		
1 - 5	45,6	46,9	-2,7
6 - 10	15,7	13,0	20,4
11-15	11,8	11,9	-0,7
16-20	7,2	8,6	-15,9
21-25	5,8	5,1	14,1
26-30	4,3	3,8	13,1
31-35	2,8	2,7	4,1
36-40	2,2	2,6	-15,5
41-45	1,8	2,1	-16,0
46-50	1,2	1,5	-17,4
51-55	0,8	0,9	-10,8
56-60	0,5	0,4	35,9
61-65	0,3	0,2	26,6

Quelle: Unternehmensangaben, eigene Berechnungen
Differierungsfaktor gemessen als Quotient zwischen Neugeschäfts- und Bestandsmarktanteil auf Basis Bestand

kategorie. Die drittgrößte Gruppe (Unternehmen 11-15) lag von 1980 bis 1984 bei den Neu- und Ersatzgeschäftsmarktanteilen immer höher als im Bestand. 1985 kippt der überdurchschnittliche Neu- und Ersatzgeschäftsgewinn und verwandelte sich in ein leichtes Minus. Es ist also eine ähnliche Entwicklung festzustellen wie bei den größten fünf Unternehmen.

Im Gegensatz dazu scheinen in der viertgrößten Kategorie (Unternehmen 16-20) über die Jahre hinweg relativ defensive Unternehmen zusammengefaßt zu sein. Über den gesamten Zeitraum sind hier zweistellige negative Differenzierungsfaktoren verzeichnet. Die Neu- und Ersatzgeschäftsmarktanteile dieser Unternehmenskategorie weichen in erheblichem Maße von der Position ab, die aufgrund der Bestandszahlen zu erwarten wäre. Langfristig muß eine solche Tendenz natürlich auch zum Verlust von Bestandsmarktanteilen führen.

Insgesamt bestätigen die Ergebnisse des Marktanteilsvergleichs die bisherigen Erkenntnisse eines intensiven Wettbewerbs im Markt der Kraftfahrt-Haftpflichtversicherung, der durch wechselnde Vorzeichen bei der Marktanteilsentwicklung geprägt ist und dessen Struktur durch einige besonders aggressive bzw. besonders defensive Unternehmen maßgeblich beeinflußt wird.

Im nächsten Schritt wird die Entwicklung der zusammengefaßten Marktanteilsveränderungen betrachtet. Das Ausmaß von Marktanteilsveränderungen ist ein Wettbewerbsindikator. Je größer die Veränderungsrate nach oben wie nach unten, desto größer ist der Kampf um die Marktanteile. Innerhalb der einzelnen Unternehmenskategorien wurden jeweils die Marktanteilsveränderungen als Absolutwerte (ohne Vorzeichen) addiert und durch die Anzahl der betrachteten Unternehmen dividiert. Der hieraus ermittelte Neu- und Ersatzgeschäftsmultiplikator zeigt das Gefährdungspotential an, durch das ein Unternehmen mit dem Verlust von Marktanteilen im Neu- und Ersatzgeschäft mehr bedroht ist als im Bestand.

In Tab. 6 sind zunächst die durchschnittlichen Marktanteilsveränderungen im Bestand der einzelnen Jahre und dann im Durchschnitt über den betrachteten Zeitraum aufgelistet. Hierbei sind in den oberen Unternehmensklassen durchweg einstellige Veränderungsraten festzustellen. Bei den kleineren Unternehmen kommt es aufgrund der kleineren Basis naturgemäß auch zu wesentlich größeren durchschnittlichen Wachstumsraten. Wie aufgrund der vorhergehenden Betrachtung zu erwarten, sind die Marktanteilsveränderungen im Neu- und Ersatzgeschäft im Durchschnitt höher als im Bestand. Ein Maß, um wieviel mehr die Marktanteilsveränderungen im Neugeschäft als im Bestand vollzogen wurden, bietet der Neugeschäftsmultiplikator. Ist der Multiplikator >1, so sind die durchschnittlichen Marktanteilsveränderungen im Neugeschäft größer als im Bestand.

Diese Aussage gilt vor allem für die größeren Unternehmenskategorien. Bei den kleineren Unternehmenskategorien kann aufgrund von Unternehmenswechseln in den verschiedenen Zeitspannen sich auch einmal ein Wert von <1 ergeben. Insgesamt liegen die Neugeschäftsmultiplikatoren jedoch deutlich geringer als im Bereich der Lebensversicherungen. Dies ergibt sich vor allem aus dem hohen Anteil des Neu- und Ersatzgeschäftes am Gesamtgeschäft. In Anbetracht dieser Tatsache sind die durchschnittlichen Schwankungen des Neu- und Ersatzgeschäfts unter den ersten 30 Unternehmen vor dem Hintergrund des Geschäftsvolumens deutlich höher zu gewichten. Mit einem Bedrohungspotential von ± 5-7% müssen unter den ersten 30 Unternehmen im Markt jeweils ca. 35% des Bestandes zu Beginn des Geschäftsjahres als durchschnittlich gefährdet angesehen werden.

Tab. 6: Vergleich von Marktanteilsveränderungen Bestand/Neugeschäft - Gesamtgeschäft Kraftfahrt-Haftpflichtversicherungen

Unternehmens-größenklasse (Basis Neuge-schäft 1986)	Durchschnittliche Marktanteilsveränderung im Bestand in %							Durchschnittliche Marktanteilsveränderung im Neugeschäft in %							* Multi-plikator
	80/81	81/82	82/83	83/84	84/85	85/86	in Ø	80/81	81/82	82/83	83/84	84/85	85/86	in Ø	
1 - 5	6,5	5,6	4,5	5,1	3,6	2,6	4,6	12,7	6,0	4,1	6,6	4,6	3,7	6,3	1,4
6 - 10	2,1	2,8	1,7	1,7	2,7	1,9	2,1	6,4	3,0	5,3	3,6	7,1	9,6	5,8	2,7
11 - 15	1,8	1,0	1,4	1,1	1,3	2,0	1,4	6,0	2,2	3,0	3,2	8,3	5,5	4,7	3,3
16 - 20	2,0	2,0	1,1	1,1	1,6	1,3	1,5	7,7	3,3	5,7	10,0	6,6	7,4	6,8	4,5
21 - 25	2,1	1,8	1,4	1,3	1,3	77,0	14,2	4,9	4,7	7,9	3,3	9,0	11,5	6,9	0,5
26 - 30	3,4	6,8	2,9	2,6	2,7	1,7	3,4	3,6	4,7	8,3	4,8	3,5	5,1	5,0	1,5
31 - 35	1,3	2,9	3,0	22,4	5,1	4,0	6,4	3,3	20,9	9,0	13,0	21,5	20,9	14,8	2,3
36 - 40	8,1	9,8	7,4	8,7	10,7	10,4	9,2	11,2	12,4	5,1	17,3	17,3	9,5	12,1	1,3
41 - 45	4,7	2,1	22,7	3,9	1,3	2,4	6,2	1,6	1,3	2,9	6,2	5,3	3,9	3,5	0,6
46 - 50	4,1	4,7	3,3	3,8	5,3	40,2	10,2	4,0	5,4	4,9	4,2	9,9	16,6	7,5	0,7
51 - 55	2,0	22,5	2,9	3,7	3,7	3,7	6,4	6,4	3,9	4,0	11,5	6,4	11,3	7,2	1,1
56 - 60	1,1	22,5	2,1	620,1	112,0	56,2	135,7	5,1	7,1	14,6	115,3	84,3	62,0	48,0	0,4
61 - 65	3,7	2,4	7,5	83,8	31,7	28,8	26,3	9,8	11,3	14,1	7,7	30,7	47,1	20,1	0,8
Alle	3,2	7,9	4,6	55,8	13,5	17,2	17,0	6,1	6,3	6,5	15,2	15,8	15,7	10,9	0,6

$$\text{* Definition} = \frac{\text{Durchschnittliche Marktanteilsveränderung im Neu- und Ersatzgeschäft im Jahresdurchschnitt}}{\text{Durchschnittliche Marktanteilsveränderung im Bestand im Jahresdurchschnitt}}$$

Quelle: Unternehmensangaben, HUK-Statistik, eigene Berechnungen

3.2. Ökonometrische Analyse des Wettbewerbsverhaltens der Kraftfahrt-Haftpflichtversicherung

3.2.1. Untersuchungsansatz und Grundgesamtheit

Entsprechend unserem Vorgehen bei der empirischen Analyse des Lebensversicherungs- und des Privaten Krankenversicherungsmarktes soll auch für den Bereich der Kraftfahrt-Haftpflichtversicherung nach erfolgter statischer Analyse der Marktanteilsbewegungen eine dynamische Analyse der Wettbewerbsprozesse im Rahmen eines ökonometrischen Schätzmodells erfolgen. Untersuchungsziel ist es, die wichtigen Aktionsparameter des Wettbewerbs aus Angebots- und Nachfragesicht herauszuarbeiten und ihre Wirkung wettbewerbstheoretisch zu würdigen, um auch hier ein fundiertes Urteil über die Funktionsfähigkeit des Wettbewerbs in diesem Markt abgeben zu können.

Hauptsächlich aus Gründen der Informationsbeschaffung, aber auch wegen einer z.T. unterschiedlichen Geschäftsmechanik und sich einer daraus ergebenden Aggregationsproblematik der Datengrößen, konzentriert sich die Untersuchung auf den größten Markt im Rahmen der Kfz-Versicherungen, den Markt der Kraftfahrt-Haftpflichtversicherung; Fahrzeugteil- und Fahrzeugvollversicherung sowie die Insassenunfallversicherung als freiwillige Versicherungsmärkte werden nicht in die Untersuchung integriert.

Der Untersuchungszeitraum bezieht sich auf die Jahre 1980 bis 1986. Das Schätzmodell ist eine gepoolte Zeitreihen-/Querschnittsuntersuchung.

Um den Untersuchungsansatz auch hier auf die Neu- und Ersatzgeschäftsmarktanteile und auf das gesamte Set der Unternehmensparameter, die im Wettbewerb einsetzbar sind, zuschneiden zu können, wurde Datenmaterial benötigt, das im Rahmen der Unternehmens- sowie BAV-Veröffentlichungen nicht verfügbar war.

Die FWU hat aus diesem Grund über den HUK-Verband diese Information im Rahmen einer Unternehmensbefragung erhoben. 68 der von uns angeschriebenen Unternehmen im Markt haben den Fragebogen ausgefüllt zurückgesandt. Damit sind ca. 81% des Gesamtmarktes erfaßt.

Auflistung der in die Untersuchung einbezogenen Unternehmen

1	Allianz	35	Sparkassen-Vers.
2	HUK-Coburg	36	Nürnberger Allgemeine
3	Landw. Münster	37	DBV
4	R+V	38	WGV-Schw. Allg.
5	HUK-Coburg-Allg.	39	Oeva-Mannheim
6	Colonia	40	Neckura
7	VAB	41	Öffentl. Sach Bs
8	Württ. Feuer	42	Dtsch. Ring
9	Aachen Münchner	43	Partner-Gruppe
10	Gerling-Konzern	44	Patria
11	Bayer. Vers. Verband	45	Helvetia
12	Prov. Hannover	46	Fahrlehrervers.
13	Prov. Rhein	47	Kravag
14	Volksfürsorge	48	Nürnb. Merkur
15	Westf. Provinz	49	Signal

16	Agrippina	50	Münchner Verein
17	Thuringia	51	Bayer. Beamten
18	Concordia Feuer	52	Basler
19	Albingia	53	Köln. Sachvers.
20	Victoria	54	Securitas
21	Prov. Kiel	55	Saar-Rhein
22	Nordstern	56	Continentale
23	Garanta	57	Universa
24	Mecklenburgische	58	Europa Sach
25	Itzehoer Vers.	59	Volkswohl-Bund
26	Dt. Herold	60	Dialog
27	Württ. Gem.	61	Auto Direct
28	Karlsruher	62	Hanse-Merkur
29	Erst. Allgemein	63	Feuersozietät
30	Dt. Lloyd	64	Condor
31	Mannheimer	65	Neckura Allg.
32	Wintherthur	66	Württ. Badisch.
33	HM-Sach	67	VDK
34	Interunfall	68	Adler Feuer

3.2.2 Das Schätzmodell

Der bisherige empirische Ansatz konzentrierte sich auf das Erfassen von Marktanteilsveränderungen im Bestand und im Neugeschäft, um somit einen generellen Eindruck über das Ausmaß der Wettbewerbsintensität im Markt zu gewinnen. In einem zweiten Analyseschritt sollen die Ursachen dieser Marktanteilsveränderungen untersucht werden.
Als potentielle Erklärungsfaktoren gelten dabei die Aktionsparameter der Unternehmen, die die Produktqualität insgesamt beeinflussen und von Nachfragern auch bewertet werden können. Da verschiedene dieser Parameter gleichzeitig und dann auch noch unter verschiedenen Nebenbedingungen wirksam werden können, bedarf es einer empirischen Methode, die entsprechend differenziert genug an die Untersuchungsproblematik herangeht.
Ökonometrische Schätzverfahren bieten diese Voraussetzung. Auf der Basis der für einen gewissen Zeitabschnitt und für die hier vorgestellte Unternehmensgrundgesamtheit ermittelten Zahlenfelder der Testvariablen kann durch den Einsatz dieser Methode die Beziehung der verschiedenen Erklärungsfaktoren mit dem hier zu erklärenden Faktor (Neugeschäftsmarktanteil bzw. seine periodische Veränderung) im Rahmen eines generalisierbaren funktionalen Gleichungszusammenhanges dargestellt werden.
Dabei lassen sich die individuellen Einflüsse der erklärenden Variablen nicht nur quantitativ im Abgleich mit den quantitativen Einflüssen anderer Variablen ermitteln; es wird gleichermaßen die statistische Signifikanz des geschätzten Einflusses, d.h. die Sicherheit der empirischen Aussage, überprüft.
Nachfolgend werden hier zunächst die abhängige Variable und dann die unabhängigen Variablen in ihrer empirischen Substanz und ihrer vermuteten wettbewerbstheoretischen Wirkung vorgestellt. Die eigentlichen empirischen Schätzergebnisse werden anschließend präsentiert.

3.2.2.1 Die abhängige Variable

Der Markterfolg eines Unternehmens spiegelt sich in erster Linie in seinem Marktanteil wieder. Nicht zuletzt deshalb ist der Marktanteil eine der wichtigsten Schlüsselgrößen in den verschiedenen Modellen der Strategischen Unternehmensplanung. Unabhängig von Gesamtmarkteinflüssen indiziert der Marktanteil den Unternehmensstatus im Wettbewerbsvergleich. Verbesserungen bzw. Verschlechterungen dieses Statuses drücken sich in entsprechend veränderten Marktanteilen aus.
Zur Untersuchung der Wettbewerbssituation der Kraftfahrt-Haftpflichtversicherung wird darum ebenfalls die Veränderung des Marktanteils als Indikator für Marktergebnisveränderungen herangezogen.
Da Versicherungsverträge de facto meist mehrere Jahre bestehen, muß zwischen Bestands- und Geschäftsgrößen der laufenden Periode unterschieden werden.Nur letztere Größe ist für die Beurteilung des aktuellen Wettbewerbsgeschehens einer Periode relevant.
Anders als in der Lebens- und Privaten Krankenversicherung bietet sich dem Versicherungsnehmer jedoch unabhängig von der normalen Vertragslaufzeit und der darin vorgesehenen Kündigungsfrist sehr viel häufiger die Chance eines Wechsels seines Versicherungsunternehmens.
Neuanmeldung bzw. Ummeldung eines Kfz ist eine Wechselmöglichkeit; außerdem kann der Versicherungsnehmer den Vertrag zum Zeitpunkt eines jeden Versicherungsjahres kündigen. Ein Sonderkündigungsrecht besteht darüber hinaus bei einer Prämienerhöhung von über 20%. Diese vielfältigen Wechselmöglichkeiten bringen nach Auskunft von Branchenexperten nurmehr durchschnittliche Vertragslaufzeiten von 3 bis 4 Jahren mit sich. Gerade in Zeiten rückläufiger Wachstumsraten im Neugeschäft, bekommt auf diese Weise das sogenannte Ersatzgeschäft eine zunehmend wichtige strategische Funktion für die Kfz-Versicherungsunternehmen.
Jedes Ersatzgeschäft ist praktisch der abgeschlagene Angriff der Konkurrenz. Die Versicherungsbestände stehen in beträchtlichem Ausmaß jedes Jahr neu und aus Sicht des Versicherers kaum planbar zur Disposition.
Die dadurch bedingten administrativen Kosten sollten Unternehmen im Kfz-Versicherungsmarkt im besonderen Maße zwingen, die notwendigen Wettbewerbsparameter nicht nur zur Neugeschäftsgewinnung, sondern auch zur Bestandssicherung einzusetzen.
Als Basisgröße zur Erfassung des aktuellen Markt- und Wettbewerbsgeschehens werden die im Laufe eines Jahres neu abgeschlossenen Verträge in Neu- und Ersatzgeschäft (neue und alte Versicherungsnehmer) herangezogen. Anhand der unternehmensindividuell ermittelten Referenzgrößen konnten entsprechende Neugeschäftsmarktanteile für die Jahre 1980 bis 1986 berechnet werden. Als abhängige Variable des Schätzmodells wurde die jährliche prozentuale Veränderung dieses Neugeschäftsmarktanteils (Δ NGMA) herangezogen.

$$\Delta \mathrm{NGMA}_t = \frac{\mathrm{NGMA}_t - \mathrm{NGMA}_{t-1}}{\mathrm{NGMA}_{t-1}} \times 100$$

Diese Marktergebnisvariable wird vor dem Hintergrund der marktstrukturellen Gegebenheiten beeinflußt durch die Parameter des Marktverhaltens der wirtschaftlichen Akteure auf der Angebots- und Nachfrageseite.

Die Art der Beeinflussung erlaubt Schlüsse zur Effizienz der Wettbewerbsprozesse. Je stärker aktives Wettbewerbsverhalten und attraktive Preis-/Leistungs-Angebote zu Vorteilen im Wettbewerbsprozeß führen, desto klarer tritt die Funktionsfähigkeit des Wettbewerbs zu Tage.

3.2.2.2 Die unabhängigen Variablen und ihre Wettbewerbswirkung

Für unsere Analyse wurden drei Gruppen von Variablen herangezogen, die als Aktionsparameter von Angebot und Nachfrage den Wettbewerb beeinflussen:

Marketingparameter
Strukturparameter
Produkt-/Leistungsparameter

a. Marketingparameter
Beide hier integrierten Variablen, die Vertriebsform (VFORM) sowie das Produkt-Mix (P-MIX) sind wettbewerbstheoretisch unter Marktmachtgesichtspunkten neutral zu beurteilen. Interessant ist im Rahmen der wettbewerbstheoretischen Analyse somit mehr die Frage, ob die Parameter überhaupt Wirkung zeigen und nicht in welcher Art diese Wirkung gegeben ist.Da sie Unternehmen als Aktionsparameter zur Beeinflussung des Marktergebnisses zur Verfügung stehen, sind sie für die Gleichungsspezifikation wichtig.

Vertriebsform (VFORM)
Die Vertriebsform, ob klassischer Außendienst und Makler einerseits oder Direktvertrieb andererseits, wurde mit einer 0/1-Dummy Variablen erfaßt. Gerade in dem vergleichsweise unkomplizierten und wenig erklärungsbedürftigen Produktmarkt der Kfz-Versicherung haben sich Direktversicherer in den letzten Jahren eine signifikante Marktpräsenz sichern können. Neben dieser produktspezifischen Voraussetzung liegt das ökonomische Kalkül dieser Versicherer darin, mit geringeren Vertriebsaufwendungen als den Provisionen des klassischen Außendienstes auskommen zu können und gleichfalls keine überproportionalen Schadensrisiken zu akquirieren. Nur wenn dieses ökonomische Kalkül durch entsprechendes Unternehmens-Know-how getragen wird, geht es auf und führt mittelfristig zu Markterfolgen.
Der Erfolg einer solchen Vertriebsstrategie müßte sich demzufolge in signifikant positiven Parameterwerten niederschlagen. Negative bzw. nicht signifikante Parameter verweisen demgegenüber auf geringe Erfolgswirksamkeit der Direktversicherer bzw. auf eine geschickte Entgegnungsstrategie (Produktdifferenzierung, Service-Orientierung) der klassischen Versicherer.

Produkt-Mix (P-MIX)
Ein Versicherer im Kfz-Markt hat die Wahl, ob er als Vollsortimenter alle Tarife anbieten will oder ob er als Spezialanbieter nur bestimmte Tarife im Sortiment hat. Beide Strategien stellen auf unterschiedliche Marketingkonzeptionen ab und lassen sich in unterschiedlicher Weise am Markt plazieren. Über eine 0/1-Dummy-Variable (0= alle Tarifgruppen, 1= nicht alle Tarifgruppen) wird dieses differenzierte Wettbewerbsverhalten auf seine Erfolgswirksamkeit hin untersucht.

b. Strukturparameter

Die Unternehmensgröße (UGRÖ) und die Rechtsform (RFORM) wurden als Strukturvariablen in die Schätzungsgleichung integriert. Für beide Variablen ergibt sich unter Marktmachtgesichtspunkten lediglich eine eingeschränkt wettbewerbsrelevante Bewertung.

Die Unternehmensgröße ist nur dann als Träger von Marktmacht zu bewerten, wenn "Größe" allein permanent zu Marktanteilsgewinnen führt und gleichzeitig eine Orientierung der Kunden an Effizienzparametern, wie z.B. Preis, Rückerstattungsquote, etc., unterbleibt.

Für die Rechtsformvariable ist eine solche wettbewerbstheoretische Ableitung nur unter Heranziehen der Theorie des sog. "diskretionären Managementverhaltens" zu folgern. Danach haben Manager in Unternehmen ohne bzw. mit eingeschränkter Managementkontrolle eher die Möglichkeit, eigene Ziele am Markt durchzusetzen. Dies gilt vor allem dann, wenn der sog. Markt für Corporate Control nicht funktioniert, d.h. das Management nicht in der Furcht vor einer "feindlichen" Übernahme leben muß.

Finsinger[11] sieht dieses Phänomen bei deutschen Versicherungs-Aktiengesellschaften als Folge der aufsichtsrechtlichen Bestimmungen als gegeben an. Es müßte sich aus seiner Sicht in überproportionalen Kostenstrukturen, vor allem im Vertriebsbereich, auswirken.

Die UGRÖ-Variable wurde durch die Brutto-Beitragseinnahmen der laufenden Periode ausgedrückt. RFORM wurde durch eine Dummy-Variable (0= AG, 1= VVaG, ÖRA) erfaßt.

Unter der Annahme einer effizienzorientierten Nachfrage müßten demnach, laut Finsinger, Aktiengesellschaften systematisch in ihrem Markterfolg negativ von anderen Rechtsformen abweichen, da sie ja ein ineffizienteres Marketing-/Vertriebsverhalten an den Tag legen. Unserer Ansicht nach ist diese Annahme eines sogenannten "diskretionären Managementverhaltens" bei dem bestehenden Wettbewerbsdruck und der gegebenen Kosten- und Leistungstransparenz jedoch völlig unbegründet.

---

[11] Seine empirischen Untersuchungen zu diesem Thema umfassen bisher nicht den Kfz-Markt, sondern vornehmlich Leben und Kranken. Dennoch soll die von ihm aufgestellte These auch in diesem Markt getested werden, da, die Gültigkeit dieser These unterstellt, nicht einzusehen wäre, warum die gleichen Unternehmensorganisationen und Manager sich in verschiedenen Versicherungsmärkten in ihrem internen Verhalten unterschiedlich darstellen sollten.

c. Produkt-/Leistungsparameter

Fünf Parameter wurden herangezogen nach denen der Kunde die Leistungen des KH-Unternehmens aktuell und mittelfristig einordnen kann. Diese Parameter unterteilen sich in Preis- und Kosteneffizienzparameter.

Bekanntlich ergibt sich die Prämienkalkulation aus den drei Blöcken:

allgemeiner Schadenbedarf

\+

Verwaltungskosten
Vertragsbearbeitung, angestellter AD, Direktversicherung, Kommunikation

\+

Provisionen

Als Grundregel gilt dabei, daß der allgemeine Schadenbedarf in der KH von allen Versicherern zunächst gleich angesetzt werden muß. Eine Ausnahme ergibt sich, wenn der unternehmenseigene Schadenbedarf in den drei vorangegangenen Jahren besser als der durchschnittliche Schadenbedarf aller Versicherer war. Dann darf der Versicherer den um einen prozentualen Abschlag gesenkten allgemeinen Schadenbedarf bei der Kalkulation der KH-Prämie ansetzen. Diese individuelle Kalkulation wurde bei uns über die Dummy-Variable IKALK (0= individuelle Kalkulation, 1= keine individuelle Kalkulation) erfaßt.

Während die Schadenkalkulation bei manchen Unternehmen individuell angesetzt wird, ergeben sich kalkulatorische Prämienunterschiede bei allen Unternehmen aufgrund unterschiedlicher Kalkulationsansätze bei den Verwaltungskosten und den Provisionen. Die tatsächlichen Kosten in diesen beiden Bereichen stellen somit für den Kunden einen Indikator dar für die mittelfristige Effizienzentwicklung des Versicherers. Da die Kosten nicht unmittelbar auf die Prämien umgelegt werden können, ist die direkte Wirkung für ihn eher begrenzt. Dazu kommt die Möglichkeit des Versichererwechsels bei Prämienanpassungen. Es ist folglich zu erwarten, daß sich Nachfrager im Gegensatz zu den Bereichen Leben und Kranken weit weniger an diesen Effizienzparametern orientieren werden. Beide Kostenvariablen wurden als relative Größen, bezogen auf die jeweiligen Beitragseinnahmen und zeitlich bezogen auf die Vorperiode, integriert als

$$\mathbf{PROVQ_t} = \frac{\mathbf{Provisionen}_{t-1}}{\mathbf{Brutto\text{-}Beitragseinnahmen}_{t-1}} \times 100$$

$$\mathbf{VERWQ_t} = \frac{\mathbf{(Verwaltungskosten\ außer\ Provisionen)}_{t-1}}{\mathbf{Brutto\text{-}Beitragseinnahmen}_{t-1}} \times 100$$

Hauptansatzpunkt der Wettbewerbsdiskriminierung aus Sicht der Nachfrage stellt somit der Preis-/Leistungsbereich dar. Da bei der Kraftfahrt-Haftpflichtversicherung in der Regel die Leistung der gegnerischen Versicherung in Anspruch genommen wird, kommt der Leistung der eigenen Versicherung ein reiner Service-/Kundendienstcharakter zu. Zum wesentlichen Unterscheidungsmerkmal im Wettbewerbsvergleich werden damit die direkten und indirekten pekuniären Größen, denen sich der Versicherungsnehmer ausgesetzt sieht. Diese umfassen einmal die Beitragshöhe, die Beitragsrückgewähr und indirekt die individuelle Schadenkalkulation der Versicherer.

Prämien
Prämienvergleiche sind in Anbetracht der homogenen Produktstruktur sehr einfach durchzuführen, sie werden in den entsprechenden Fachpublikationen seit Jahren aufgelistet und offensichtlich in den Verkaufsgesprächen auch eingesetzt. Dabei werden bestimmte Referenzfälle für die verschiedenen Kalkulationsgruppen (z.B. Beamte versus Nicht-Beamte) als Vergleichskriterien herangezogen. Aufgrund ihrer Publizität kommt diesen Referenzpreisen bei der Entscheidungsfindung der Konsumenten eine hohe Bedeutung zu, auch wenn sich bezüglich des konkreten zu beurteilenden Einzelfalles durchaus Abweichungen zu den Referenzpreisen ergeben können.
Auch bei der FWU-Befragung wurde eine Referenzprämie für die Neukalkulation 1980, 1982 und 1985 für Beamte und Nicht-Beamte abgefragt:

PREIS-B* = WKZ 112, TG B, Regionalklasse B2 (1980)
bzw. BL2 (1982-1985), 45 KW, Klasse SF1

PREIS-NB* = WKZ 112, TGR, Regionalklasse R3 (1980)
bzw. RL3 (1982-1985), 45 KW, Klasse SF1

*) Tarifbeiträge jeweils für 2 Mio, 1/1 Zahlungsweise incl. Versicherungssteuer

Da uns keine unternehmensspezifische Aufteilung der Beitragseinnahmen des Neugeschäfts nach Beamten- und Nicht-Beamtengruppen zur Verfügung stand, konnte kein gewichteter Durchschnittspreis berechnet werden. Beide Variablen wurden daher alternativ in die Schätz--gleichungen eingesetzt.

Beitragsrückgewähr
Der für die Beitragsrückgewähr zu verwendende Betrag ergibt sich unternehmensspezifisch aus dem versicherungstechnischen Überschuß plus den verbleibenden Rein-Zinserträgen aus der versicherungstechnischen Rechnung. Entsprechend wurden in unserem Schätzmodell die Beitragsrückgewährperioden verschoben und in Beziehung zu den Brutto-Beitragseinnahmen der Vorperiode gesetzt.

$$\mathbf{RÜCKG_t} = \frac{\textbf{(Für die Beitragsermäßigung zu verwendender Betrag)}_{t-1}}{\textbf{(Bruttobeitragseinnahmen)}_{t-1}} \mathbf{x\ 100}$$

Mit dieser Variable wird die generelle Rückgewährpolitik eines Unternehmens zwar gut erfaßt, es ist jedoch auch hier darauf hinzuweisen, daß über den genauen Einsatz dieses Gesamtpotentials große unternehmerische Zielgruppenfreiheit besteht. Unternehmen können bestimmte Zielgruppen (z.B. gute Risiken), die weniger häufig vorkommen, aus Werbegründen mit besonders hohen Rückgewährquoten versehen, oder sie können eher einen "flächendeckenden Gießkannenansatz" wählen, bei dem möglichst viele Zielgruppen etwas, aber nicht spektakulär viel bekommen.
Während der Zielgruppenansatz möglicherweise eher die Neuakquisition unterstützt, stabilisiert der "Gießkannenansatz" vielleicht eher die bestehenden Kundenbeziehungen.
Vorliegende empirische Untersuchungen legen den Schluß nahe, daß diese komplexen Angebotsstrategien von der Nachfrageseite nicht entsprechend nachvollzogen werden können. Als Beleg wird der geringe Wirkungsgrad der Rückgewährquote angeführt. Aus diesem Grund wird von Vertretern dieser Denkrichtung auch für die sog. Nettoprämie plädiert.
Da diese Arbeiten ausschließlich mit Bestands- und nicht mit Neugeschäftsgrößen durchgeführt wurden, wird es besonders interessant zu beobachten sein, wie sich dieser potentielle Kompetenzkonflikt auf der Nachfrageseite bei korrekter Erfassung des periodengerechten Wettbewerbsgeschehens in Form von Neugeschäftsanteilen darstellt.

Wie die Unternehmen die drei pekuniär wirksamen Parameter PREIS, RÜCKG und I-KALK im Wettbewerb einsetzen ist Teil der individuellen Marktstrategie im Wettbewerb um den Nachfrager.

Wird von vornherein die Prämie mit geringem Gewinnansatz kalkuliert, bleibt weniger Spielraum für eine spätere Rückgewähr.
Wird eine individuelle Kalkulation eingeführt, wird der Spielraum für spektakuläre Rückgewährquoten ebenfalls verkürzt.
Setzt man sehr stark auf die Rückgewähr, d.h., wählt man einen höheren Gewinnansatz und keine individuelle Schadenkalkulation, preist man sich möglicherweise aus dem Markt und hat auf diese Weise bei gegebener Fixkostenbelastung vielleicht sogar am Ende gar nichts zu verteilen.

Vor diesem Hintergrund ergibt sich die Schätzgleichung somit als gepoolte Zeitreihen-/ Querschnittsanalyse für die Jahre 1982 bis 1986 durch folgende Form:

$NGMA_{t/t-1}$ = ($MP_{1...m}$; $SP_{1...n}$; $PLP_{1...o}$; D_{81}...D_{85})

wobei

$MP_{1...m}$ **sind die Marketingparameter**
- **Vertriebsform ($VFORM_t$)**
  und
- **Produkt-Mix ($PMIX_t$)**

$SP_{1...n}$ **sind die Strukturparameter**
- **Unternehmensgröße ($UGRÖ_t$)**
  und
- **Rechtsform ($RFORM_t$)**

$PLP_{1...o}$ **sind die Produkt-/Leistungsparameter**
- **Provisionsquote ($PROVQ_{t-1}$)**
- **Verwaltungskostenquote ($VERWQ_{t-1}$)**
- **Rückgewährquote ($RÜCKG_{t-1}$)**
- **Prämienniveau Beamte ($PREISB_t$)**
  und Nicht-Beamte ($PREISNB_t$)
- **individuelle Schadenkalkulation ($I\text{-}KALK_t$)**

$D_{81...85}$ **Dummy-Variable für die Jahre 1981 ... 1985**

3.2.3 Test- und Parameterwerte der Schätzgleichung

Eine wesentliche Voraussetzung für die Gültigkeit der Schätzergebnisse ist die sogenannte Unabhängigkeit der "erklärenden" Variablen. Getestet wird die Unabhängigkeit über die Korrelations-Matrix. In unserem Fall gibt es in dieser Matrix fünf Korrelationskoeffizienten, die >|0,5| sind und damit eine gewisse Verbundenheit der Variablenpaare unterstreichen. Interpretiert man diese Korrelationskoeffizienz, so zeigt sich, Unternehmen mit klassischem Außendienst unterscheiden sich von Direktversicherern demnach durch einen geringeren Gebrauch der individuellen Schadenkalkulation und durch größere Sortimentsbreite.
Unternehmen mit geringer Sortimentsbreite und daher größerer Zielgruppenorientierung haben eine hohe negative Korrelation mit den beiden Preis-Variablen (-0,74 und -0,66).
Die negative Korrelation von -0,51 zwischen der Rechtsformvariable und der individuellen Schadenkalkulation weist aus, daß AG´s weniger zur individuellen Kalkulation neigen.
Da eine weitere Voraussetzung für die Gültigkeit der Schätzgleichung, die der sogenannten Homoskedastie, in unserer gepoolten Zeitreihen-/Querschnittsanalyse nicht erfüllt war, wurde eine Heteroskedastie-Bereinigung entsprechend dem Verfahren von H. White[12] durchgeführt, bei dem bekanntlich ein Covarianz-Matrix-Schätzer eingesetzt wird, der nicht auf einem spezifisch formalem Modell der Heteroskedastie-Struktur beruht.

---

12 H. White, "A Heteroskedasticity-Consistent Covariance Matrix Estimator an a direct Test for Heteroskedasticity" Econometrica, vol. 48, May 1980, No. 4, p. 817.

Tab. 7: Korrelationsmatrix der gepoolten Variablen 1980 - 1986 (Grundgesamtheit 56 Firmen)

	V-FORM	P-MIX	UGRÖ	R-FORM	PROV-Q	VERW-Q	RÜCKG	PREIS-B	PREIS-NB	I-KALK
V-FORM	1.00	0.64	0.11	0.36	-0.38	0.21	0.39	-0.45	-0.49	-0.52
P-MIX	0.64	1.00	0.03	0.12	-0.40	0.02	0.18	-0.74	-0.66	-0.26
UGRÖ	0.11	0.03	1.00	0.12	0.09	-0.07	0.04	-0.07	0.06	-0.12
R-FORM	0.36	0.12	0.12	1.00	-0.19	0.05	0.35	-0.17	-0.06	-0.51
PROV-Q	-0,38	-0,40	0.09	-0.19	1.00	0.45	0.04	0.45	0.40	0.28
VERW-Q	0.21	0.02	-0.07	0.05	0.45	1.00	0.43	0.07	0.11	0.02
RÜCKG	0.39	0.18	0.04	0.35	0.04	0.43	1.00	-0.19	0.01	-0.30
PREIS-B	-0.45	-0.74	-0.07	-0.17	0.45	0.07	-0.19	1.00	0.11	0.19
PREIS-NB	-0.49	-0.66	0.06	-0.06	0.40	0.11	0.01	0.11	1.00	0.24
I-KALK	-0.52	-0.26	-0.12	-0.51	0.28	0.02	-0.30	0.19	0.24	1.00

Quelle: FWU-Berechnung

Die Ergebnisse der beiden gepoolten Querschnittsanalysen zeigen zunächst, daß ungefähr die Hälfte der Varianz durch die hier abgebildeten Variablen erklärt wird. Dies ist für eine Querschnittsanalyse, die als abhängige Variable eine Veränderungsgröße hat, ein überaus guter Wert.

Bei der Durchsicht der Variablengruppen zeigt sich, daß weder die Marketingparameter und nur sehr eingeschränkt die Strukturparameter eine signifikante Wirkung über den gesamten Zeitraum ausüben. Lediglich in einer Gleichung ist die Unternehmensgrößen-Variable auf dem 10%-Niveau schwach negativ signifikant.

Auch für die Kostenvariablen (PROVQ und VERWQ) im Bereich der Preis-/Leistungsparameter zeigt sich lediglich einmal eine schwach signifikante Wirkung über den Zeitraum bei der PROVQ-Variable. Beeinflußt wird die Veränderung des Marktanteils dominierend durch die beiden Preisparameter, nämlich die Prämienhöhe sowie die Rückgewährquote. Die Rückgewährquote weist gegenüber der Prämienhöhe sogar ein leicht höheres Signifikanzniveau aus. Diese empirischen Ergebnisse unterschieden sich von den bisher vorliegenden Ergebnissen, die bisher für Marktanteile auf Bestandsniveau gerechnet wurden und bei denen keine Signifikanz der Rückgewährquote nachgewiesen werden konnte.

Die Signifikanz der Rückgewährquote läßt keine Schlußfolgerung darüber zu, welche Strategievariante, nämlich die der "Gießkanne" oder die der Konzentration der Kräfte auf bestimmte Zielgruppen, die erfolgsträchtigere ist. Es kann jedoch festgestellt werden, daß eine Rückvergütungspolitik insgesamt sich offenbar in höherem Marktanteilswachstum niederschlägt.

Unabhängig von den anderen Variablen führen günstige Prämien langfristig zur Verbesserung der Marktposition. Selbstverständlich vermag die Preisreagibilität bei unterschiedlichen Zielgruppen verschieden stark ausgeprägt zu sein.Insgesamt ist dieser Effekt jedoch so dominierend, daß auch die Integration von typischen Serviceparametern, wie z.B. "Vertriebsform" diesen Eindruck nicht verwischen kann.

Dabei ist die schwächere Signifikanz der Beamtenvariable nicht so zu interpretieren, daß hier eine geringere Preisreagibilität vorläge. Da die zu erklärende Variable identisch in beiden Gleichungen ist, drückt das niedrigere Signifikanzniveau der PREISB-Variable möglicherweise nur aus, daß der Anteil der im öffentlichen Dienst Versicherten bei der abhängigen Variable möglicherweise geringer ist, wie der der Nicht-Beamten. Wichtig ist jedoch, daß beide Variablen unabhängig voneinander einen hoch signifikanten negativen Einfluß ausüben. Die Signifikanz beider Preisvariablen, sowohl der Rückgewährquote wie auch der Prämienhöhe zeigt, daß die relativ komplexen Möglichkeiten der Angebotsstrategie mit einer entsprechende Angebotsreaktion rechnen können. Die aufgrund der bisherigen empirischen Ergebnisse abgegebenen Forderungen nach sogenannten Netto-Prämien würden durch diese Ergebnisse nicht gestützt. Abgesehen davon wäre bei diesen Forderungen die Frage zu klären, wie verbleibende Überschüsse den Kunden zugeführt werden können.

Festzustellen bleibt, daß die Nachfrage den Entscheidungsprozeß langfristig dominierend auf die zwei Schlüsselgrößen des homogenen Produktmarktes rationalisiert.

Da beide Variablen die einzigen wirklich signifikanten Erklärungsgrößen darstellen, erklären sie auch den überwiegenden Teil des R^2. Somit bleibt zu fragen, ob die übrigen Unternehmensparameter generell nicht relevant sind oder ob sich diese nicht erkennbare empirische Relevanz lediglich auf den langen, hier erfaßten Zeitraum erstreckt. Es wäre ja denkbar, daß Unternehmensparameter in einzelnen Jahren besonders wirksam wären, ja daß sie in verschiedenen Jahren in unterschiedlicher Weise zur Veränderung der Neugeschäftsmarktanteile beitragen können. Derartige Wirksamkeiten könnten dann bei einem Poolen über den Zeitraum von sieben Jahren ihre empirische Wirkung verlieren.

Gepoolte Querschnittsanalyse 1981 - 1986

unabhängige Variable [1]	Gleichungs-Nr. (1)	(2)
	(abhängige Variable: Δ Neugeschäfts-Marktanteil	
Absolutglied	29,10 (2,68)	23,28 (2,15)
Vertriebsform (VFORM)	-0,44 (-0,06)	-8,09 (-1,55)
Produktmix (P-MIX)	7,19 (1,44)	2,52 (0,77)
Unternehmensgröße (UGRÖ)	-0,43 (-1,66)*	-0,28 (-1,23)
Rechtsform (RFORM)	-1,08 (-0,57)	-0,43 (-0,22)
Provisionsquote (PROVQ)	-0,16 (-0,80)	-0,33 (-1,70)*
Verwaltungskostenquote (VERWQ)	0,14 (0,31)	0,55 (1,28)
Rückgewährquote (RÜCKG)	0,50 (2,95)***	0,46 (3,30)***
Preisvariable Beamtentarif (PREISB)		31,1 (-2,15)**
Preisvariable Nicht-Beamten (PREISNB)	-31,75 (-2,68)***	
Individuelle Schadenkalk. (I-KALK)	-0,67 (-0,40)	-0,59 (-0,36)
R^2	0,49	0,43
$\bar{R}^2$	0,40	0,36

*t- Werte in Klammer, Signifikanzniveau: *** = 1% Niveau / ** = 5% Niveau / * = 10% Niveau*

1) die allesamt nicht signifikanten Jahresdummies werden nicht aufgeführt

Quelle: Eigene Berechnungen

Jahres-Parameterwerte und t-Statistik für nicht signifikante Variablen der gepoolten Querschnittsanalyse

Jahrgang / Variablen:	nicht gepoolte Einzelschätzungen 1981	1982	1983	1984	1985	1986
Absolutglied	1,8 (0,3)	34,7 (0,3)	37,6 (0,6)	19,4 (0,2)	144,7 (1,0)	-71,6 (-0,7)
Vertriebsform (VFORM)	20,1 (2,09)**	21,0 (3,63)***	17,5 (2,58)***	7,9 (0,95)	-18,7 (-1,00)	19,0 (-1,54)
Produktmix (P-MIX)	-2,4 (-0,28)	-5,2 (-1,29)	-8,0 (-2,26)**	4,4 (0,91)	21,3 (1,29)	14,8 (2,21)**
Unternehmensgröße (UGRÖ)	-1,2 (-1,70)*	-0,2 (-0,35)	-0,5 (-0,73)	-0,9 (-1,98)**	-0,6 (-1,41)	-0,3 (-0,59)
Rechtsform (RFORM)	1,5 (0,30)	-2,3 (-0,70)	-0,7 (-0,15)	-2,0 (-0,56)	-5,4 (-1,20)	7,8 (1,25)
Provisionsquote (PROVQ)	-0,1 (-0,28)	0,1 (0,06)	0,3 (0,37)	0,1 (0,08)	0,3 (0,31)	-0,6 (-0,61)
Verwaltungskosten-quote (VERWQ)	0,4 (0,56)	2,7 (1,30)	0,1 (0,04)	0,2 (0,32)	-1,4 (-1,01)	-1,4 (-1,01)
Individuelle Schaden-kalkulation (I-KALK)	-3,6 (-0,78)	-0,3 (-0,09)	7,0 (2,02)**	1,3 (0,42)	-1,0 (-0,24)	-8,0 (-1,83)*
R^2	0,35	0,25	0,27	0,20	0,15	0,32
$\bar{R}^2$	0,18	0,15	0,16	0,09	0,05	0,16

t- Werte in Klammer, Signifikanzniveau: *** = *1% Niveau*
** = *5% Niveau*
* = *10% Niveau*

Quelle: Eigene Berechnungen

Zur Prüfung dieser Frage wurden Jahregleichungen ohne die beiden dominierenden Variablen Preis- und Rückgewährquote geschätzt.
Mit Ausnahme der Jahre 1984 und 1985 ergeben sich dabei signifikante R^2-Werte der Schätzgleichungen. Das Erklärungsniveau liegt dabei deutlich niedriger.
Danach zeigt sich, daß der Direktvertrieb in den Jahren 1981 bis 1983 signifikant höhere Zuwachsraten aufweisen konnte, als der traditionelle Vertrieb. Diese signifikante Wirkung entfällt für die Folgejahre 1984 bis 1986. Dies ist entweder ein Hinweis darauf, daß der traditionelle Wettbewerb sich auf die neue Vertriebsform inzwischen relativ gut eingestellt hat, entweder durch eine Betonung des Servicecharakters bzw. durch eine Vertriebsintensivierung. Eine weitere Erklärung wäre auch, daß die relativ gemessenen Marktanteilszuwächse vor allem in den ersten Jahren nach Markteintritt besonders hoch ausgefallen sind und somit rein datentechnisch die Zuwachsraten in den Folgejahren möglicherweise nicht mehr so signifikant sind. Gegen die letztere Beobachtung spricht etwas die kontinuierliche negative Parameterentwicklung und die Entwicklung der t-Werte.
Eine Analyse der PMIX-Variablen zeigt, daß bis 1983 eher der Spezialanbieter Wettbewerbsvorteile aufweisen kann, hingegen im Zeitraum 1984 bis 1986 eher der Vollsortimenter zur stärkeren Positionierung im Wettbewerb kommt.
Die Unternehmensgrößenvariable läßt keine Größenvorteile erkennen. Im Jahr 1981 und 1984 sind sogar schwach negative Vorzeichen gegeben. Eine mögliche Marktmachtwirkung wird durch diese Ergebnisse ganz offensichtlich nicht indiziert.
Die Kostenvariablen Provisionsquote und Verwaltungskostenquote bleiben bei der Jahreseinzelbetrachtung auf Dauer ohne Wirkung. Offensichtlich ist der Preisdruck auf die Unternehmen so groß, daß sich aus Konsumentensicht eine gesonderte Kostenwirkung nicht ergeben kann, auch nicht im Sinne einer mittelfristigen Orientierung, da Kunden offensichtlich flexibel genug auf entsprechende Prämienänderungen bzw. Änderungen der Rückerstattungsstrategie reagieren können. In zwei Jahren, nämlich 1983 und 1986, weist auch die I-KALK-Variable der individuellen Schadenskalkulation unterschiedlich signifikante Werte auf. Während im Jahr 1986 erwartungsgemäß ein negativ signifikanter Wert anzeigt, daß Unternehmen mit individueller Kalkulation größere Marktanteilsgewinne haben, verweist der positiv signifikante Wert in 1983 genau auf das Gegenteil. Danach hätten Unternehmen mit individueller Schadenanpassung schlechtere Aussichten im Wettbewerbsvergleich gehabt denn Unternehmen ohne diese Anpassung. Dieses Ergebnis wäre logisch nicht zu begründen. So ist zu vermuten, daß es sich bei den Werten dieser Variable um datentechnisch beeinflußte Wirkungen handelt. In diesem Zusammenhang sei noch einmal daran erinnert, daß zwei Korrelationskoeffizienten der I-KALK-Variable >50 liegen, nämlich die Korrelation mit der Vertriebsform und die Korrelation mit der Rechtsform.
Die Überprüfung der Wettbewerbsparameter für die einzelnen Jahre zeigt, daß neben den Schlüsselgrößen Prämienhöhe und Rückgewährquote, die über den gesamten Zeitraum wirksam sind, auch im Bereich der Marketingparameter sich auf Jahresebene signifikante Wirkungen ergeben. Diese Wirkungen ändern sich jedoch im Zeitablauf und treten somit als Gesamtwirkung empirisch nicht mehr in Erscheinung. Sie sind offensichtlich das Spiegelbild eines vorstoßenden und aufholenden Wettbewerbs, bei dem es den Wettbewerbern ganz im Sinne des Paradigmas des funktionsfähigen Wettbewerbs nicht gelingt, letztendliche strukturelle Wettbewerbsvorteile auf Dauer zu erringen.
Neben den deutlichen Wettbewerbsbewegungen in der statischen Analyse belegt die hier vorgenommene dynamische Analyse der Wettbewerbsprozesse eindeutig, daß, wie in einem homogenen Produktmarkt zu erwarten, die verschiedenen Preisfacetten dominante Wettbe-

werbsparameter darstellen. Diese werden unterstützt durch Einzelaktionsparameter von Unternehmen, die für bestimmte Zeiträume wirksam sind. Diese Ergebnisse sind ganz wesentlich darauf zurückzuführen, daß bei der Gleichungsspezifikation eine korrekte Erfassung der Marktanteilsgrößen erfolgt ist, nämlich eine Konzentration auf die tatsächlich in der untersuchten Periode erfolgten Wettbewerbsaktivitäten, ohne eine Integration von Bestandsgrößen.

Im Gegensatz zu den anderen untersuchten Versicherungsbereichen wie Leben und Kranken ist der Unterschied zwischen Bestands- und Neugeschäftsveränderung bei weitem nicht so groß. Dies ist vor allem auf die bei dieser Produktform gegebenen größeren Wechselmöglichkeiten der Nachfrager zurückzuführen. Diese Wechselmöglichkeit bringt aus Anbietersicht eine zusätzliche Unsicherheit in das Wettbewerbsgeschehen, die die Unternehmen zwingt, permanent ihr Produktangebot auf Rationalisierungsreserven hin durchzukalkulieren. Das hier untersuchte Wettbewerbsgeschehen spricht für einen äußerst aktiven Wettbewerbsaustausch, der sich an den wichtigen Wettbewerbsparametern orientiert. Ein negativer Einfluß des aufsichtsrechtlichen Rahmens ist durch diese Ergebnisse in keiner Weise belegt. Im Gegenteil erscheinen die Nachfrager sehr wohl das Wechselspiel zwischen Rückgewährquote und Prämienhöhe voll in ihren Entscheidungsprozeß integriert zu haben. Ansprüche für eine etwaige Nettoprämie zur Forcierung des Wettbewerbs stellen sich vor diesem Hintergrund nicht. Vielmehr bietet die jetzt gegebene Gestaltungsfreiheit den Unternehmen einen wettbewerblichen Spielraum, den sie im Wettbewerbsprozeß offensichtlich auch voll einsetzen.

4. Zusammenfassung

Der Markt für Kraftfahrtversicherung gehört mit 40% Anteil zu den wichtigsten Bereichen der Schaden- und Unfallversicherungen.
70% davon entfallen auf die Kraftfahrzeug-Haftpflichtversicherung als einer Pflichtversicherung für alle Halter von Kraftfahrzeugen und Motorrädern.
Unter Wettbewerbsgesichtspunkten ist der Markt der Kraftfahrt-Haftpflichtversicherung deshalb besonders interessant, da eine Vielzahl von Wettbewerbsparametern den wirtschaftlichen Akteuren auf Angebots- und Nachfrageseite zur Verfügung stehen und insofern auch in Anbetracht des aufsichtsrechtlichen Rahmens von einem hohen Ausmaß an Wettbewerbsintensität ausgegangen werden müßte.
Zu diesen günstigen Wettbewerbsvoraussetzungen gehört einmal ein hoher Grad an technischer Produkthomogenität. Vor diesem Hintergrund gibt es unternehmensindividuelle Möglichkeiten zur Preis- bzw. Leistungsdifferenzierung über Prämiengestaltung, Prämienrückerstattung, Vertriebsformen und Serviceorientierung. Die Nachfrageseite hat im Rahmen der aufsichtsrechtlichen Bestimmungen ebenfalls sehr kurze Reaktionszeiten auch im Rahmen bereits bestehender Verträge. So steht es den Versicherungsnehmern vertraglich frei, jährlich zu kündigen. Faktisch erfolgen solche Überlegungen zur wettbewerblichen Neuorientierung im Rahmen von Fahrzeugneuerwerb bzw. Fahrzeugwechsel. Auf diese Weise gehört die Kraftfahrt-Haftpflichtversicherung zu den Versicherungssparten mit der größten Wechselhäufigkeit. Versicherungsnehmer treffen solche Entscheidungen nicht nur vor dem Hintergrund der häufiger einsetzbaren eigenen Erfahrungen, sondern auch vor dem Hintergrund der in den einschlägigen Publikationen veröffentlichten Leistungsvergleichen zwischen den verschiedenen Versicherungsanbietern. Die Kraftfahrzeug-Haftpflichtversicherung gehört damit zu den Versicherungsgütern, denen eindeutig "Erfahrungsgut"-Charakter testiert werden muß.
Dennoch richtet sich in jüngster Zeit auch Kritik gegen die aufsichtsrechtlichen Bestimmungen der Kraftfahrzeug-Haftpflichtversicherung und das dadurch angeblich ermöglichte, den Wettbewerb dämpfende Verhalten der Kraftfahrtversicherer, hier vor allem gegen die angebliche Intransparenz durch die Kalkulation von sogenannten Bruttoprämien mit anschließender Beitragsrückgewähr bei entsprechend günstigem Schadenverlauf. Hierbei wird argumentiert, daß der Nachfrager nicht in der Lage ist, die zu erwartende Beitragsrückgewähr in sein Kalkül mit einzubeziehen und daß dadurch mittelfristig zu hohe Prämien im Markt gefordert werden. Die Kritik wird unterlegt durch empirische Untersuchungsergebnisse, die bei näherer Analyse zwar gravierende methodische und datentechnische Mängel aufweisen, die jedoch die wettbewerbstheoretische Diskussion immerhin so nachhaltig beeinflußt haben, daß die Monopolkommission in ihrem neuesten Hauptgutachten für den Kfz-Bereich darauf Bezug genommen hat.

Die wettbewerbstheoretische Kritik bezieht sich auf Verhaltensauswirkungen bestehender aufsichtsrechtlicher Rahmenbedingungen. Derartige Kritik kann immer nur hypothesenhaft formuliert sein, ihr Gewicht erfährt sie durch den empirischen Beleg der Hypothese. Die bisher vorliegende empirische Evidenz ist jedoch nicht geeignet, die denkbaren aufsichtsrechtlichen Wettbewerbshypothesen zu verifizieren bzw. zu falsifizieren.
Die hier durchgeführte, auf der theoretischen Basis der anglo-amerikanischen Industrieökonomik fußende empirische Untersuchung belegt jedoch auf breiter Front, daß die Wettbewerbsparameter, die den wirtschaftlichen Akteuren im Markt der Kraftfahrzeug-Haftpflichtversicherung zur Verfügung stehen, auch im Sinne des Leitbildes des dynamischen Wettbewerbs eingesetzt werden.

Dies kommt einmal zum Ausdruck in einem überproportional hohen Austausch von Wettbewerbspotentialen im Neugeschäft, der die Wettbewerber in Anbetracht der vergleichsweise kurzen Vertragslaufzeiten immer wieder zwingt, sich auf das Wettbewerbsgeschehen neu einzustellen.
Die ökonometrische Wettbewerbsanalyse zeigt darüber hinaus, daß nicht nur Wettbewerbsbewegungen bestehen, sondern daß die Wettbewerbsausschläge auch effizienzgesteuert sind.
Prägende Langfristwirkung für den gesamten Untersuchungszeitraum (1981-1986) kommt dabei der Prämien- und Rückerstattungspolitik zu, und zwar ganz unabhängig von der Politik der Vertriebswege.
Dazwischen konnten auch andere Wettbewerbsparameter zeitweilig wirksam das Marktgeschehen beeinflussen. Zwischen 1981 und 1983 haben Unternehmen mit Direktvertrieb strukturelle Vorteile aufzuweisen, die zu besonders hohen Zuwachsraten im Neugeschäft führten. In den späteren Jahren reduziert sich dieser Sondereinfluß auf nicht signifikante Wirkungsgrade.
Andererseits ist die Rechtsform der Unternehmen, im Gegensatz zu verschiedenen, der Versicherungswirtschaft eher kritisch gegenüberstehenden Untersuchungen, hier als bedeutungslos für das Unternehmenswachstum ausgewiesen.
Zusammenfassend ist festzustellen, daß die Analyse ein deutliches Bild darüber zeigt, daß nicht nur große Austausche von Marktpotentialen zwischen den Anbietern relativ kurzfristig stattfinden, sondern daß diese Austausche durch eine klare Effizienzorientierung der Anbieter gesteuert werden. Die Anbieter zeigen nach diesen Untersuchungsergebnissen nicht nur ein Bewußtsein für Brutto-, sondern sehr wohl auch für Nettoprämien.
Die Funktionsfähigkeit des Wettbewerbs im Markt der Kraftfahrzeug-Haftpflichtversicherung wird eindrucksvoll unterstrichen. Das gegenwärtige Aufsichtssystem schafft somit ganz offensichtlich einen Rahmen, der einerseits für den Versicherungsnehmer genügend kalkulatorische Sicherheit bietet und andererseits genügend Wettbewerbsfreiraum schafft, der von Anbietern und Nachfragern im Sinne des dynamisch vorstoßenden und nachstoßenden Wettbewerbs ausgenutzt wird.